宁远九疑：千古舜陵朝圣地
——九疑山舜帝陵历史地位综论

唐松成 陈仲庚 主编

中国书籍出版社
China Book Press

图书在版编目(CIP)数据

宁远九疑：千古舜陵朝圣地：九疑山舜帝陵历史地位综论 / 唐松成，陈仲庚主编. -- 北京：中国书籍出版社，2022.12

ISBN 978-7-5068-9201-8

Ⅰ.①宁… Ⅱ.①唐… ②陈… Ⅲ.①舜-陵墓-永州-文集 Ⅳ.①K928.76-53

中国版本图书馆CIP数据核字(2022)第170359号

宁远九疑：千古舜陵朝圣地
——九疑山舜帝陵历史地位综论

唐松成　陈仲庚　主编

责任编辑	李　新
责任印制	孙马飞　马　芝
出版发行	中国书籍出版社
地　　址	北京市丰台区三路居路97号(邮编:100073)
电　　话	(010)52257143(总编室)　(010)52257140(发行部)
电子邮箱	co@chinabp.com.cn
经　　销	全国新华书店
印　　刷	长沙市精宏印务有限公司
开　　本	880毫米×1230毫米　1/16
字　　数	232千字
印　　张	19
版　　次	2023年1月第1版
印　　次	2023年1月第1次印刷
书　　号	ISBN 978-7-5068-9201-8
定　　价	98.00元

版权所有　翻印必究

编委会

主　编
　　唐松成　陈仲庚

编　委（以姓氏笔画为序）
　　尹华君　李卓勇　张泽槐　郑运生
　　周亚平　唐太培　唐柏荣　潘雁飞

万世不磨是九疑

⊙唐之享

纵观舜帝、舜帝陵及舜文化对中国历史和文化的影响，犹如九疑山三分石一样坚韧挺拔，万世不磨。这里之所以要特别强调舜文化影响力的坚韧挺拔，万世不磨，是因为近现代以来舜文化曾一度受到严峻挑战。

本来，三皇五帝的时代，正是中华古代文明最初奠基的时代，舜帝作为三皇五帝的最后一帝，在归纳总结了三皇五帝以来上千年的人类文明成果之后，以身作则、身体力行，形成了以孝为基础、以仁为核心的德治理念，从而影响了夏、商、周三代二千多年，到了春秋战国之际，孔子和孟子将舜帝的德治理念加以总结发挥，归纳为尧舜之道，后世儒家又在孔孟的基础上加以总结发挥，归纳为孔孟之道。尧舜之道与孔孟之道一脉相承，再经汉武帝"罢黜百家，独尊儒术"的推崇，舜文化一直作为主流思想影响中国数千年，其影响力从来就是不可撼动的。所以，清代学者崔述在《唐虞考信录·自序》中说："《考信录》何以始于唐虞也？遵《尚书》之义也。《尚书》何以始于唐虞也？天下始平于唐虞故也"；"尧在位百年，又得舜以继之，作为《典》《谟》以纪其实，而史于是乎始。是以孔子祖述尧舜，孟子叙道统亦始于尧舜。然则尧舜者，道统之祖，治法之祖，而亦即文章之祖也"。由此可以说，尧舜之道是中华文明的祖源，是民族文化的根基。数千年来，中国人都对此深信不疑。但到了近代，中国落后挨打了。在总结落后挨打的原因时，很多人自然而然地便把矛头对准了孔孟之道，于是提出了"打倒孔家店"的口号；无独有偶，疑古派则从学术上否定尧舜的存在，并进而否定了尧舜之道的价值。学术与政治的结合，对中国文化根脉所造成的伤害，可以说是毁灭性的，时至今日，这种消极影响仍然没有完全消除。

客观上说，五四运动"打倒孔家店"，确实也让国人放下了思想包袱，大胆地学习西方的思想和科学技术，"拿来"了一切对中国有用的东西，使中国快步走向了图存图强的道路，快速改变了中国落后挨打的局面，大幅度提升了中国的硬实力。中国用一百年的历程，走完了西方世界用了三四百年才走完的路程，这不能不说是"放下包袱，轻装上阵"的结果。然而，由于在这一过程中，对中华民族具有文化根脉地位的孔孟之道、尧舜之道抱有轻视乃至蔑视的态度，没有注重对中国优秀传统文化的吸收和创新发展，使得中国在经济、科技等硬实力得到提升的同时，文化软实力却没有相应地提高。如果说硬实力没有提高的结果是落后挨打，那么软实力没有提高的结果则是落后挨骂。在当今的世界，中国人到处投资办企业，到处旅游购商品，这无疑是在为世界经济的发展做贡献。但我们在给别人送钱的同时，又在不断地挨骂，被骂为粗鲁，被指斥为不文明。中国本来是文明古国、礼仪之邦，最强调文质彬彬的君子风度，但在今天的国人身上，确实再难见到这种风度，这不能不引起我们的深思。

2016年5月17日，习近平同志《在哲学社会科学工作座谈会上的讲话》指出："面对世界范围内各种思想文化交流交融交锋的新形势，如何加快建设社会主义文化强国、增强文化软实力、提高我国在国际上的话语权，迫切需要哲学社会科学更好发挥作用。"而要真正在国际上争到话语权，首先得有一套属于我们自己的话语体系。这套话语体系到哪里去找？习近平同志指明了努力方向："绵延几千年的中华文化，是中国特色哲学社会科学成长发展的深厚基础。我说过，站立在960万平方公里的广袤土地上，吸吮着中华民族漫长奋斗积累的文化养分，拥有13亿中国人民聚合的磅礴之力，我们走自己的路，具有无比广阔的舞台，具有无比深厚的历史底蕴，具有无比强大的前进定力，中国人民应该有这个信心，每一个中国人都应该有这个信心。我们说要坚定中国特色社会主义道路自信、理论自信、制度自信，说到底是要坚定文化自信。文化自信是更基本、更深沉、更持久的力量。历史和现实都表明，一个抛弃了或者背叛了自己历史文化的民族，不仅不可能发展起来，而且很可能上演一场历史悲剧。"①无疑，"文革"十年的浩劫，就是这场悲剧的最好注脚。而坚定的文化自信与尧舜之道坚忍不拔、万世不磨的影响力相结合，一定能够形成"更基本、更深沉、更持久"的文化软实力。借助这种文化软实力的推动作用，中国一定能够再创文明古国、礼仪之邦的辉煌，一定能够再现文质彬彬的君子风范。拿破仑曾说"中国是头沉睡的雄狮"，这头雄狮现在醒了，这是值得骄傲的；但我们不能以"人身狮面"示人，不能给世界留下粗鲁、粗野的印象。我们要走民族复兴之路，既要复兴民族经济，更要复兴民族文化，还要复兴我们的君子风范和人格魅力。

现在，有西方人指责中国是一个没有宗教的国度，是一个缺乏信仰的国度。之所以受到这种指责，一方面是因为现代中国确实有不少人缺乏信仰，另一方面也恰好证明中国是一个缺少世界话语权的国度。中国人确实不信上帝，但不能说中国没有信仰，中国人所信仰的是圣人，尧舜、孔孟就是中国人心目中的圣人，几千年来一直被奉若神明，这就是中国人的信仰。有人将儒家学说称之为"儒教"，也是这个道理。从大禹开始，历朝历代的皇帝或"遥祭"或派人来九疑山祭舜，几千年的香火不断、绵延不绝，这是官方"圣人信仰"的证明；遍布全国各地的舜帝庙及其相

---

① 习近平.在哲学社会科学工作座谈会上的讲话.光明日报，2016-5-17.

关的庙会活动，是民间"圣人信仰"的证明；与舜帝相关的自然风光，是"圣人情结"的寄托，"圣人信仰"的外化，即便是现代的学术活动，也是"圣人信仰"的延伸。因此，信不信上帝是一回事，有没有信仰是另外一回事。西方人之所以要把两件事情混为一谈，就因为在西方世界确实是一回事，而话语霸权又掌握在他们手中，他们可以用自己的标准来衡量一切，符合的就好，不符合的就坏。其实，世界是丰富多彩的，信仰也应该是丰富多彩的，包括信仰的对象、信仰的形式在内，无疑也应该是多种多样的。当然，如果从中国的角度来看西方，我们也可以指责他们"只信上帝不信人"，他们认为"任何人都是不可靠的"，由"不信他人"甚至发展到仇视他人，因而才有了存在主义哲学那个令人心颤的结论："他人的存在就是我的地狱。"这样看待"他人"，难道不应该遭"天谴"吗？可惜我们没有世界性话语权，即使我们说了，也是自说自话，产生不了世界性影响。

然而，西方人的指责我们也不能当成耳边风，我们也确实曾一度抛弃了圣人，舍弃了圣人信仰。时至今日，官方和民间的"圣人祭祀"活动已经广泛地开展起来了，但那多是为了促进旅游经济的发展，很难说是"圣人信仰"又恢复了。在某电视台的一个文化节目上，主持人提问："大禹三过家门而不入，是为什么？"主持人自问自答："是因为有外遇了。"事后有人指责主持人太不严肃，主持人却说是导演让他这样说的。大禹是仅次于尧舜的圣人，一心为了治水，以至于"三过家门而不入"，这件事在国人当中不仅家喻户晓，而且奉为神圣。就是这样的圣人，这样神圣的事业，居然被拿来当作这种下三烂玩笑的谈资——圣人情何以堪？国人情何以堪？！在这样的境况中，"圣人信仰"何以恢复？中国人赖以生存的文化根脉何以接续？

往者亦可鉴，来者犹可追。这本《宁远九疑：千古舜陵朝圣地》，希望能给读者提供"往者"之"鉴"，更希望能够引起读者之思。

是为序。

（唐之享系湖南省政府原副省长、湖南省人大常委会原副主任、湖南省老科协常务副会长、湖南大学研究生院名誉院长）

目录

⊙序：万世不磨是九疑·····················唐之享 /01

第一编："舜葬九疑"考

⊙考古学上首次发现的舜帝祠庙·················黄景略 /002
⊙舜庙遗址与尧舜传说······················李学勤 /004
⊙印证"舜葬九疑"的考古发掘··················何　强 /009
⊙舜葬九疑揭示的文明密码···················郭伟民 /012
⊙论《史记》"舜葬江南九疑"及其相关问题············曹定云 /016
⊙永州市九疑山舜陵的传统重要地位不可动摇
　　——兼论帝舜诸葬地与文化认同之陵墓的关系和意义····杨东晨 /027
⊙舜葬九疑的历史见证·····················高至喜 /043
⊙三皇五帝不可否　舜葬九疑不可疑···············郭辉东 /049
⊙"舜葬九疑"考古系年·····················吴顺东 /060
⊙舜帝归葬地考························肖献军 /068

第二编："历史地位"论

⊙"舜帝南巡"的历史意义····················唐松成 /078
⊙千古九疑颂：从"峻极于天"到"红霞万朵"···········陈仲庚 /093

⊙万山朝九疑……………………………………………… 吉成名 /108
⊙千秋万代仰圣君——舜庙与舜帝祭祀述评…………… 周甲辰 /118
⊙永州地区虞舜传说及其文化内涵…………… 周亚平 刘小珍 /126
⊙国家级"非遗"舜帝祭典及其意义…………………… 唐太培 /132
⊙"舜帝南巡"行迹考述………………………………… 张映华 /157
⊙九疑山：文化意义上的舜帝归葬地…………………… 胡 娟 /168
⊙三分石现象新解……………………………………… 胡忠岳 /173
⊙明清时期永州境内舜庙考论——以方志为中心……… 尹华君 /182
⊙九疑山舜庙沿革考…………………………………… 张泽槐 /191

第三编："九疑"真伪辨

⊙舜帝葬地九疑地望考辨——兼与蒋咸喜先生商榷
……………………………………………… 蒋政平 张泽槐 /196
⊙用三重证据法看九疑山舜帝陵的原生地望…………… 潘雁飞 /204
⊙九疑地望考辨………………………………………… 张泽槐 /216
⊙"九疑之塞"考释……………………………………… 杨增和 /227
⊙苍梧之野江南九疑　楚越地图唯指宁远……………… 孙吉升 /233
⊙"零陵故里"与"九疑故地"辨析……………………… 唐柏荣 /238

附录

⊙楚南全州：舜帝葬地九疑山新考……………………… 蒋咸喜 /256
⊙广西历史并未见有秦县零陵…………………………… 若 谷 /267
⊙广西地区最早的县——洮阳县………………………… 蒋廷瑜 /278
⊙汉代零陵县治考……………………………………… 李 珍 /282

宁远九疑：千古舜陵朝圣地

第一编 "舜葬九疑" 考

考古学上首次发现的舜帝祠庙

⊙黄景略[①]

湖南省文物考古研究所从2002年至2004年连续三个年度，对宁远县玉琯岩遗址进行考古调查、勘探和发掘工作，目前发掘的仅是其中的一小部分，但已获得很多重要的资料。

在已发现的几个不同时期的建筑遗迹中，早期的遗迹已遭到破坏，保存很不完整，出土有汉代遗物；中间一层的遗迹，出土有唐代的建筑构件和其他遗物；晚期遗迹为一组保存较为完整，规模宏大的建筑基址，出土有宋代的瓦当、筒瓦、板瓦、脊兽、滴水以及条砖、铺地方砖等，还有用于祭祀的陶瓷碗、盏、杯、碟等。瓦当中有"王"字兽面纹瓦当与花卉纹瓦当，陶瓷器残片有"开宝××"铭记。

根据遗迹的打破和叠压关系以及出土遗物判断，宋代的建筑基址大约建于北宋时期，它是在唐代的基址上扩大重建的，南宋以后废弃。从汉代开始，前后历经1000余年，虽经多次废弃、重建，但其位置始终不变。

宋代的建筑基址，已揭露的有主殿、寝殿、配殿、廊庑及排水设施等。主殿建筑面积876平方米，面阔七间，进深四间。寝殿建筑面积416平方米，面阔五间，进深三间，二殿之间有廊道相连。主殿与寝殿左右两侧有配殿，

[①] 黄景略系国家文物局考古专家组组长、中国文物研究所研究员。

殿的两翼有对称的廊庑围绕，是一座多进多单元式廊庑建筑。建筑群坐北朝南，主次分明，对称均衡，布局严谨，规模宏大。

这种以廊庑连成工字形平面布局的形式，与山西万荣后土祠庙貌碑所刻的后土祠的布局和河南登封中岳庙图碑中之中岳庙有相似之处。目前所知，这种布局方法大约出现于北宋，它对后期的祠庙建筑产生了深远的影响。

宋代崇尚祀祠，《宋史》记载，太祖时诏郡立古帝王陵庙，派人管理，各地也相继兴起建筑祠庙。祠庙配置也有一定的规则，大致可分为三个等级。后土祠与中岳庙都是奉诏按照最高级的标准修建的，属于国家祭祀之祠。

玉岩遗址属九嶷山地区，汉代以来多有关于舜帝陵庙的记载。马王堆三号墓出土的地形图，在一山侧标出"帝舜"二字。墓主人为西汉初年长沙丞相车大侯利苍的儿子，葬于汉文帝十二年（前168年）。地形图上有九个柱状符号，符号后面有一建筑物。研究者根据司马迁《史记·五帝本纪》"舜践帝位三十九年，南巡狩，崩于苍梧之野，葬于江南九嶷"和北魏郦道元《水经·湘水注》九嶷山"南山有舜庙，前有石碑"等记载，推测九个柱状物为九块石碑，后面的建筑物则为舜庙。根据已发现的建筑遗迹，尤其是保存较为完整的宋代的建筑基址，结合有关文献的记载，以及玉岩摩崖石刻，发掘者推测，玉琯岩遗址是汉代以来祭祀舜帝的祠庙遗址，是有根据的、科学的。

玉琯岩舜庙遗址的发现，是我国历史上五帝祠庙考古上的首次发现，是目前已知时代最早的舜帝祠庙。它为古代祭祀的历史和祠庙建筑的研究提供了新的考古资料。随着该遗址的进一步发掘，必将有助于我国考古学、历史学、建筑学研究的深入。

《人民日报海外版》2005年8月20日第八版登载

《光明日报》2005年8月17日第十一版登载

舜庙遗址与尧舜传说

⊙李学勤[1]

1973年末,湖南长沙马王堆3号汉墓出土大量帛书,这是中国考古学声闻世界的一件大事。我虽然在1974年已经参加了整理帛书的一些工作,但由于"文革"运动的限制,次年初才去整理小组报到。到了那里,一开始就看见已经复原两幅的古地图。最使我惊奇不已的,是在其中《地形图》九疑山的旁边,竟标注着"帝舜"二字。

看到这幅西汉早年的地图,九疑山的位置和形状相当准确。山的南侧画有一处建筑,由九条柱形构成,中间有高度不等的尖顶。谭其骧先生根据《水经·湘水注》九疑"南山有舜庙,前有石碑,文字缺落,不可复识"的记载,认为"这座建

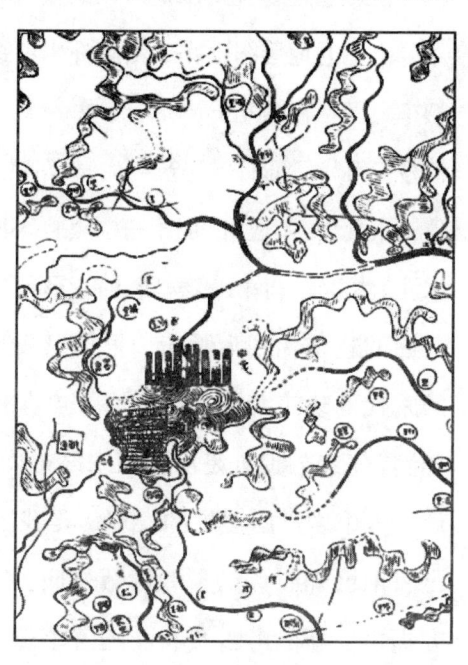

◎马王堆汉墓出土的《地形图》

---

[1] 李学勤系清华大学教授、中国先秦史学会理事长、国际欧亚科学院院士。

筑物当即舜庙,九条柱状物当系舜庙前的九块石碑"。舜死在苍梧,葬于九疑,无疑是古老的传说,可是舜庙能有这么早吗?我心里一直在怀疑着。

去年,也是一个酷热难当的夏日,我应邀前往位于宁远县城东南的玉琯岩建筑遗址参观考察。经历了重重峰峦,进入遗址所在的山间盆地,

◎ "九疑山"三字是宋朝道州刺史方信儒所书

九疑诸峰秀色,尽收眼底,气象恢宏万千,使人对先民选址的精当不禁叹服。

我仔细观察了正在发掘的部分遗址以及出土的陶瓷、砖瓦等等器物,获知遗址上部年代是北宋,与史籍记载宋初敕修九疑山舜庙相合。从已开掘的部分看,当时舜庙规模相当宏大。更引人注意的是,在北宋遗存之下,还有更早的建筑地层。特别是如发掘者指出的,"在发掘区下部堆积中发现了汉代祭祀坑和不晚于东汉早期的大型建筑遗迹"。[1] 这就和马王堆帛书古地图的舜庙有可能联系上了。

---

[1] 国家文物局.2004中国重要考古发现.文物出版社,2005:161.

◎九疑山全景

　　舜庙历史的绵远，是有着深厚的文化传统背景的。

　　作为《二十四史》首部的《史记》，司马迁在夏、殷（商）、周三代本纪之前，专列了《五帝本纪》，五帝是黄帝、帝颛顼、帝喾、帝尧和帝舜。颛顼、帝喾后来不那么重要，甚至很少提起，黄帝和尧、舜则是人所共知。造成这种差别的理由是明显的，黄帝被尊为华夏民族的共同祖先，各种文明因素从他那时代创始，因而号称"人文初祖"，用现在的话说，就是代表中国文明的起源。至于尧、舜的时代，文明已经形成光大，尤其在儒家的心目中，是理想的"黄金时期"。孔子便说过："唯天为大，唯尧则之，巍巍乎其成功，焕乎其有文章。"

　　传统的经籍《尚书》，起首是《尧典》和《舜典》。这两篇在古时本来是一篇，就叫《尧典》，也有时称《帝典》。据说孔子删定《尚书》，断自尧、舜，不取有关更早时代的材料，是寓有以尧、舜为治世深意的。著名的《礼运篇》，所描写的大同在禹、汤、文、武、成王、周公之前，同样是以尧、舜为治世的极致。这样，尧、舜在传统文化中，便成为理想的圣王明君了。

《尧典》以及其他有关文献所记载的舜是一个出身民间的人才的典型。他以贤德孝行著称，得到帝尧的选拔，通过危难政事等等考验，成为尧的重要辅佐。最后，尧不但把两个女儿嫁给舜，还让他做了帝位的继承人，完成了名垂后世的"禅让"。这些事迹，显然与儒家将道德伦理和政治相结合的理想一致。许多古书对尧、舜的传说作了发挥。近年发现的战国时期佚书竹简，也不乏这方面的内容。例如上海博物馆收藏的竹简《容成氏》，不仅以很多的文句铺陈尧、舜的事迹，甚至说自远古容成氏以来，其有天下"皆不授其子而授贤"，尧能让贤，"万邦之君皆以其邦让于贤者"，把尧、舜禅让无限夸大了。

怎样看待尧、舜以及禹这一类古史传说，在史学界历来有争论。晚清以下疑古思潮的学者主张尧、舜、禹都是神话，系后人所伪托。也有学者不同意这种观点，如王国维便说："疑古之过，乃并尧舜禹之人物而亦疑之，其于怀疑之态度及批评之精神不无可取，然惜于古史材料未尝为充分处理也。"（《古史新证》，第2页）他专门提出青铜器铭文中关于禹的记载，作为证明，但没能列举关于尧、舜的较早材料，所举青铜器也较晚，是春秋中晚期的。2002年，发现了一件中期的青铜器遂公盨，其铭文讲到禹的治水，文句同于《尚书·禹贡》和《禹贡》的序，与《皋陶谟》（包括今本《益稷》）也很近似。看这些文献，可知治水一事和尧、舜是分不开的。古史传说在这里得到一定程度的证实。

还是王国维先生说得好："上古之事，传说与史实混而不分。史实之中固不免有所缘饰，与传说无异，而传说中亦往往有史实为之素地，二者不易区别，此世界各国之所同也。"（《古史新证》，第1页）古史传说是古史不可缺少的一部分，不能像后代史料那样直接引据，也不应因混有神话而全盘抹杀。

考古研究已经使我们窥见传说中尧、舜时代社会、文化的真相。例如已有不少报道的山西襄汾陶寺遗址，其年限上限在公元前2500年至前2400年间，下限不晚于公元前2000年，正好与尧、舜传说的时代大致相当。陶寺发现了面积达280万平方米的大型城址，其中有结构复杂的建筑基础，有规模颇大的贵族墓葬，出土了玉器、铜器及陶制的礼乐器等，还出现了文字。最近发掘的一处特殊建筑基址，有学者推测与"观象授时"可能有关，而后者正是《尧典》的一项内容。大家知道，陶寺的地理位置同文献中"尧都平阳"正好接近。由此看来，认为传说中尧、舜时代文明业已初步建立，是妥当的。

总之，九疑山舜庙之所以源远流长，并非偶然。这一方面反映了我国历史的绵延悠久，后世对先代的仰溯追忆，另一方面也寄托着传统文化关于盛时治世的期待和理想。希望玉琯岩遗址的进一步发掘研究，会给我们带来更多的启示。

（原刊于《光明日报》2005年8月17日第十一版，《人民日报·海外版》2005年8月20日第八版转载）

印证"舜葬九嶷"的考古发掘

⊙何 强[①]

玉琯岩古舜帝陵庙遗址位于宁远县县城东南约34公里处的山间盆地中，总面积约32000平方米，地属九嶷山瑶族乡九疑洞村，现地貌多为呈梯级分布的稻田耕土。自2002年春季开始，湖南省文物考古研究所对该遗址进行了连续三个年度的考古发掘工作，揭露面积近5000平方米，取得了多项阶段性成果。

目前，主要在遗址北部发掘探方200个，发掘面积5000平方米。在揭去遗址表层农耕土后，揭露出宋代舜帝陵陵庙基址。经发掘及开探沟证实宋代舜帝陵陵庙基址呈正南北向，东西宽80米，南北长120米。沿中轴线在宋代舜帝陵陵庙基址上已揭露出正殿、寝殿及东西配殿、厢房等建筑基址。遗址南部除西侧一线外，大部分尚未进行正式发掘。正殿、寝殿基址四周均铺有"鸿雁"纹铺地青砖，以为"散水"。正殿建筑面积876平方米，殿内均衡分布着40个边长200—220厘米的大型柱基地坑（磉墩）；寝殿建筑面积416平方米，殿内分布着24个边长160—180厘米的大型柱基地坑（磉墩）。柱基地坑内（磉墩）填满了砾石或瓦片。宋代舜帝陵庙基址上散布堆积着大量宋代陵庙的建筑构件及宋代瓷器的残片。

---

① 何强系湖南省文物局副局长、研究员。

年代最晚的遗物为南宋瓷片。

宋代舜帝陵庙基址之下直接叠压着唐代的建筑基址。唐代建筑基址大体与宋代陵庙基址重合，在宋代陵庙基址边缘的护边地基青砖之下叠压着唐代建筑的护边地基青砖；宋代陵庙殿堂的柱基地坑（磉墩）打破了唐代殿堂的柱洞，唐代殿堂柱洞中出土有晚唐瓷碗；唐代地层堆积中还出土不少唐代建筑构件及唐代瓷器等文物。为了保护宋代陵庙建筑基址，我们未对唐代陵庙基址作全面的揭露，只在部分地方进行了解剖分析。

在遗址西南部的唐代陵庙基址之下，进一步发现了汉代的建筑基址。目前所揭露的汉代建筑基址仅175平方米，在汉代建筑基址之上发现了一批排列整齐、间距一致的椭圆形柱坑及汉代建筑的原始地面。在汉代建筑基址之上出土了东汉早期的陶器及其残片。

我们之所以确认遗址最上层的建筑基址是北宋时期的，主要的依据是：基址上现存的护边地基砖与方形鸿雁纹铺地砖为典型的宋代青砖；基址上出土的一件筒瓦上有"开宝"的明确纪年，"开宝"为宋太祖的第三个年号；另一件筒瓦上有"歙州斋遣匠人吴皿"的刻划文字，歙州的建制起讫时间分别为隋文帝开皇九年（公元589年）与宋徽宗宣和三年（公元1121年）。"开宝"筒瓦与"歙州"筒瓦是基址上出土最多的筒瓦。考古遗迹现象与历名文献记载可以互相印证，成书于明万历年间的《九疑山志》记载，在玉琯岩下，"宋建隆初，刺史王继勋奉诏重修（舜庙），知制诰张澹奉敕撰碑"。关于宋代建筑基址的建筑功能性质，我们认为是舜帝陵庙。依据是：文献记载宋代在玉琯岩前重修了舜帝庙；玉岩石岩上的明清石刻有"舜帝灵祠今古在""虞庙巍巍俨舜颜""荒庭怀古四千秋"等石刻铭文；宋代建筑基址规模宏大，如正殿殿柱有40个，为7间4进；寝殿殿柱有24个，为5间3进；建筑面积达到9600平方米。如此大规模的庙堂在当地历史与传说中，除舜帝陵庙外，没有能与之相匹配的。

宋代舜帝陵庙的基址之下叠压的第一层建筑基址，我们认为是唐代的建筑基址。依据是：基址的护边青砖是唐代青砖；基址上柱洞垫基瓷器为典型的晚唐瓷碗；唐代地层堆积中出土了不少唐代的建筑构件和唐代瓷器等文物。对于唐代建筑基址的功能性质，我们认为还是舜帝陵庙。依据是：唐代建筑基址基本与宋代舜帝陵庙重合，如此大规模的建筑，在当地历史与传说中，非舜帝陵庙不能与之相匹配；《九疑山志》记载："（唐）僖宗时，长沙胡曾权延唐县令，请复立（舜庙）于玉琯岩下，有敕建舜庙碑记。"胡曾权复立舜庙为晚唐僖宗时，考古发现的建筑遗址也是晚唐遗址，考古发现与文献记载吻合。

唐代舜帝陵庙基址之下叠压着的建筑遗址，我们认为是汉代的。依据是，遗址之上出土有东汉早期的陶片等，证明唐代舜帝陵庙基址之下的建筑遗址，最晚也不会晚于东汉早期。汉代建筑遗址的功能性质，我们认为仍然是舜帝陵庙，因为有史籍记载可证。成书于东汉的《风俗通义》记载："昔章帝时，零陵文学奚景于泠道舜祠下得笙，白玉管。"奚景得玉笙的地点即今天的玉琯岩，由此，可认为今天在玉琯岩发现的汉代建筑遗址应该即是《风俗通义》中所说的"泠道舜祠"。

综上所述，玉琯岩古舜帝陵庙遗址的考古发掘证实，早在2000多年前，"舜葬九疑"的传说就已为人们普遍接受，并在九疑山修建了舜庙加以祭祀。司马迁《史记》中的记载和马王堆出土地图上的绘记都是对当时实际情况的真实记载。

《人民日报海外版》2005年8月20日第八版登载
《光明日报》2005年8月17日第十一版登载

舜葬九疑揭示的文明密码

⊙ 郭伟民[①]

由屈原的《离骚》，想到"楚虽三户，亡秦必楚"。不过这个洞庭湖以南的内陆地区，远古时期曾被认为是不适生聚的地方。西汉时期，贾谊被贬为长沙王太傅，"闻长沙卑湿，自以寿不得长"，可见他对于这南方长沙的环境极度恐惧。司马迁在《史记》中说："衡山……长沙，是南楚也。南楚好辞，巧说少信。江南卑湿，丈夫早夭。楚越之地，地广人稀。无冻饿之人，亦无千金之家。"长期以来，依靠文献来写湖南古代史，只能从秦汉以后开始，那么在此之前数十万年的历史呢？

几十年来，大量的考古发现填补了湖南远古历史的空白，揭示出早期湖南的历史进程及内在动因。

湖南的历史可以追溯到距今 50 万年的旧石器时代，洞庭湖平原西侧的一些河流阶地和山头上，就发现了数量众多的打制石器。从那时起，湖南就一直有人类活动，并留下了丰富的文化遗存。当然公众比较熟悉的是万年前的道县玉蟾岩洞穴遗址，在这里发现了目前中国最早的水稻以及最早的陶器。中国是世界水稻的故乡，玉蟾岩是解开世界水稻起源之谜的关键之一。在旧石器时代末期，人类在湖南已经开始定居，在洞

---

① 作者系湖南省文物考古研究所研究员、所长。

庭湖平原西部的一些山岗上，发现有一万年以前的建筑基址，说明人类已经从居无定所发展为定居的聚落。定居若要成为稳定的形态，其前提是有食物的存储和食物再生产，于是有了水稻采集。

在湖南发现了目前中国最早的城。澧阳平原的新石器文化序列十分完整。从距今1万年以后的彭头山文化起，一直发展到后来的大溪文化、油子岭文化、屈家岭文化、石家河文化，时间跨度到距今3900年左右。文化序列的完整意味着这里有非常稳定的社会经济发展，发达的稻作农业支持了社会的进程，稳定的社会又促进了农业的发展。因此，距今6300年前后，这里诞生了目前中国最早的城——城头山古城，这座史前古城具有圆形的结构，有完整的城壕、城墙、城门体系，城内布局清晰，相关遗存显示社会分层已经明显，贫富分化、职业分化都已经出现，这是社会复杂化的重要标志。城头山城池有过近千年的辉煌，在大约距今5300年之后，这座城才开始走下坡路，而被其东边10多公里远的另一座城——鸡叫城逐步取代，在这个取代的过程中，长江中游的文化重心也从澧阳平原移到了江汉平原，形成了以石家河城为中心的长江中游经济—文化共同体。

正在首都博物馆举行的"美好中华"展览，有几件来自高庙的陶器。它们来自高庙文化晚期的一处大型祭祀场所，装饰有中国目前所见年代最早的凤鸟、兽面和八角星象等神像图案，是高庙人精神世界的集中反映。湖南洞庭湖地区，以及湘、资、沅、澧四水的河谷地带，都留下了人类频繁活动的遗存，高庙文化便是杰出的代表。这支文化的年代上限可到距今7500年，下限为6500年，这里出土了我们所见年代最早的白陶之一，陶器上的众多刻画和戳印的图像是其观念的生动体现，这种观念成为后世中国精神文化的重要组成部分。

新石器时代以后的湖南，走过了一段较为沉寂的历史，大致相当于中原夏朝这段时间。商代，商文化越过长江向南方传播，岳阳铜鼓山遗址就是这个时期的典型代表。在此之后，从晚商到西周早期，分别有费家河文化和炭河里文化，其中炭河里文化发现了大量的青铜器，这些铜器具有中原和地方土著的双重特征。炭河里还发现了一座西周早期的城。

于是想到了"舜葬九疑"的传说。从史籍来看，这一传说应该发生在战国早中期，屈原在《离骚》中说"济沅湘以南征兮，就重华而陈词"。重华即是帝舜。《山海经·海内经》云："南方苍梧之丘，苍梧之渊，其中有九疑山，舜之所葬，在长沙零陵界中。"《史记·五帝本纪》载："舜南巡狩，崩于苍梧之野，葬于江南九疑。"秦始皇三十七年"行至云梦，望祀虞舜于九疑山"。西汉前期马王堆出土的地形图上，在九疑山的核心区特意画了九根柱子，并标注了"帝舜"的字样，表明西汉前期九疑山已经有祭祀舜帝的庙宇了。

舜生活的时代相当于中原龙山文化时期，如果将这个古老的传说与考古的真实记录相比对，居然可以得到许多的印证。在新石器时代后期，特别是进入龙山时代以后，大量的中原文化因素影响到了湖南，在夏商周时期更加明显，相当于夏朝晚期的二里头文化因素，影响到了湘南九疑山地区。商时期这里不仅出现了中原式的铜器，也大量出现中原式的陶器，甚至也有玉器。西周时期这里也有不少来自中原的影响。及至楚势力崛起江汉，湖南在很短的时间里即成为楚国的一部分，在楚国北上中原争霸的过程中，湖南成为其稳定的后方，也正是在这样的过程中，湖南的民族也完成了华夏化的过程。原来的南蛮之地成为国家的地域，原来的苗蛮越濮族群也完成其华夏族群的蜕变。从目前考古发现的情况看，楚国能够控制的地区只能到达南岭北侧。南岭和九疑山正好是楚国势力范围的极限。

西周中晚期至春秋早期，湖南大地生活着一些族群，群苗、蛮夷、百濮、百越衍化成形，支系众多，到战国早中期，湖南全境几乎都为楚国所有。从此，原来山头林立的湖南纳入到了楚国的国家行政序列，原来的族群也不断为统一的楚民族所融合。正是这个时候，舜帝南巡葬于九疑的传说出现了。从屈原对于"重华"溢美之词中或可感知，楚国可能是传说的创造者。

秦灭六国，秦朝设立了洞庭郡和苍梧郡来管理湖南，龙山里耶古城发掘出土的秦代简牍证明，即使是偏僻的湘西也实施了高效率的行政管理。可以骄傲地说，考古工作为湖南积累了大量的资料，足够重建湖南的上古史。

这或者就是考古的乐趣。舜葬九疑的传说如同一个密码，揭示了中国文明化的进程。舜葬九疑由传说到史实的过程，是中原中心和边陲内陆化的过程，这清晰的历史脉络显示的也是中华文明特有的形成机制，正是这种机制造就了独特的五千年中华文明连续体，如滔滔江河，万古不竭。

摘自《人民日报》2017年6月15日24版

论《史记》"舜葬江南九疑"及其相关问题

⊙ 曹定云[①]

一、舜之葬地的歧义

虞舜是中华古史传说中一位重要的部落联盟首领，也是传说"五帝"中的最后一位"帝王"。他对中华民族的形成和发展作出过重要贡献，在历代中华儿女心中，享有崇高的地位。

虞舜确有其人。《帝王世纪》云："帝舜有虞氏，姚姓也。目重瞳，故名重华。字都君，有圣德。"《路史》云："瞳重曜，故曰舜。"《史记·五帝本纪》索隐引皇甫谧云："舜母名握登，生舜于姚墟，因姓姚氏也。"有虞氏本妫姓，而史载却又言舜姚姓。此乃舜史疑团之一也。对此疑团，已有学者指出，舜本是其母握登未婚而孕，生于姚墟，故姚姓，生父已无从考究；后其母握登远嫁于有虞氏瞽叟，舜随母前往，瞽叟实为舜之继父[②]。这一解说合乎情理，对后来舜青年时期所受的种种磨难，亦可作出合理的解释。

关于舜之生平，《史记·五帝本纪》载："舜年二十以孝闻，年三十

[①] 曹定云系中国社会科学院考古研究所研究员。
[②] 杨东晨.帝舜家族史迹考辨.零陵师专学报，2002（1）.

尧举之，年五十摄行天下事，年五十八尧崩，年六十一代尧践位。"《尚书·尧典》云："舜生三十征庸，三十在位，五十载陟方乃死。"据此记载，舜在位五十年，而舜正式践位时为61岁，故舜之年寿应为112岁。这在古代是相当高寿的老者了。

关于舜之葬地，自古就有不同的说法，概括起来，可分三种：

其一为鸣条说。《孟子·离娄下》："舜生于诸冯，迁于负夏，卒于鸣条。"《平阳府志》云："垣曲县有诸冯山、瞽叟镇。"《今本竹书纪年》："四十九年，帝居于鸣条……鸣条有苍梧之山，帝崩，遂葬焉。"

其二为南已之市说。《墨子·节葬下》："（舜）道死葬于南已之市。"《太平御览》引作"道死南纪之市，既葬而市人乘之。"又《尸子》："（舜）道死葬南巴之中。"《吕氏春秋·安死》："舜葬于纪市，不变其肆。"徐旭生先生曾指出："这些全是同源而小异的说法。'已'、'纪'同音假借；'已'、'巴'形近讹误。地在何处？一说在山西境内。《路史》注：'纪即冀，今河东皮氏（即今日河津）东北有冀亭，冀子国也。'另说在今湖南九疑山下。"[①]

其三为江南九疑说。《史记·五帝本纪》载："（舜）践帝位三十九年，南巡狩，崩于苍梧之野，葬于江南九疑，是为零陵。"《集解》引《皇览》曰："舜冢在零陵营蒲县。其山九溪皆相似，故曰九疑。"《山海经·海内经》云："南方苍梧之丘，苍梧之渊，其中有九疑山，舜之所葬，在长沙零陵界中。"《山海经·海内南经》："苍梧之山，帝舜葬于阳，帝丹朱葬于阴。"《大荒南经》云："赤水之东，有苍梧之野，舜与叔均之所葬也。"

---

① 徐旭生. 文史（第二十九辑）·尧、舜、禹（上）. 中华书局，1994：10.

以上三说中，影响较大的是鸣条说和九疑说，而且，鸣条说和九疑说者，其观点往往尖锐对立，互不相容。近年以来，随着舜文化研究的升温，对舜之葬地的讨论和争论也越来越多，并备受人们的关注。这种讨论和争论，从总体上看，对舜文化的研究是有益的：它可以使各种观点充分展开，使各种材料充分地展示在世人面前，供研究者思考和探索。虞舜生活的时代距今约4300余年，毕竟是年代久远，史实渺茫。对于古史中许多传说的事情，尤其是有文字记载的事请，我们不要轻易地否定。但传说不等于历史，传说是历史的影子。传说与历史之间尚有一定的距离，需要人们去研究和探索。对于舜之葬地为何会出现三种说法，而且都出自古代文献，而不是今人的杜撰，此中的原因，值得我们思考。"舜葬南已之市，"因影响较小，本文暂不讨论。"鸣条"说，因《孟子》有言，影响较为深远。"诸冯""负夏""鸣条"均在今晋南，史学界有不少学者支持此说，尤其是当地学者，进行了大量的考查，列举了不少"证据"支持此说，备受人们的关注。目前争议较大的是"舜葬江南九疑"说。支持者和反对者都各持有据。为此，本文特发表拙见，以就正于学界。

二、《史记》"舜葬江南九疑"并非误记

"舜葬江南九疑"出自司马迁的《史记》。《史记》载："（舜）践帝位39年，南巡狩，崩于苍梧之野，葬于江南九疑，是为零陵。"司马迁是一位严肃的史学家，没有根据，他是不会随便写上这句话的。舜南巡狩是在舜即"帝"位的第39年，也就是帝舜100岁的时候（61+39）。如此高龄，还要到南方巡狩，这在人们的心中自然会产生疑问。最先对司马迁《史记》进行质疑的是清代学者张京俊，他在《鸣条舜陵考略》中说："有虞帝舜之有天下，泽披万世，其始封之邑，倦勤之都，升遐之宫，陵园之葬，

皆在安邑。自《史记》一误，后世悠谬之谈，因之罔惑千古，兹援古人文字以考证之。《孟子》曰：卒于鸣条，以宫言也；《檀弓》曰：舜葬苍梧之野，以陵言也。鸣条牧宫名，乃禹营之。安邑，即夏县之禹王城也。苍梧，古山名，即安邑之南山。曲马村之陵，即苍梧之野也。舜暮年思居旧邑，禹为营鸣条牧宫以安之，因名曰安邑。"①在张京俊看来，舜之始封地，都城和葬地均在安邑，"舜葬江南九疑"完全是司马迁的"误记"。此说一出，无疑对后来的学者产生了影响。现代学者叶予青先生也极力支持此说。他说："先秦史籍没有舜晚年南巡狩的记载。舜南巡狩最早出自西汉孔安国对《尚书·舜典》五十载陟方乃死的注疏。孔安国注道："方，道也。舜即位五十年，升道南方巡狩，死于苍梧之野而葬焉。"叶认为这是不可能的，并列举《史记·五帝本纪》所记："尧老，使舜摄行天子政，巡狩"之例子，即八十九岁的尧将帝位禅让舜后，就安度晚年，不再过问政事，由摄天子政的舜去巡狩四岳。那么九十六岁的舜既已将帝位禅让给禹，舜也与禅位后的尧一样，只能是安度晚年。因为舜不再是天子，所以不能以天子的身份去巡狩。如果巡狩，则应由摄行天子政的禹去巡狩。所以，舜晚年没有巡狩。"②

张京俊和叶予青，这一前一后对《史记》所记"舜葬江南九疑"的否定，基本上都是出自推理，并没有提出确证。尽管这种推理有其合理性，但不能成为定论。现在的问题是，《史记》中"舜葬江南九疑"是否是司马迁的"误记"，则是讨论的关键。

---

① 张京俊.鸣条舜陵古碑录·鸣条舜陵考略.山西古籍出版社，2003：25.

② 叶予青.虞舜文化研究集（上）·舜南巡狩考证.山西古籍出版社，2005：460.

"舜葬江南九疑"说早在司马迁之前就已存在。《山海经·海内经》云："南方苍梧之丘，苍梧之渊，其中有九疑山，舜之所葬，在长沙零陵界中。"《海内南经》："苍梧之山，帝舜葬于阳，帝朱丹葬于阴。"与"舜葬江南九疑"相关联的另一传说，即尧之二女，舜之二妃娥皇、女英闻噩耗后，千里迢迢奔往南国寻夫，死于洞庭的故事，也在楚地广为流传。屈原之《九歌》有《湘君》《湘夫人》两章，专以祭奠娥皇、女英，其辞云："帝子降兮北渚，目渺渺兮愁予……九疑缤兮并迎，灵之来兮如云。"辞中的"帝子"所指为舜妃娥皇，女英。王叔师注《楚辞》云："尧之二女娥皇、女英妻于舜，舜往征有苗，二女从而不返，道死于沅、湘之间。"屈原乃战国时人（约公元前340—278年），早于司马迁约200余年。此足以说明，至少在战国时代，舜崩于苍梧之野，葬于江南九疑，就已在楚地流传。另《史记·秦始皇本纪》载：三十七年（公元前210年），始皇出游，"行至云梦，望祀虞舜于九疑山"。此年早于司马迁近半个多世纪。以上文献记载说明，早在司马迁之前，"舜葬江南九疑"说，就已经存在。

真正对《史记》"舜葬江南九疑"说首次作出证明的是长沙马王堆汉墓《地形图》。1973年12月，在长沙马王堆3号墓出土的帛书中，有一幅《长沙国南部地形图》。此图用长、宽各96厘米的黄褐色绢绘制，图的方向是上南

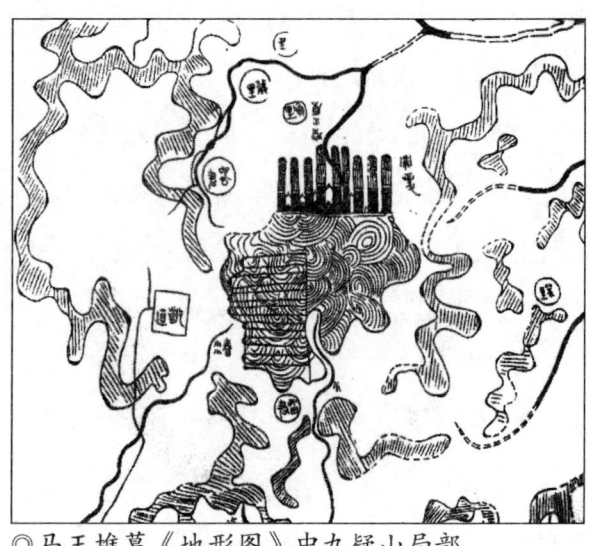

◎马王堆墓《地形图》中九疑山局部

下北，左东右西，与今日地图方向正好相反。《地形图》所绘范围大致相当于今日广西全州、灌阳以东，湖南新田、蓝山、广东连县以西，北至新田、全州，南至广州珠江口外的南海。主区所绘是湘江上游第一大支流深水（今曰潇水）流域和南岭的九疑山一带[1]。图中最引人注目的地方是，在该图东部偏南之处，绘有"九疑山"。它用鱼鳞状圆形表示山峦起伏和地势高低，接近于今日的等高线。在"九疑山"的南面，画有一排九个圆形柱状物，柱旁注有"帝舜"二字；九柱间的空隙处露出五幢高低不一的人字形建筑物。学者们推断，这是一幅清晰的舜帝陵庙图：九根柱子应是九块石碑；九柱间的五房与九柱合成"九五"，应是"九五之尊"的意思[2]。由此可见，《地形图》中的舜庙建筑应是当时最高规格的建筑了。

马王堆 3 号汉墓是汉初长沙国丞相利苍儿子之墓。墓中出有一木牍，记有"十二年十二月乙巳朔戊辰"字样，标明该墓下葬的时间为汉文帝十二年（公元前 168 年），距司马迁诞生之年（前 145 年）尚差 23 年。这无疑证明：早在司马迁之前，湖南零陵九疑山舜陵就已经存在，《史记》所记是准确和真实的。

三、田野考古发掘对"九疑山舜陵"的检验

关于九疑山舜陵，历代文献均有记载。唐代道州刺史元结曾奏报朝廷："谨按地图，舜陵在九疑山中，舜庙在大阳溪。舜陵古老已失，大阳溪今不知何处。秦汉以来，置庙山中，年代浸远，祠宇不存。"《湖南风物志》

---

[1] 湖南省博物馆，湖南省文物考古研究所.长沙马王堆二、三号汉墓.文物出版社，2004：26、91-99、237、238.

[2] 高至喜.马王堆汉墓出土的《地形图》与舜葬九疑的对应及其他.湖南永州舜文化学术讨论会，2007.

载："舜庙，相传秦汉前建在大阳溪，秦汉时移到玉琯岩前，至唐，庙宇已圮毁。元结作道州刺史时，为了便于祭祀，在道州城内另建了一座舜庙。唐僖宗时，又将庙迁回玉琯岩下，并有敕建舜庙碑文。清代吴绳祖所修《九疑山志》云："舜庙在大阳溪的白鹤观前，……秦时迁于九疑山中，立于玉琯岩前百步。"以上文献记载指出了两个重要事实：一、九疑山之舜庙是秦时迁入的；二、九疑山之舜庙距玉琯岩百步之遥。如此准确的记载，为考查舜庙提供了依据。

马王堆3号墓帛书《地形图》的发现，为考古工作者寻找舜庙提供了新的契机。2001年12月，湖南省文物考古工作者，根据《地形图》和古代文献记载，在九疑山瑶族乡九疑洞村玉琯岩附近进行考查，终于发现了古代陵庙建筑遗址。从2002年春季开始，考古工作者对舜庙遗址进行考古发掘，历时四年，至2005年取得了阶段性的重要成果。发掘揭示：遗址的最上层是宋代建筑基址，"宋代舜帝陵庙基址之下直接叠压着唐代的建筑基址。在宋代陵庙基址边缘的护边地基青砖叠压着唐代建筑的护边地基青砖；宋代陵庙殿堂的柱基地坑打破唐代殿堂的柱洞，唐代殿堂柱洞中出土有晚唐瓷碗；唐代地层堆积中还出土了不少的唐代建筑物件及唐代瓷器等文物。在遗址西南部的唐代陵庙基址之下，进一步发现了

◎玉琯岩舜庙遗址考古现场　　◎玉琯岩舜庙遗址位置标记

汉代的建筑基址。目前所揭露的汉代建筑基址仅175平方米，在汉代建筑基址之上，发现了一批排列整齐、间距一致的椭圆形柱坑及汉代建筑的原始地面。在汉代建筑基址之上出土了东汉早期的陶器及基残片"[①]。

上述报告揭示了如下重要事实：

1. 舜庙遗址位于玉琯岩正南方向的一片平地中，此处俗称"汉唐坪"，距玉琯岩之直线距离约一百步。此与《九疑山志》所载"立于玉琯岩前百步"基本吻合。

2. 遗址的最上层是宋代层，其下是唐代层，在遗址的西南部，唐代层之下是汉代层。由此可以证明：舜庙建造的年代上限最晚不迟于西汉。这与《湖南风物志》所载"秦汉时移至玉琯岩"也基本吻合。

3. 玉琯岩舜庙遗址的位置与马王堆《地形图》中所标的舜庙位置基本一致，文献记载与考古发掘基本吻合，从而证实《史记》所记的真实性。

四、九疑山汉代舜庙遗址发现后的思考

九疑山汉代舜庙遗址的发现，是我国史学界和考古学界的一件大事，它在史学界所引起的冲击波是颇有影响的。不少学者在这一事实面前，不得不进行新的思考。

九疑山汉代舜庙遗址的发现，是否就意味着《史记》所记"舜葬江南九疑"就成了定论，没有任何研究和探讨的余地呢？我认为不见得，事情并非如此简单。世间上许多事情，并非一定都是"非此即彼"。司马迁距帝舜的时代尚有2000余年，他对帝舜时代记述就好像我们今天在讲

[①] 何强. 印证"舜葬九疑"的考古发掘. 舜风, 2005: 9; 人民日报·海外版, 2005-08-20.

述西汉的事情。那个年代文字记载贫乏，许多事情多是口耳相传。在一代一代的口耳相传中，有些事情难免发生变异。不然的话，为什么同一件事情，几百年、上千年后就会出现不同的结果呢？尤其是古代的领袖人物，例如黄帝、炎帝、尧、舜等，他们的出生地，葬地往往会有多处。此中是什么原因，确实值得我们认真思考。

现在已经证明，那些认为司马迁《史记》"舜葬江南九疑"是"误记"的观点是不对的；但他们提出的质疑的理由是否就毫无可取之处呢？我看也不尽然。根据记载，帝舜在61岁时就"天子"位，96岁时将帝位禅让给禹，100岁时开始南巡狩，112岁时崩于苍梧之野，葬于江南九疑。按照这一记载，有两个问题值得我们思考：第一，舜96岁时已将"帝"位禅让给禹，为什么在100岁高龄时还要亲自到江南巡狩？第二，舜以100岁高龄到江南巡狩，最后是112岁死于南巡的道上——苍梧之野。如此高龄进行如此艰辛的长途"南巡"，本身就是一个值得思考的问题。根据考古发现的事实，古代人的寿命比现代人要低，一般多在30—50岁左右。"人生七十古来稀"，是对古代人之寿命的一种概括。长寿者不是没有，但很少。舜可能由于其自身的原因，如心态平和，宽厚待人，以及其部落联盟首领地位，生活条件相对优越等原因，得以长寿。但以100高龄去跋涉江南，千里迢迢，山高水深，其艰辛可想而知。当时的交通极为困难：可能没有车（至少目前没有证据证明），也不骑马（以马代步是后来的事）；船是有的，但水路少，陆路多，基本是靠步行。一个100多岁老人的精力和体力，能否担此重任，实在是令人怀疑。

行文至此，也许会有学者批评我：你既然肯定司马迁《史记》没有误记，现在又怀疑"舜江南巡狩"这一事实，这不是前后矛盾、自我否定吗？我说，非也。司马迁《史记》确实没有"误记"，因为在他那个年代，九疑山舜庙是存在的；舜江南巡狩，死于苍梧之野早已在民间流传。但司马迁距帝舜又是2000余年。对这2000余年中所发生的事情，我们目前尚知之甚少。面对着九疑山的舜庙，我考虑仍然存在着两种可能性：

第一种，舜确曾以百岁高龄到江南巡狩，并死于苍梧之野、葬于江南九疑。如果真是这样，帝舜不愧是一位伟大的历史人物，他创造了又一个人间"奇迹"：百岁以上徒步到江南巡狩。他为中华民族的发展鞠躬尽瘁，死而后已，在中华儿女的心中，树立了一座永久的道德丰碑。

第二种，帝舜不曾到江南巡狩，九疑山帝舜庙是有虞氏（帝舜）后裔向江南迁移的结果。湖南有一句老话："伞把挑神台，处处是家乡。"其意思是，人们在搬家的时候，是一定会把祖先神位带走的。这样走到哪里，哪里就是家乡。古代部落和氏族的迁移更是如此。他们多是集体行动，迁移到一个新的地方后，一定会把祖先的神位重新安放。我有一种推想："疑"有可能是"氏族"之名，"九疑"就是九支"疑"氏族后裔同时迁移到此（"九"也可能是很多的意思，不一定非指九支），而"舜"是这九支疑氏族后裔的共同先祖，故而舜的"神位"也安放在这里。其最初安放在大阳溪，秦时迁入玉琯岩下。这可能就是九疑山"舜庙"的来由。其迁移的时间可能是在夏商之交至商周之际。换言之，舜之后裔的迁移至九疑山主要是在商代进行的，在西周之前完成的。

以上两种情况，最终属于哪一种，目前还难以定论，须要继续研究和探索。若是属于第二种，距离司马迁至少也有一千余年了。而在此之后，"舜葬九疑"久传而成"定说"。至春秋、战国时代，"舜葬九疑"在楚地更是家喻户晓、广为流传。所以，到司马迁作《史记》时，他只能是实录而已，岂有他哉？

五、余论

作为一个学术问题,"舜葬江南九疑"的争论可能还会继续下去。但是,九疑山舜帝庙无论是何种原因留下来的,也无论是何时所建,它都是舜文化的重要组成部分,也是中华民族历史的重要组成部分。九疑山舜帝庙的存在,是中华民族历史发展过程中的产物,有其发生的原因,有它存在的根据。我们今天弘扬虞舜文化,就是要继续保护好舜庙遗址,将其作为联系中华儿女的纽带,研究舜文化的基地,使虞舜文化更加发扬光大。

(原载《舜文化论文集》[第一辑],湖南人民出版社 2008 年版)

永州市九疑山舜陵的传统重要地位不可动摇
——兼论帝舜诸葬地与文化认同之陵墓的关系和意义

⊙杨东晨[1]

自从两千多年前司马迁为我国人民留下《史记》后，历史便成为一门博大精深的文化宝库。他在对其以前的文献排比、分析、综合研究后，结合自己的实地调查和采访，去其糟粕（即不雅之词），取其精华，在众说纷纭中写出《五帝本纪》，列黄帝、颛顼、帝喾、帝尧、帝舜为"五帝"，作为不朽的中国第一部纪传体通史的"首"篇，从此，历史学家随着社会的发展，时代的变化和需要，对《史记》不断研究和注疏，形成传统观点和说法。20世纪20年代后，马克思唯物辩证法和史学观传入中国后，随之考古学也在我国逐步兴起，郭沫若、范文澜等马列主义史学家，遂以新的思想和方法对中国古代史进行审视和研究，取得了众所周知的巨大成就。新中国成立后，尤其是改革开放以来，随着挖掘历史文化、发展旅游事业，振兴中华经济的蓬勃发展，三皇五帝的研究出现了"遍地开花"的可喜局面,对"五帝"的传统观点和说法提出了新的观点和看法，进一步具体化和地方化，是史学的"书斋"研究走向"社会"或"大众化"研究的重要标志之一。不言而喻，有些在历史研究、学术观点方面是正

---

[1] 杨东晨系广西历史博物馆研究员、中华伏羲文化研究会副会长。

确而符合历史人物实际的；有些则多是古史传说人物的"文化载体"或遗迹，还有依据传说新修的纪念祖先之建筑等。这些都是神话传说时代没有文字准确记载、先民口耳相传材料所决定的；加之古帝世系多，事迹又都记录在一个古帝的"名字"下，便形成"三皇五帝"的"多故里""多都城""多陵墓"等。我们21世纪的史学工作者，对这些现象和丰富的民族传统文化，应当既互相联系，又加以区别，正确热情地支持全国各地崇敬祖先的历史文化载体，为建立和谐的社会和促进民族复兴贡献力量。在此，我们谨就帝舜的陵墓文化再次发表粗浅认识，以与专家、学者们进行交流。

一、古帝虞舜的族属和生长及活动地区概述

关于这些比较重要的学术问题，我们在改革开放后相继发表过数篇论文，[①] 这里不再详述和重复，仅就其主要论点和根据作扼要的概述。

（一）帝舜家族是源于东夷的华夏化之族

在研究中国古史的传说时代人物中，首要的问题是要分清楚其族属问题。帝舜是"五帝"中的末帝，在黄帝时代（约距今5000年前）虞姓已是东夷（今山东）中一个较大的氏族或部落，其后裔较早地融合到了

---

① 杨东晨.炎帝和帝舜陵何以在湖南.衡阳师专学报，1997（1）；炎帝榆罔和帝舜何以葬在湖南.寻根，2000（5）；从古帝陵遗迹论部族的迁徙和融合.贵州文史丛刊，1999（2）；帝舜"明德"五说．永州日报，2001；舜德千秋·中华古帝舜的传统美德和献身精神.海南出版社，2001；中华古帝舜的传统美德.株洲师专学报，2002（3）；帝舜家族史考辨——兼论传说遗迹和帝舜生平事迹的关系.零陵师范高等专科学校学报，2002（1）；虞舜文化研究丛书·帝舜生平事迹考述.山西古籍出版社，2006.

华夏部落联盟之中，至虞舜时以部落长身份被帝尧选为继承"帝位"之人，历受考验被推举为"副首长"（双头体制）。帝尧病逝后，舜继位（一说是禅让，一说是舜夺位）为华夏部落联盟最高军事民主首长（称帝舜）。①加之，他是帝尧两个女儿的夫婿，所以司马迁以秦汉"大一统"的史学观，将虞舜粗线条式的编排为"黄帝世系"之内。《史记·五帝本纪》载："虞舜者，名曰重华。重华父曰瞽叟，瞽叟父曰桥牛，桥牛父曰句望；句望父曰敬康，敬康父曰穷蝉，穷蝉父曰帝颛顼，颛顼父曰昌意：以至舜七世矣。自从穷蝉以至帝舜，皆微为庶人。"此说来自西汉戴德的《大戴礼记·帝系》篇："黄帝产昌意，昌意产高阳，是为颛顼。颛顼产穷蝉，穷蝉产敬康，敬康产句芒，句芒产桥牛，桥牛产瞽叟，瞽叟产重华，是为帝舜，及产象、敖。""穹蝉"即"穷蝉"。此说是出自或是对《国语·鲁语上》"有虞氏禘黄帝而祖颛顼"的发挥。这些都是虞舜族为黄帝后裔的主要根据和理由。

我们之所以不赞同虞舜为"黄帝后裔"之说，主要的根据和理由是：《孟子·离娄章句下》云："舜生于诸冯"（今山东菏泽市鄄城县）"东夷之人也"。《史记·五帝本纪》索隐引皇甫谧曰："舜母名握登，生舜于姚墟，因姓姚氏也。"可证重华为"私生子"，以生地名称为姓，不知父亲。《孝经·援神契》云："舜生姚墟。"刘藻《曹州府志》卷四引《舆地志》曰："姚墟在濮州东南九十里，《援神契》曰：'舜生姚墟。'应邵曰：'雷泽城，在州东南六十里，本汉成阳古城，古之成伯园也。'"雷泽县为隋朝置，在今鄄城县东南，是知姚墟、姚（又写作洮）城、诸冯，均为一地而异名。之后，其母又迁居于今山东诸城，均为东夷故地。有虞氏的一支后迁于

---

① 郭沫若. 中国史稿（第一册）. 人民出版社，1976：117、116、160.

妫州（今北京延庆区，以妫水名州），又姓妫。姚重华随母入于妫（虞）瞽叟家后，随后父而姓妫(亦姓虞)。《史记·五帝本纪》正义引《括地志》云：北魏"周处《风土记》云：舜东夷之人，生姚丘"。南宋罗泌《路史·后纪》十一《疏仡纪·有虞氏》云："五帝之中，独（舜）不出黄帝，自敬康而下，其祖也。"《吕梁碑》载："舜祖幕，幕生穷蝉，穷蝉生敬康，敬康生桥牛，桥牛生瞽叟，瞽叟生舜。"《国语·鲁语上》载："幕能帅颛顼者也，有虞氏报焉。"幕比颛顼帝年长，生穷蝉，可证穷蝉非颛顼之子。王应麟《困学纪闻》载："《左传》史赵云：'自幕至于瞽叟，无违命。舜重于明德，阒德于遂。则幕在瞽叟之先，非虞思也。"朱芳圃《中国神话与史实·虞幕》云："据《国语·鲁语》，可见自幕至瞽叟，世为虞君，而《史记·五帝本纪》谓自从穷蝉以至帝舜，皆微为庶人，当系讹说。"据朱芳圃、叶玉森、何光岳等对甲骨文"虞"字的考证，虞姓的称谓，是因担任田猎官职，常戴虎头面具狩猎（虞为黑纹白虎，是一种仁兽）而得名。"幕"为善于观测气象、识别风向之人。《国语·郑语》云：虞幕"能听协风以乐物生"。盖农业社会，风与植物有密切关系，乐舞可以和风，使之应节气而全，虞幕功德高尚，其祀典隆重。《中国史稿》云："有虞氏被说成颛顼的后裔，但传说有虞氏为姚姓或妫姓，都本在祝融八姓之中，应为另一个分支系统。"这支东夷中后裔"著名的有虞氏，当在今河南虞城县一带。从各种传说和神话材料推测，有虞氏的农业、家畜饲养业和制陶业都是相当发达的。例如'虞幕能听协风，以成乐物生者也'，就是当每年春天东风到来的时候，发动氏族部落成员开始农业劳动。协风，也叫作俊风，就是春天的东风。传说中的帝俊，可能由此衍化而来。在有些神话里，认为日月干支也是从帝俊（舜之别名）产生的。在传说里，关于有虞氏的父权世系的断断续续的记载，也是最多的。这说明，有虞氏的父系氏族社会比较发达,对此后我国历史的发展作出了较大的贡献。可见,从虞幕时就与华夏族融合了。其后裔瞽叟的北迁,当是为了向东北发展,或受"最高军事民主首长"所封去防御狄族南进。

《史记·五帝本纪》云:"舜父瞽叟盲。"正义引孔安国云:"无目曰瞽。舜父有目不能分别好恶,故时人谓之瞽,配字曰'叟'。叟,无目之称也。"其实,完全是一种误解。黄模《国语补》云:"按《国语·周语》先立春五日,瞽告有协风至,此云能听协风,即无违命之实也。《左传》又云瞽史知天道。瞽,史官名,非无目者,以虞氏世为瞽史。故《尚书·尧典》言舜曰瞽子,又曰父顽,瞽以举其职,顽而言其性也。"虞(又姓姚或妫)瞽叟,即虞姓的老人为"史官"之义,主管观测天象,预报天气变化,使民按季节耕种和生活。这些都说明,虞氏族部落是源于东夷而和华夏族融合的部族。正是由于姚重华源于东夷,和黄帝不同族、不同姓,所以帝尧才能将两个女儿许配于他(今岳父与女婿)。若重华是黄帝后裔,帝颛顼为黄帝三代孙,帝喾为黄帝四代孙,与颛顼之子穷蝉同代。喾之子帝尧是黄帝五代孙,穷蝉之子敬康与其同代。敬康有子句望(黄帝6代孙),句望有子桥牛(黄帝7代孙)、桥牛有子瞽叟(黄帝8代孙),瞽叟之子重华(号舜,黄帝9代孙),则重华为叔伯曾祖父帝尧的四代孙,怎么能娶两个"姑奶"为妻和妃呢?足证《五帝本纪》中的帝舜世系,是不可信的,也绝非黄帝之孙颛顼的直系。

(二)重华被选为继位人和称帝舜的经历

按先秦和西汉武帝以前的典籍材料,司马迁整合后写的《五帝本纪》,我们多次在文章中陈述:舜是"私生子",随母入于瞽叟家(今俗称带犊儿子,后爸)。生母死后,后父另娶继母,继母生异父母弟敖,都蛮不讲理和欲害死重华。舜被选为继位人后经历几次生死磨难,又到东夷故地耕种和烧制陶器，安抚夷民发展生产，再经历狂风暴雨和狼虫虎豹的洗礼、典五司的考验等，即将人生的悲剧和磨难，皆集中于姚（虞或妫）重华一人身上。这是三代，尤其是春秋战国时期文人学士为颂扬帝舜美德（历人生的大不幸，几乎丧命，又历赘婿之痛等，都恪守孝道，以德报怨）而撰写的故事，舜本人前半生可能不会那么"倒霉"。《孟子·告子章句下》云："故天将降大任于斯人也，必先苦其心志，劳其筋骨，饿其体肤，空乏其身，行拂乱其所为，所以动心忍性，曾益其所不能。"这既是大儒孟子对姚重华登上"帝"位前所历磨难和考验的评论与感叹，又是对姚重华为帝前苦难经历之"真谛"的深刻揭示。孔子的《论语》对帝舜的仁、孝、德等称颂不已，《孟子》一书亦然，这里亦不多叙述。

关于重华的生地和活动地，由于对文献认识和理解不一，古今存在着分歧，主要有以下五种观点。

1. 山东西部与河南东部之说

这一说是传统的史学观点和说法，主要根据是《孟子·离娄章句下》"舜生于诸冯，迁于负夏，卒于鸣条，东夷之人也。"杨伯峻注曰："此三处地名更无法确指。依孟子文意，当在东方，则鸣条未必是《书序》所谓'遂与桀战于鸣条之野'的'鸣条'。诸冯，传说在今山东菏泽县南五十里。"[1]诸冯，还有指今山东诸城之说。亦有舜生于陶（今山东定陶）之说。这些均在今山东西与河南东部地区。《史记·五帝本纪》云："舜耕历山，渔雷泽，陶河滨，作什器于寿丘"，亦均在今山东省西部。"一年所居成聚，二年成邑，三年成都"之地，亦在于此。因而认"东夷"在今山东东南

---

① 杨伯峻.孟子译注（上册）.中华书局，1980：184.

和河南东北一带①。

2. 山西南部之说

对于《孟子》《史记·五帝本纪》所载的材料，有些学者则得出相异的结论：认为"东夷之人也"的"东夷"是相对而言的，孟子所说东夷应指山西永济。还有学者考证"东夷"指今山西南部一带。"据考证，舜的出生、成长、建都、卒葬之地，均在今运城市所辖范围内，位于运城市盐湖区鸣条岗上的舜帝陵墓即为舜帝卒葬和祭祀所在地。据县志和庙内碑刻记载，陵始建于禹时，庙建于唐开元26年，1985年被山西省人民政府确定为'省级重点文物保护单位'。千百年来，舜帝陵庙历经兵火地震，风雨侵蚀，墙垣坍塌，殿堂破损，一片凄凉。2000年以来，盐湖区委、区政府本着'保护历史文物，弘扬虞舜文化，实施文化强区，推进经济发展'的战略思路，累计投资4000余万元，修复了陵区，开发建设了景区。"②2004年9月27日，举行了"中国先秦史学会尧舜禹研究基地"挂牌仪式，多数学者赞同运城市盐湖区为舜生长、活动、建都、陵墓地。"晋南说"的"学者阵容强大，吴荣曾、杨善群、蔡运章和张培莲先生均持此说，此说既有丰富的典籍文献来支撑，又有当地丰厚的考古文化底蕴来佐证，几成定论"。③

3. 活动于湖南永州地区说

帝舜晚年活动并葬于九疑山（今湖南永州市宁远县）之说，由来已久，

---

① 白国红.全国虞舜文化学术研讨会暨中国先秦史学会第八届年会综述.先秦史研究动态，2005（2）：43—46.

② 柴存喜（中共运城市盐湖区委书记、纪委书记）.新闻发布词.先秦史研究动态，2005（2）：18—20.

③ 柴存喜（中共运城市盐湖区委书记、纪委书记）.新闻发布词.先秦史研究动态，2005（2）：18—20.

为传统观点之一。山西运城盐湖区举办的舜文化研讨会中，对舜活动在零陵地区提出了异议，且称"零陵说"因论据薄弱，基本上也不再有学者坚持。其说有些偏颇，因赴会的多为赞同运城说的学者，持"活动于零陵"的观点之学者，大都未赴会。赴会的学者中，"以宋会群为代表的学者认为虞舜南巡既有大量的传统文献为依据，又可以与今日湖南、广西等地发现的众多考古资料相印证，因此是不能否定的；只是不能机械地看作是虞舜个人的活动，它反映的应是文明初期中原部族与南方百越部族之间的交流、战争与融合。由此可知我国南北方文化的交融，自五帝时代就开始了"。此说是正确而符合历史实际的。

4. 生于和活动于浙江会稽地区说

《史记·五帝本纪》正义引《括地志》载："越州余姚县，顾野王云舜后支庶所封之地。舜姓姚，故云余姚。县北七十里有汉上虞故县。《会稽旧记》云舜上虞人，去虞三十里有姚丘，即舜所生也。周处《风土记》云："舜东夷之人，生姚丘。"坚持这一观点的学者，可以王晖为代表。他先以文献资料论证自己的观点，再继之以考古学及语言学资料，所论颇为充分。这一观点，赞同的学者不多。

5. 活动于陕西南部之说

2004年的山西运城舜文化研讨会，赴会的学者中有人提出帝舜活动于陕南说。会议综述认为"汉中说"只见于《世本》，是孤证，暂置不论。实际上舜在陕西南部的活动还是比较多的。《史记·五帝本纪》载："舜子商均亦不肖。"或云封舜子均于商，故号商均也。商，又称商雒，即今陕西商洛市商州区。《吕氏春秋》云："尧战于丹水（在今商洛市）之浦。以服南蛮；舜却有苗，更易其俗。"尧之子丹朱封于丹渊，舜之子封于商，均在丹江流域。商州有舜妃女英墓，安康有帝舜的行宫，汉中相传有舜井等。汉水又称苍浪之水，得名于舜之后裔苍浪之族。

二、九疑山为诸陵中的文化认同之舜陵

帝舜时期创造了相当丰富的文化，现仅考述其诸陵墓文化载体的情况。因所有古帝陵都是后人据不同的传说而营筑的。古帝虞舜部族及其后裔迁徙广泛，古代王朝又不断修陵，各地百姓也不断修陵修庙祭祀，因而形成多故里、多陵墓的文化载体。从目前看，主要有以下几种观点和说法。

（一）传统观点多认为陵墓在九疑山

《史记·五帝本纪》载："舜年二十以孝闻，年三十尧举之，年五十摄行天子事，年五十八尧崩，年六十一代尧践帝位。践帝位三十九年，南巡狩，崩于苍梧之野。葬于江南九疑，是为零陵。"集解引《皇览》曰："舜冢在零陵（治所在今湖南宁远）营浦县。其山九溪皆相似，故曰九疑。传曰：'舜葬苍梧，象为之耕。'《礼记》曰：'舜葬苍梧，二妃不从。'《山海经》曰：'苍梧山，帝舜葬于阳，丹朱葬于阴。'皇甫谧曰：'或曰二妃葬衡山。'"正义引《帝王世纪》云："舜弟象封于有鼻。"《括地志》曰："鼻帝神在营道县（今湖南永州市道县）北六十里。故老传云，舜葬九疑，象来至此，后人立祠，名为鼻亭神。《舆地老》云零陵郡应阳县东有东山，山有象庙。王隐《晋书》云本泉陵县，北部东五里有鼻墟，象所封也。"

较早的文献《山海经》，对舜葬在九疑（今写为嶷）山的记载较多。《海内南经》云"苍梧之山，帝舜葬于阳，帝丹朱葬于阴"；《大荒南经》云"赤水之东，有苍梧之野，舜与叔均之所葬也"；《海内经》云"南方苍梧之丘，苍梧之渊，其中有九疑山，舜之所葬，在长沙零陵界中"，均指的是今永州市宁远县之九疑山。这些记载，都充分说明帝舜晚年活动在零陵地区，

卒葬于九疑山。何光岳《东夷源流史》，对此有非常广博而充实的考证①。帝舜葬于湖南永州市宁远县九疑山之说，"魏嵩山、刘俊男、尤慎等学者持此观点，其中尤慎所论更为充分，他从考证春秋时期楚章华台为仿照湖南舜陵形制而建出发，与（长沙）马王堆地图及《山海经》的记载相参照，得出了湖南舜陵至迟在春秋晚期以前就存在的结论。"因此，九疑山帝舜之陵的传统地位是不可动摇的。至于有的学者说：舜年迈时未"巡狩"过南方，则纯属于偏见。"虞舜不畏年高，不辞途远，深入南土兴教化，施德政，竟至于如《史记》所述，'巡狩'到当时中国的南部边陲，'崩于苍梧之野，葬于江南九疑'，因而泽被南国，德服南民，实现的是南北一体、华蛮与共的天下大治。"②舜在南巡时作《南风》，就是其证。《孔子家语·辩乐解》载："昔者帝舜弹五弦之琴，造《南风》之诗，其诗曰："南风之薰兮，可以解吾民之愠兮。南风之时兮，可以阜吾民之同才兮。"改革开放以前，一般大都认为舜陵在湖南宁远。

（二）鸣条与纪市等六处舜葬地之说

《孟子·离娄》云："舜卒于鸣条。"鸣条的地望主要有四说："一说在今山西安邑（现为夏县）；一说在今山西运城市盐湖区；一说在今河南封丘东；一说在陈留（今河南开封）。"③田继周先生说："舜的葬地，也是两千多年争论不休，未有定论的问题。《大戴礼》《礼记·檀弓上》《史记》

---

① 何光岳.东夷源流史（第十三章）：有虞氏的来源和迁徙.江西教育出版社，1990：132—199.

② 蔡靖泉.舜德千秋·舜歌《南风》与舜化南国.海南出版社，2001：127.

③ 田继周.先秦民族史.四川民族出版社，1988：129、139、139—140、130.

《帝王世纪》等书,都说舜南巡狩或南征,死葬苍梧之野或苍梧九疑山之阳,是为零陵。""九疑之说,虽然广为流传,甚至也出自夫子之口,但很早就有人怀疑了。墨子和孟子所提出的'卒于鸣条','葬南已之市'(今江苏连云港市),就是对苍梧九疑说的否定。后汉人王充、宋人罗苹、明人顾炎武也都不信九疑说,而采用鸣条、已(又写作纪)市之说,但他们却认为鸣条、纪市在山西夏县地区。"即已(纪)市有今山西夏县、江苏连云港二说。又说:"我们不同意苍梧九疑说,因这是不可能的。我们倾向于孟子和墨子的说法。但鸣条不会在山西夏县地区,在河南东北地区可能比较接近史实。"王夫之反对孟子、墨子否定苍梧九疑之观点,他说:"孟子言舜卒于鸣条,则檀弓卒葬苍梧之说亦流传失实,而九疑象田、湘山泪竹,皆不足采。安得尧女舜妻为湘水之神乎?"[1]其肯定舜葬于九疑山是正确的,但"湘山泪竹""湘水女神"则不确,湘水女神非"尧女舜妻",而是舜妃登北氏的两个女儿,湘阴县黄陵埋葬的是登北氏。《北海经·大荒南经》载:"帝尧、帝喾、帝舜葬于岳山。"岳山即今山西霍州市的霍山(又称霍太山)。

以上材料和古今史学家之说,帝葬的葬地(即陵墓)在传统说的九疑山外,主要还有今山西夏县、运城市盐湖区、霍州市霍山、河南开封、封丘、江苏连云港等六个地方之说。共计七个帝舜之陵或传说遗迹,皆为纪念帝舜功德的历代所修之文化载体,哪一个也经不起考古发掘。从古今海内外人士的"文化认同"看,以九疑山舜陵最为悠久,大体可说是所谓的"原陵";考古界从发掘资料中认为山西襄汾陶寺遗址为尧(文

---

[1] (清)王夫之·楚辞通释(卷二):九歌.上海人民出版社,1975:31.

献说尧都在今临汾市）、舜（文献说舜都在今山西永济）、禹（文献说其都在今夏县）的都城遗迹，晋南就自然成为都城范围之区，更是尧舜禹的重要而长久的活动地域，因而遗迹繁多是理所当然之事。即使是浙江余姚或其他地方，历代所述的帝舜后裔营筑故里、庙宇、陵墓等，也是有据而合理的。因为其符合传说时代的社会状况，也符合传说人物活动广泛，族人及其后裔迁布地域广的实际，更符合中华民族崇祀祖先的优良传统美德。这也就是我们一贯主张和提倡将古史传说人物的历史研究（即学术研究），同各地旅游历史文化载体既要紧密联系，又要加以区别的主要原因。作为传说的历史人物（或首领），其故里，陵墓只能认同一个，是众所周知的道理。现在我们就再对运城的舜陵做一些考证。

（三）山西运城的帝舜之陵

在对史前传说人物的研究中，以往人们自觉或不自觉地常常以春秋战国后"落叶归根"的思想观念，或"三代"及其后世帝王陵墓一般在都城附近的规律等，去论述"三皇五帝"的故里或陵墓。史前的神话传说人物，虽也有这个情况，但却是很少见的，当时这些观念并未普遍形成，绝大多数古"皇"或"帝"，以"四海"为家，去世在哪里也就随地而葬，没有"落叶归根"，陵墓也多不在"都城"附近。以往说到舜都，都以文献说的"蒲坂"，认为在今山西永济市，陵墓在苍梧之野的九疑山。

自从2005年9月5日至7日，全国虞舜文化学术研讨会暨中国先秦史学会第八届年会，在山西省运城市盐湖区举行后（参加的学者达160余人），大多数学者（转变观点者不少）则多倾向于帝舜的"原陵"在运城，其他陵均为纪念性的"次生"或"续生"之陵。

1. 对会议认为舜的主要活动地在晋南的评论

山西省运城市盐湖区舜文化研讨会报道："达成了舜的一生主要活动

区域在晋南（今运城市境内）的共识，基本理清了虞舜文化发生、发展和演变的历史进程，认为：根据文献和传说，舜帝卒葬在运城市盐湖区鸣条岗舜帝陵庙符合当时社会条件，比较具有说服力。"①

会议总结宣布："关于有虞氏或舜的活动地域，主要有三种不同的看法，第一，舜活动于晋南地区；第二，活动于今豫东鲁西地区；第三，活动于今湖南零陵地区。经过讨论，似乎第三种说法，即零陵说已少有人再坚持了。有的原来持零陵说的同志来到运城，看到这里丰厚的文化底蕴，尤其是参观了这里的舜帝陵以后，更相信黄河流域，特别是晋南应当是可信的舜（或有虞氏）的活动地区。但是仍有部分学者据《孟子》等文献，认为舜（或有虞氏）应当活动于豫东鲁西，或认为有虞氏先活动于豫东鲁西，后迁于晋南运城地区。"② 就帝舜的生长、活动地区（为未任副首领前）说，显然是豫东鲁西比较准确和符合历史实际；舜被举荐为尧的继承人之后，尤其是娶帝尧的两个女儿为妻、妃后，便迁居于晋南地区了，直到年迈南巡狩前，主要活动地域是在晋南运城市地区（永济、盐湖区皆在运城市）；零陵地区是虞舜去世前的活动地区，以往学者们多认为零陵九疑山是舜的葬地，认为是舜的主要活动地者甚少；认为帝舜的主要活动地在浙江绍兴地区者更少。

2. 对虞舜葬地在运城的辨析

古帝舜葬于晋南（运城盐湖区鸣条岗）之说，前已述。否定帝舜南巡狩死葬九疑山的观点，古来已有，前也已述。运城会议上，否定葬于

---

① 山西省运城市盐湖区舜文化研讨会.繁荣虞舜文化，探源中华文明.先秦史研究动态，2005（2）：25—27.

② 沈长云.全国虞舜文化学术研讨会总结.先秦史研究动态，2005（2）：8—9.

湖南的学者"认为江南苍梧乃荒服之地，舜无由远涉于此；这一错误的出现是后人将冀州苍梧（今山西运城北）误认为江南苍梧造成的。"此说显然是带地方感情的偏见，湖南在旧、新石器时代是人类的发祥地和文明起源的较早地区之一，除土著古越、苗人外，东夷、华夏的祖先之族已有涉入。约在神话传说的天皇、人皇、地皇及盘古氏时代，湖南道县玉蟾岩就发现了人工栽培稻（一说距今1.5万年，一说距今年1.2万年），成为我国原始农业萌芽的最早之典型代表；澧县彭头山约在古华胥氏时代（1万至8000年前），在遗址发现了大量的稻谷炭化粒（距今9000年前），怎么能说是"荒服"之地呢？伏羲、女娲（约8000至6000年前）、炎帝（约6000至5000年前）的部族等，在湖南已有较多的先民迁入；五帝时期迁入的华夏、东夷族民增多，帝喾的女儿小婿之瓠盘部族，已迁居于洞庭湖西北地区，原始农业已有相当大的发展，怎么能说舜时还是"荒服"地区呢？史实说明帝舜时，湖南的原始农业、手工业、家畜禽饲养业，均已相当进步。澧县城头山古城出现、延续约为6000至4000年前，说明帝舜时湖南的文明古国已经形成。至于是后将"冀州苍梧误以为是江南苍梧"，更为牵强。《辞海》未释山的地之望，释苍梧郡曰："西汉元六年（公元前111年）置。治所在广信（今广西梧州市）。辖境相当今广西都庞岭、大瑶山以东、广东肇庆、罗定以西，湖南江永、江华以南，广西藤县、广东信宜以北。"此释中，与冀州"苍梧"（山西运城北）无涉。魏嵩山主编《中国历史地名大辞典》云："苍梧，一作仓梧，指今湖南省南部、广东西北部及广西东北部广大地区"；"苍梧山，九疑山，在今湖南宁远县南。《史记·五帝本纪》：'舜崩于苍梧。'旧说以为即此。即今江苏连云港市东北云台山。本在海中，清末与大陆相连。宋苏轼有'郁郁苍梧海上山'诗句"；"苍梧县，隋开皇中以广信县改名，治所即今广西梧州市"，"苍梧道，辛亥革命后置，治所在苍梧县（今广西梧州市）"；"苍野邑，一作苍野聚。在今陕西商州市（今为区，属于商洛市，杨注）东南。《左传·哀公四年》：'楚右师军于苍野'。即此。"① 见有"冀州苍梧"之载，不知根据是从何而来？持苍梧在冀州，帝舜葬此（即今山西运城北）的学者，"以张培莲为代表，她主要以先秦礼制为依据，得出了舜陵'在运城市盐湖区'的结论"。

以先秦礼制推论史前传说人物陵墓，也显得证据不足。不过，从后世人们的祭祖先观念说，在舜帝的主要活动地区（不论是都城在永济，还是在襄汾县陶寺遗址处）修陵墓、祠庙（不论是盐湖区、夏县，还是永济及霍州市）等，都是合理而无可非议的。河南开封、封丘、江苏连云港等地亦是如此。

3. 运城市政府和人民的祭舜之陵应热情支持

根据《孟子》《竹书纪年》等记载，以及地方志和民间传说，经专家考证，运城市区北 10 公里的鸣条岗西端有"禹时修建的墓冢"，唐代修建的祠庙，现存的庙系"元明清历代建筑"。后者是可信而正确的；前者是不可信的，因为"墓冢"是春秋晚期才开始的制度，以前均"不封不树"，没有土冢。"舜帝陵庙原占地 150 亩，分外城、陵园、皇城三部分。2000 年 7 月至今，盐湖区委、区政府为了发挥人文资源优势，发展旅游文化产业，带动全区经济社会快速发展，对舜帝陵墓进行大规模的修复开发，将原陵庙扩展到了 1700 亩，增了景区，今日的舜帝陵庙已成为集元明清殿堂建筑风格与休闲娱乐、园林景点为一体的大型景区，跻身于全省 20 大旅游景区之列，并以其承载的深厚根祖文化吸引了众多海内外华人前来寻

---

① 魏嵩山. 中国历史地名大辞典. 广东教育出版社，1995：500—501.

根祭祖、观光旅游。"我们对运城市领导和社会各界人士的这一壮举，感到欢欣鼓舞，并致以热烈的庆贺。正如中顾委副主任薄一波同志1991年5月10日，在中华炎黄文化研究会成立大会上的讲话中所说："提到炎黄，除专家学者外，人们一般不再细究其族属地域，想到的只是我们整个中华民族五千年的文明历史，九百六十万平方公里的山河故土。"[①] 不言而喻，这一重要讲话，也适用于"三皇五帝"，虞舜文化更是如此，更何况从目前研究看，我国已不是五千年文明史，而是1万年（含文明起源阶段）文明史。黄帝时代标志着文明起源阶段的结束,文明的正式开始（昔日认为夏朝是文明社会的开始）。这就是说，文化认同的帝舜陵墓，究竟是湖南宁远九疑（嶷）山，还是山西运城盐湖区鸣条岗，可以继续再讨论。我们只是从学术观点上说，同意九疑山为文化认同的帝舜"原陵"，运城为纪念性之陵。相信以后或更远的将来，学术界会有一个共同的统一认识。谨建议目前湖南宁远和山西运城的政府和人民，以及不同观点的学者，加强联系和协作，共同促进民族复兴大业的快速发展。

总而言之，从目前我们的研究和认识水平出发，认为湖南永州市宁远县九疑山帝舜陵的传统地位，还是不可动摇的；而对运城文化载体的舜陵同样给予热情支持和颂扬。大江南北同祭舜帝，是一件值得普天同庆的喜事和盛事。

（原载《舜文化论文集》[第一辑]，湖南人民出版社2008年版）

[①] 王仁民.炎黄颂·薄一波同志的讲话.中国经济文化出版社,2003:3.

舜葬九疑的历史见证

⊙ 高至喜[①]

一、马王堆汉墓出土的《地形图》

1973年12月，湖南省长沙市东郊马王堆3号西汉墓的发掘，是周恩来总理批准和亲自过问的一次规模空前的考古发掘。一时间，国务院图博口领导小组负责人王冶秋、中国社科院考古研究所所长夏鼐，北京、上海等地一些著名科学家如黄家驷、王应睐等，以及有关方面的专家学者百余人齐聚长沙，期待这一次考古发掘能有重大的发现和收获。发掘结果证明，这是一座西汉文帝时期长沙国的高级贵族墓葬，墓主人是长沙国丞相、轪侯利苍的儿子。他葬于汉文帝十二年（公元前168年）二月。该墓由于深埋，用"青膏泥"（一种黏性大、不透气、不渗水的陶土）密封木椁，所以历经2100余年，墓室中的棺椁和千余件随葬物品都保存完好。

在诸多随葬品中，东椁箱的第57号长方形大黑漆盒的一个大方格内，放置有一叠帛书；另一个长条形格内则放有少量帛书和竹简。按《汉书·艺文志》的分类，这些帛书共计有艺术类、诸子类、术数类、兵书类、方技类及其他共六大类、50种。在大方格内所出帛书中，有幅《长沙国南

[①] 高至喜系湖南省博物馆原馆长、国家文物鉴定委员会委员。

部地形图》（图一、二），用长、宽96厘米的黄褐色绢绘制。地图的方向是上南下北，左东右西，正好与现今地图的方向相反。地形图的范围大致在北纬23°到26°、东经111°至112°30′之间，相当于现今广西全州、灌阳一线以东，湖南新田、蓝山、广东连州市一线以西，北至新田、全州，南界到达广东珠江口外的南海。主区画是湘水上游的第一大支流深水（即今潇水）流域和南岭的九疑山区一带。近邻区包括桃阳（今广西全州）、观阳（今广西灌阳）、桂阳（今广东连州市）。主区的比例尺约17万分之一。图中画有山脉、河流、居民点、道路等，已具备现代地图的基本要素[①]。图中标注的八个县城，其遗址大多已经找到。如"营浦"在今道县县城的东南角；"龁道"在今蓝山县大麻营的锺水东岸[②]；"南坪"在今蓝山县城东7里的腹雷村；"泠道"在今蓝山县总市乡城头岭[③]；"春陵"在今宁远县柏家坪；"观阳"在今广西壮族自治区灌阳县城西南11公里的新街古城岗；"桃阳"在今广西壮族自治区全州北17.5公里的永岁梅潭村。只有桂阳（今广东连州市）故址因被现代建筑物所覆盖未能找到[④]。地形图中所绘深水（今潇水）流域主干流25条，其中有11条注明了河流名或河源，与现今地图对照，其河流的骨架、流向及主要弯曲度均相当准确。

---

① 湖南省博物馆,湖南省文物考古研究所.长沙马王堆二、三号汉墓.文物出版社,2004：26、91—99、237、238.

② 谭其骧.古地图论文集·马王堆汉墓出土地图所说明的几个历史地理问题.文物出版社,1977.

③ 周九宜.湖南考古辑刊（第7集）：对冷道、龁道、春陵、深平城址地域的探讨.求索,1999（增刊）.

④ 周世荣.湖南考古辑刊（第2集）：马王堆三号汉墓地形图古城邑的调查.载岳麓书社,1984.

地形图中最引人注目的是在靠东部稍偏南的地方，绘有九疑山。它用正射投影的线条表示山体范围，又用鱼鳞状圆形表示山峦起伏和地势高低，接近近代的等高线画法。这一密集的山峰区就是九疑山。山南画有一排九个圆形柱状物，九柱旁注"帝舜"二字，九柱间的空隙处露出五幢高低不一的人字形建筑物。学者们认为，这是一幅清晰的舜帝陵庙图（图三）。九根柱子，应是九块石碑。九柱间的五房与九柱合成"九五"，是"九五之尊"的寓意，即《周易·乾卦》的九五爻，习惯上代指帝王之位的九五之数。历史文献和考古发现证明，周代有一套严格的礼仪制度。如用于祭礼和陪葬的鼎，就有"天子九鼎，诸侯七、卿大夫五、元士三"之分[①]。这里的"九柱"，自然是根据周代的礼制而制造的。而九柱五房，正是"九五"的内涵与标志。

二、先秦典籍的记载

舜葬九疑，我们不但在长沙马王堆3号西汉墓出土的《长沙国南部地形图》中找到了依据（这幅地形图是西汉初年绘制的），而且在先秦文献中也找到多处记载。如《礼记·檀弓上》说："舜葬于苍梧之野。"《山海经·海内南经》曰："苍梧之山，帝舜葬于阳，帝丹朱葬于阴。"《山海经·大荒南经》也说："苍梧之野，舜与叔均之所葬也"。《山海经·海内经》说得更具体："南方苍梧之丘，苍梧之渊，其中有九疑山，舜之所葬，在长沙零陵界中。"所谓"苍梧之野""苍梧之丘"，实际上是"苍梧之山"的同义语，而苍梧山也就是九疑山。

[①]《公羊传·桓公二年》何休注："天子九鼎，诸侯七，卿大夫五，元士三也。"

晚于《地形图》绘制约百年左右的西汉人司马迁在《史记·五帝本纪》中说得更为全面清楚。他说：舜"践帝位三十九年，南巡狩，崩于苍梧之野。葬于江南九疑，是为零陵"。最值得关注的是后魏人郦道元（466—527）在《水经注·湘水》中的记载，他在解释"九疑山"之后接着说："大舜窆其阳，商均葬于阴。山南有舜庙，前有石碑，文字缺落，不可复识。"这说明郦道元是见过九疑山的舜庙和庙前的石碑的。这正好与马王堆地形图中所绘的九疑山舜庙和庙前石碑情况相符。

在《地形图》"帝舜"陵庙下方（即九疑山北麓）还有一排南北向的七个柱状符号，也应是七块石碑，这里很可能就是"帝丹朱葬于阴"的丹朱陵庙所在。

三、玉琯岩舜陵庙的考古发现

根据马王堆西汉墓出土的地形图中关于舜帝陵庙的方位，考古工作者终于在宁远县九疑山玉琯岩前找到了秦汉以来的舜帝陵庙遗址。2001年12月，我们炎帝舜帝文化研究课题组到宁远、道县、江永等县考察，和永州市、宁远县文物部门同志一起，来到了宁远县九疑山瑶族乡九疑洞村玉琯岩前的一大片农田，湖南省社会科学院历史研究所原所长吕芳文研究员在一条水沟里发现一筒瓦当，一看就知道是宋唐以上的东西。接着，我们察看了农田中一座独居农舍，发现屋顶上盖有十余块宽大的大瓦，问村民，说就在这菜地里捡到的。再在屋前后转了一圈，地面上散布着汉唐以来的瓦片，俯拾可得。当时就认为这里很可能就是马王堆地形图中所标注的舜帝陵庙遗址的所在地。当时一同考察的湖南省文物考古研究所所长袁家荣先生以及参与考察的同志都有同感，并认为有必要进行考古发掘。大家都希望从这里找到秦汉以来的祭祀舜帝的遗址。

湖南省文物局、省文物考古研究所对此十分重视，从2002年春季，就开始了对玉琯岩遗址的考古发掘。经过四年的田野工作，取得了阶段性的重要成果。如已发现东汉早期的祭祀建筑遗迹，发现有晚唐至南宋初的大型宫殿式建筑基址。建筑群坐北朝南。其中"正殿"的建筑面积达876平方米，殿内分布着40个大型柱坑，殿周围设砖铺"散水"；"寝殿"建筑面积有416平方米，殿内均衡分布有24个柱坑，殿门左右也有砖铺"散水"。"正殿""寝殿"两侧还有"昭穆殿"，以及"配享殿"。尚未发掘的区域，推测可能还有"前殿"及与之配套的"昭穆殿""配享殿"。根据调查、勘探、发掘，可知此处的建筑总面积达12000平方米以上[1]，如此巨大规模的宫殿式建筑遗址，当为唐宋时期的舜帝陵庙建筑遗址。这也是我国目前所见最早的舜帝陵庙建筑基址。

我们不但可以从建筑规模上推断出这里是舜帝陵庙，还可以从出土文物中了解到这些建筑物的珍贵。如出土的瓦当中，有大量印"王"字的兽面纹瓦当。"王"是古代帝王或最高的爵位，瓦当印"王"字，是为了显示其地位的高贵。还有一件北宋灰色筒瓦上刻有"歙州斋匠人吴皿"的文字，说明这件筒瓦的制作者为安徽歙州匠人"吴皿"，从一个侧面反映出这一建筑群是由北宋朝廷主持修建，并说明这一建筑群非常重要，才有必要从千里之外的安徽歙州去聘请工匠来协助建造。

四、结论

综上所述，从马王堆西汉墓出土的地形图中关于"帝舜"的记载，

---

[1] 吴顺东.湖南宁远玉琯岩古舜帝陵庙遗址考古取得多项阶段性重要成果.中国文物报，2005-03-23.

到先秦、西汉、后魏时的古文献记载，再到玉琯岩东汉祭祀建筑遗迹和唐宋宫殿式建筑群基址的发掘出土，所有文物和文献高度一致地证明，湖南省宁远县九疑山玉琯岩的古舜帝陵庙，最迟建于秦汉，而且遭替延续，直至宋代，是我国最早而又在同一地址延续时间最长的陵庙。这应该就是舜帝的归葬地，也就是舜帝的祖陵所在。至于其他地方有关舜帝陵庙的种种传说和记载，那是后起的地方纪念性标志。无论时间的长短，都有一定的纪念价值，我们都是欢迎的。

（原载《舜文化论文集》[第一辑]，湖南人民出版社 2008 年版）

三皇五帝不可否　舜葬九疑不可疑
——三皇五帝之说及舜葬九疑考辨

⊙ 郭辉东[①]

"自从盘古开天地，三皇五帝到如今"。三皇五帝究竟所指何人？2000多年来人们对此做过不同的回答，也对他们各自不同的作用与贡献做过描述。三皇五帝之说，从来纷纷莫定，但作为中国上古时代三皇五帝之一的舜帝是被多数人认同的。本文力图综罗多家之说，对三皇五帝之说及舜葬九疑的有关问题进行考证与考辨。得出的结论是：三皇五帝不可否，舜葬九疑不可疑，湖南也是中华文明早期发祥地。

一、三皇五帝之说的由来

在中国辽阔的土地上，各地氏族部落在不同的自然条件下，创造了各具特色的原始文化。据古代典籍《山海经》《周易》《礼记》《国语》《春秋左传》《世本》《史记》《帝王世纪》《通鉴外纪》《通志》《竹书纪年》等记载，早在距今2000至7000年，中华大地就出现了伏羲、女娲、炎帝、黄帝、少昊、颛顼、帝喾、唐尧、虞舜、大禹等历史伟人和推动历史前

[①] 郭辉东为湖南省人民政府参事、湖南省人民政府经济研究信息中心巡视员、湖南省舜文化研究会副会长。

进的圣德之君，人们称他们为人文初祖或三皇五帝。

中国古史系统，一开始并不是如秦汉之后人们所认同的三皇五帝的相传承延。春秋战国时期，人们较为认同的是"二帝、三王和五霸"古史系统。"二帝"是指其事迹为中国最早的经籍和史书——《尚书》记载甚为详细的帝尧和帝舜。"三王"是治理洪水、受禅于舜而传位于子、建立夏王朝的大禹，推翻夏桀残酷暴政、建立商王朝的商汤和吊民伐罪灭商建周的周武王。"五霸"是通常人们所说的"春秋五霸"，即齐桓公、宋襄公、晋文公、秦穆公、楚庄王。关于"春秋五霸"的确切所指，后世学者众说纷纭。有的认为无秦穆公、宋襄王，而是吴王阖闾、越王勾践。

战国时期，诸子百家争奇斗艳，各放异彩。儒、墨、道、法、阴阳、农、医、兵等学派，为了宣扬自己的理论学说或政治主张，往往根据自己的需要编造古史传说系统，以作为理论或学说的历史根据。于是，他们开口则称"三王"，闭口亦云"五霸"。当时人们看来，"三王"事迹是确切可知的，而三王之前必定有圣德之君。随着战国末年五行学说的兴起，人们又开始利用当时所能掌握的古史资料，在真实的三王之前追加一套"五帝"古史传说系统。在战国后期，当时的学者或思想家如荀子、管子，不仅像孔子、墨子那样张口称慕三王，而且在称慕三王之际，还开口闭口称"五帝三王"。至此，在当时各个学派的改造之下，中国古史系统又一变而为"五帝、三王、五霸"。而此时，"三皇"的称呼尚未成型。

直到战国末年，秦国统一中国之势已成定局。伴随秦国政治上统一大业高歌猛进，思想上的统一意愿也开始露出端倪。当此之际，《吕氏春秋》作为先秦诸子百家的终结者，方始问世。在这部书中，开始出现"三皇"的提法。人们由历史上真实存在的"三王"上溯，追加出"五帝"，再追加出"三皇"。究其原因，一方面是由于人们探究中华早期文明乃至人类起源的浓厚兴趣，也反映思想界对"百家争鸣"的否定，进而层层上溯寻求最高的权威。另一方面是在为即将出现的大一统国家最高统治者的名号做准备。中国史前的古史体系，就是在这种层层上溯中被定型为"三皇、五帝、三王、五霸"模式。

由于三皇五帝之说的提出，不像"三王"之说那样是建立在真实的、且在当时人们普遍认同的历史事实基础之上，而是战国后期乃至秦汉时期不同学术流派为了宣扬自己学说主张或政治思想，根据需要从上古无数氏族部落的首领中选取的。

三皇五帝的历史，是文明史之前的历史与原始社会史。三皇五帝是中国原始社会新石器时代的人物，生活于原始社会后期，大致属于母系氏族社会和父系氏族社会向奴隶社会转变的阶段，是距今7000—4000多年前之间的人和事。时间上可追溯到伏羲至虞舜年代，倪民编著的《三皇五帝追踪》一书推算的伏羲与虞舜起止年代分别为公元前4478—4364年和公元前2255—2206年，董立章在《三皇五帝史断代》一书中提出的伏羲与虞舜起止年代分别为公元前5341—4082年和公元前2173—2146年。

二、三皇五帝不可否，舜位居五帝之末，有众多典籍佐证

（一）三皇说名录

秦汉之后，人们谈及中国古史时，往往以"三皇""五帝"并称。但"三皇"之说的提出，晚于"五帝"的说法。人们对三皇所指何人，也说法不一。多数人认同的是伏羲、神农、黄帝三皇说。

第一种，庖牺、神农、黄帝三皇说。孔颖达以《世经》所列的庖牺、神农、黄帝为三皇。庖牺氏即伏羲氏、大昊、大白皋，傗，是中国神话中人类的始祖，传说人类由他和女娲氏兄妹相婚而产生，又传他教民结网，

从事渔猎畜牧，《易经·系辞》说他仰观天文，俯察地理，作八卦以开创中华最初文明。神农即炎帝，神农尝百草而兴五谷，是中国古代农业的创始者，也是中国医学的发明者，与黄帝合而称为"炎黄"，成为华夏民族的始祖。

第二种，伏羲、女娲、神农三皇说。女娲氏又称娲皇氏，传说她曾经炼石补天，抟土造人，是人类的始祖；以伏羲、女娲、神农三位传说中的上古圣贤为三皇者，首见于《风俗通·皇霸篇》，该篇记道："《春秋运斗枢》云：'伏羲、女娲、神农，是三皇也。'"郦道元所著《水经注·渭水注》中亦云："庖牺之后，有帝女娲焉，与神农为三皇矣。"

第三种，伏羲、祝融、神农三皇说。祝融最为著名的故事，就是其与共工氏争立，击败共工，使共工怒触不周山。以祝融与伏羲、神农并为三皇者，以《礼记·谥号》为首倡。《风俗通·皇霸篇》记述道，《礼记·谥号》中以伏羲、祝融、神农为三皇。《白虎通》也说："三皇者何谓也？或曰：伏羲、神农、祝融。《礼》曰：伏羲、神农、祝融，三皇也。"

第四种，伏羲、神农、燧人三皇说。燧人氏是传说中人工取火的发明者。这是又一种为《尚书大传》所坚持，并由梁武帝萧衍所认定的三皇说。

第五种，黄帝、少昊、颛顼三皇说。少昊，又作少皞，名挚，是传说中古代东夷族首领，相传他曾以鸟名为官名，设有工正和农正，管理手工业和农业。颛顼，号高阳氏，是传说中古代部落首领，曾命重任南正之官，掌管祭祀天神；命黎任火正之官，掌管民事。王莽封定黄帝、少昊、颛顼为三皇。

此外，还有伏羲、神农、共工三皇说，另有超出中国古史传说体系范围的三皇说，如天皇、地皇、人皇之三皇说，或道家经籍中所载的初三皇、中三皇、后三皇之类。

(二) 五帝说名录

"五帝"的说法被学者们认定,是出现于"三皇"称谓之前。"五帝"在古人那里指的是哪几位上古圣君呢?从来纷纷莫定,但多数人认同的是以黄帝、颛顼、帝喾、帝尧、帝舜为五帝。据卞修跃撰写的《"三皇五帝"所指何人》介绍,刘起釪先生对战国后期五帝说进行过深入研究,指出战国之后的古文献中,出现过多种不同的五帝说。

第一种,五帝说:黄帝、颛顼、帝喾、尧、舜。战国后期诸子学派,每每开口闭口称五帝三王。比如:《荀子·大略》:"诸誓不及五帝,盟诅不及三王,交质子不及五伯。"《管子·正世篇》说:"夫五帝三王所以成功立名显于后世。"《战国策·秦策》称:"虽古五帝三王五伯,盟主贤君,常欲坐而致之。"《齐策》又说:"古之五帝三王五伯之伐也,伐不道者。"但是,五帝所指是哪五个人?这些书中都没有明确给出来。《孙子·行军篇》中说"此五帝之所以胜四帝也",然除黄帝之外,另外四帝也未给出人名,似乎只有黄帝是明确居五帝之一的人选。《荀子·议兵》曾称尧、舜、禹、汤为四帝,但后两位是先秦各家称道的三王中的前两位,似乎也不应在五帝之列。

《国语·鲁语》说非有功烈于国者,不在国家祀典之列。评论中称引了许多古时圣王功勋,原不在说明哪些人为五帝。但到后世,人们根据这一段话,从所称引的古王明君中,选出黄帝、颛顼、帝喾、尧、舜五人,《孔子家语·五帝篇》把上述五人确定为五帝。帝喾,即高辛氏,是黄帝的曾孙,帝喾秉持中庸之道而平治天下,凡是日月所照、风雨所至的地方,没有不来听命的。这是战国后期第一个出现的确切的关于五帝组成的说法。太史公司马迁作《史记》,沿用《大戴礼记》所收《五帝德》的观点,以黄帝为《五帝本纪》之首,并根据当时他所能见到的文献和传说,把五帝的事迹传延加以系统化，对其家世业绩进行了较为详细的记录。

第二种，五帝说：庖牺、神农、黄帝、尧、舜。《战国策·赵策》记载，赵武灵王"胡服骑射"，曾遇赵造谏阻。赵武灵王回答说："古今不同俗，何古之法？帝王不相，何礼之循？宓戏、神农教而不诛，黄帝、尧、舜诛而不怒。及至三王，观时而制法，因事而制礼，法度制令，各顺其宜；衣服器械，故礼世不必一其道，便国不必法古。圣人之兴也，不相袭而王。夏殷之衰也，不易礼而灭。然则反古未可非，而循礼未足多也。"这一段本是赵国君臣关于变俗易服之当否的论争。赵武灵王在回答赵造的谏阻时，以帝、王为序，将庖牺、神农、黄帝、尧、舜五人列于三王之前，故有人认定此是当时人们称颂的"五帝"。

《周易·系辞下》关于中国三王之前的古史传延，大致也是按照这一说法的顺序："古者庖牺氏之王天下也，仰则观象于天，俯则观法于地……庖牺氏没，神农氏作……神农氏没，黄帝、尧、舜氏作。"《庄子·缮性》篇历叙伏羲、神农、黄帝、唐、虞之为天下事，但在伏羲之前多了一个燧人氏。《淮南子·俶真》篇也历叙过伏羲、神农、黄帝事。《汉书·律历志》录《三统历》，也自伏羲而下历叙黄帝、尧、舜故事，却在中间略去神农氏未提，似乎也继承了这一五帝的说法。宋代刘恕编著《资治通鉴外纪》时，虽对三皇五帝之说持有怀疑态度，但书开篇所列，最早的依然还是这五个人。这个五帝人选的组合，在中国古史上，同前一种说法一样，具有相当重要的影响。

第三种，五行五帝说：太昊、炎帝、黄帝、少昊、颛顼。战国后期，阴阳五行学说勃然而兴，至秦汉时期得以完全确立。与战国时期其他各家学派一样，这一学派为了自己理论构架的需要，搭配了一个五帝的组合。在作为阴阳五行学说早期经典的《吕氏春秋·十二纪》中，五行说学者们明确地提出了自己的五帝系统，即太昊、炎帝、黄帝、少昊、颛顼。

五行学派从古代时的人间帝王中，选出五个人与五时（四时加一季夏）、五方相配合，同时淡化人间帝王色彩，对之加以神化。西汉初年的《淮南子》一书，完全承袭这一五帝说，把原为人间上古帝王的五个人，完完全全地五行化，以他们分司五方，代表着木、火、土、金、水五种元素的不同特性。由此，人间五帝上升到天国，历史成了神话。

第四种，五德五帝说：少昊、颛顼、喾、尧、舜。西汉末年出的《世经》，根据五行学派的理论，按照五德终始的次序，再度排出一个上古时期帝王系统表。《世经》所排出的三代之前古帝王传延系统，其次第如下：太昊庖牺氏—（共工）—炎帝神农氏—黄帝轩辕氏—少昊金天氏—颛顼高阳氏—帝喾高辛氏—（帝挚）—帝尧陶唐氏—帝舜有虞氏……这一古帝王传延系统，是按照木、火、土、金、水五行相生之序排列的，共有9人，其中共工、帝挚由于其生平恶德，不在五德之中，故亦不占相生之序。《古文尚书序》称："伏羲、神农、黄帝之书，谓之《三坟》，言大道也。少昊、颛顼、高辛、唐、虞之书，谓之《五典》，言常道也。"这就等于把《世经》所列的八位五德帝王分做不同等级的两个部分。孔颖达在《尚书正义》对《书序》解释时提出：黄帝以上三人为"皇"，少昊以下则为"帝"。于是，《世经》所按五德终始编排的古帝系统，在当时和后世的人们心目中，前面的三位就升格为"三皇"，其接下来按五德循环即位的五人乃为"五帝"。在汉初所流行的五帝系统中，黄帝本为五帝之首。但是，为了解决《世经》排序中多出一个少昊金天氏的问题，人们就把五帝之首的黄帝上升为"三皇"之一。

第五种，郑玄五帝说：黄帝、少昊、颛顼、喾、尧、舜。西汉前期，通行的五帝指的是黄帝、颛顼、帝喾、尧、舜这五个上古帝王。但按照《世经》

所排列的古帝王传延系统，除去当时已为人称做三皇的庖牺氏和神农氏外，其下六人中，在黄帝与颛顼之间多出一个少昊金天氏。五帝成了六人。于是郑玄主张"德协五帝座，不限多人，故六人亦名五帝"。他主张只要德配五行，则不拘多出一人，虽是六人，亦可称作五帝。这就是"五帝六人说"。但是，郑玄的说法很快即遭到人们的反对，致使五帝六人说并没有多大影响。

第六种，王莽五帝说：喾、尧、舜、禹、汤。西汉末年，王莽篡权，建立新朝。王莽根据汉初儒士董仲舒提出的"三统"说，并对之稍加改变，把自己建立的新代与前两代即周和汉代，列为"三王"，称作本届之三统，三王之前的五代列为"五帝"，五帝之前列为"九皇"。由新代向上回溯，新、汉、周三代为"三王"，殷、夏、舜、尧、帝喾为"五帝"时代。颛顼、少昊、黄帝为"三皇"，帝喾、尧、舜、禹、汤为"五帝"。由于王莽的新朝很快覆亡，他所确定的三皇五帝一说很快被废弃。

第七种，梁武帝五帝说：黄帝、少昊、颛顼、喾、尧。南北朝南朝梁时，梁武帝萧衍以好儒学著称，令臣下著《通史》凡600卷，并亲笔作序和赞。他以伏羲、神农、燧人为三皇，黄帝、少昊、颛顼、帝喾、帝尧为五帝。历来被列于五帝之一的帝舜被排除在外，对此他解释说："舜非三王，亦非五帝，与三王为四代而已。"但梁武帝的"五帝说"，为后世人们多所指责。

除以上所列的7种"五帝说"之外，还有其他一些"五帝说"，由于所指者多为超自由的神灵，或五行方位之神，或天上星座之神，与中国古史人物传说关系不大。

三、舜葬九疑不可疑

舜葬九疑，有诸多典籍记载，有夏代特别是秦汉以来有关祭祀资料相印证，考古发现也在不断提供有说服力的证据。

（一）诸多典籍记载舜确葬九疑

太史公司马迁经过大量史籍考证和实地"窥九疑"考察后，在《史记·五帝本纪》中歌颂舜的德化与治功时说："天下明德皆自虞帝始"，并认定舜"南巡狩，崩于苍梧之野。葬于江南九疑，是为零陵"。零陵即今湖南永州市，汉时为零陵郡，舜陵就在该市宁远县九疑山。舜葬九疑的记载，不仅见于《史记》，先秦及汉初其他典籍也多有记载。先于司马迁的，有《礼记·檀弓》"舜葬九疑苍梧之野"，《山海经·海内经》"南方苍梧之丘，苍梧之渊，其中有九疑山，舜之所葬，在长沙零陵界中"。后于司马迁的，则有刘向、班固、王充、皇甫谧、郭璞、郦道元，都以舜帝死葬苍梧为是。司马迁之后，《海内南经》《海内东经》《汉书》《说文解字》《皇览》《湘中记》《帝王世纪》《荆州记》《述异记》《水经注》《神境记》《括地志》《元和郡县志》《太平寰宇记》《云笈七签》《古史》《通志》《舆地纪胜》《徐霞客游记》《渊鉴类函》《古书图书集成》《湖广通志》《湖南通志》《永州府志》等等，均有舜葬九疑的载述。

（二）早期地方志书对舜庙变迁有明确记载

唐代思想家元结任道州刺史时曾奏报朝廷："谨按地图，舜陵在九疑之中，舜庙在大阳之溪。舜陵古老已失，大阳溪今不知何处。秦汉以来，置庙山中，年代浸远，祠宇不存。"唐僖宗时（公元874—888年）"复立庙于玉琯岩下"。《湖南风物志》记载："舜庙，相传秦汉前建在大阳溪，秦汉时移到玉琯岩前，至唐，庙宇已圮毁，元结作道州刺史时，为了便于祭祀，在道州城内另建了一座舜庙。唐僖宗（公元874—888年）时，又将庙迁回玉琯岩下，并有敕建舜庙碑文。明洪武四年（公元1371年）邑人重建舜庙于舜源峰下。"清人吴祖传在其所修的《九疑山志》中说："舜庙在大阳溪白鹤观前,盖三代时祀于此,土人呼为大庙,土坛犹存。秦时迁于九疑山中,立于玉琯岩前百步。洪武四年(公元1371年)翰林编修雷燧奉旨祭祀,迁入舜源峰下。"《宁远县志》与上述说法也是一致的:"舜宫,在大阳溪,三代时祀舜处","舜祠,在舜峰下,玉琯岩前,秦汉祀舜之处。其龟趺文础磊磊犹存"。

(三)考古发现为舜葬九疑提供了有力证据

国学大师王国维曾说:"中国书本上之学问,有赖于地底之发现",从而提出了"取地下实物与纸上之遗文互相释证"的"二重证据法"。长沙马王堆三号汉墓出土的世界第一张帛书《地形图》,按现代科学方法测定,对舜帝陵位置、方向的标志与秦汉舜庙遗址完全一致。图中画有紧密并排的九个柱状物,可能是表示九疑山的九个山峰,旁注"帝舜"二字表示了舜庙所在地。马王堆墓主软侯利苍死于公元前186年,早于司马迁出生年约半个世纪。2002年湖南省考古研究所发掘表明,在玉琯岩前有面积达3.2万平方米先秦至宋元时期的古舜帝陵庙遗址,汉代青灰色绳纹板瓦片和魏晋南朝灰黄色瓦片,以及散失于当地的秦砖汉瓦,俯首可拾。2005年在隋唐至北宋文化层中又发现来自湖南本土以外的大量建筑构件,其中有众多标明为安徽"歙州斋遣"的筒瓦,说明当时修建舜庙是动员全国人力、物力、财力的全国性官方行为。中国社会科学院历史研究所原所长、"夏商周断代工程"首席科学家李学勤认为,"古舜帝庙是我国目前发现的始建年代最早的五帝陵庙,也是我国唯一有文献有考的舜帝庙"。

此外,值得说明的是,对舜帝卒地、葬地的另一说法是《孟子·离娄下》:"舜生于诸冯,迁于负夏,卒于鸣条,东夷之人也"。山西运城以孟子所言和唐开元二十六年(公元738年)在鸣条岗所建舜帝陵为依据,近年投巨资修建了占地1778亩的舜帝陵。

（四）秦汉以后有关舜帝的祭祀资料印证舜葬九疑

舜帝是中华民族共祖认同之始，更是自有国家以来的共祭之始。据史料记载，自夏朝开始，九疑山舜帝陵就作为祭祀朝圣之所，历代香火不绝。《清一统志》载："禹南巡至衡山，筑紫金台，望九疑山而祭舜。"《史记·秦始皇本纪》载：三十七年（公元前210年），始皇出游，"行至云梦，望祀虞舜于九疑"。元封五年（公元前106年）汉武帝"南巡狩至盛唐""望祀虞舜于九疑"。自唐至明清，祭祀成为朝廷定制。唐玄宗曾派宰相张九龄赴九疑祭舜。明太祖朱元璋曾遣翰林院编修雷燧到九疑祭舜。明清年间，朝廷多次派员祭舜，其中康熙朝有8次，乾隆朝有12次。民国期间祭舜4次。1940年湖南政府主席薛岳亦派员祭祀。2004年9月9日，江泽民题写"九疑山舜帝陵"碑铭。2004年9月25日（农历八月十二日），世界舜裔宗亲联谊会和湖南省九疑山舜帝陵基金会举行了甲申年公祭舜帝有虞氏大典。2005年9月15日，湖南省人政府在九疑山举行湖南省公祭舜帝大典，省长周伯华恭读《乙酉年祭舜帝文》。

民间对舜帝的祭祀也很盛行，历代名人用诗文称颂舜帝的功德，在民众中产生过深远的影响。屈原、蔡邕、李白、杜甫、孟郊、刘禹锡、柳宗元、李贺、杜牧、温庭筠、梅尧臣、苏轼、陆游、朱熹、徐霞客、王夫之等历代名人或用诗文或亲自前往舜帝陵参与祭祀。毛泽东"九嶷山上白云飞，帝王乘风下翠微"和"春风杨柳万千条，六亿神州尽舜尧"的诗句，更使九疑山和舜帝名扬天下。

（原载《舜文化论文集》[第一辑]，湖南人民出版社2008年版）

"舜葬九疑"考古系年

⊙ 吴顺东[①]

"（虞舜）践帝位三十九年，南巡狩，崩于苍梧之野，葬于江南九疑，是为零陵。"太史公融汇浮沉湘窥九疑获取的耆旧，验之以先秦文史简册，研磨淬炼，去伪存真，终于替一代圣帝明王的最终归宿，做出了掷地有声万难质疑的总括（详《史记·五帝本纪》《史记·太史公自序》）。后来学者，无不因"江南九疑，是为零陵"的多元定位方式，及其决疑于千载之前，存确论于百世之后的深远用意，而对太史公心生高山仰止的倾慕。而我总觉得，太史公这段话中所包含的苦心孤诣，绝非仅此而已。巡狩时间与"江南"之义先且搁置不论，但看崩苍梧之与葬九疑的并列，才明白何为炼字，何为一丝不苟。《礼记·檀弓》曰："舜葬苍梧，二妃不从。"《山海经·海内南经》曰："苍梧之山，帝舜葬于阳，帝丹朱葬于阴。"《大荒南经》又云："赤水之东有苍梧之野，舜与叔均之所葬也。"是苍梧本自有别于苍梧之山或苍梧之野，前者属于山系总称，后者仅为庞大山系中的一座山峰而已！太史公深知个中三昧，所以亲赴苍梧，实地寻访舜冢所在，最终以崩葬分述的方式，完成了对帝舜葬处的确指：苍梧万山，广袤无际；帝舜驾崩，葬于九疑；九疑九疑，苍梧之间；山在何处？"江

[①] 吴顺东系湖南省考古研究所研究馆员。

水"以南！个人以为，这才是太史公借"崩于苍梧之野，葬于江南九疑"十二字所要表达的全部含义。魏晋以前，九疑作为苍梧山系构成元素之一的性质并未失真，因此魏文帝曹丕合诸儒之力汇编而成的《皇览》，仍有关于九疑的原真性注解，其文曰："舜冢在零陵营浦县。其山九溪皆相似，故曰九疑。"很明显，九疑仅为一座山的名称而已。这里还对《史记》未能体现的内容做了重要补充，足以让世人清楚知道帝舜葬处之所以称为九疑，实因其山本为形质相似的九支溪水的共同源头。应该说这是非常典型的地标了。方今九疑山中，其实也只有三分石足以荣膺"九溪相似，故曰九疑"的美誉（三分石下，潇江上源五溪发育自山之西面直至山之东北，恰好对山体北面形成整体环绕，因此深疑"江南九疑"之"江"，或者即实指此处之潇江而与长江无关；潇江五溪加上岿水、泡水、锦田水的上源，亦足占九溪之名实）。我曾据《国语·吴语》所载楚灵王"阙石陂汉，以象帝舜"的史实推定东周前后位置明确的舜陵即今三分石（又名舜公石。详《徐霞客游记·湖广日记》）；换言之，当今三分石的前身就是正宗地道的九疑山。相关论略已收入《九疑山舜帝陵庙沿革汇考》，此不赘述。"九溪相似"的九疑山通过简单的字词置换最终演变为令人迷惑的九疑山系，肇始于郦道元《水经注·湘水》的"罗岩九举"，而完备于元结《九疑山图记》的"九峰相似"，无论出于传抄讹误，或源于文学发挥，终究彻底背离了《史记》本旨，致使九疑与苍梧混淆莫辨，投机之学者有隙可入，争端一开，祸延千载，而积弊流布，令人扼腕！故先做九疑名实辨略置于篇首。纲举则目张，以下系年之文，无非征引排比，因果互证，期于眉目清楚，使读者诸君稍减"舜帝陵庙终究归宿不明"的叹恨而已。

一、古地图与迄今所见最早的舜帝陵庙

尽管"秦汉以来建庙山下"之类记载在各类文献中屡见不鲜，但在1972年（编者按，当为1973年，地图出于3号墓，3号墓发掘于1973年12月）马王堆汉墓发掘出土《长沙国南部地形图》（以下简称《地形图》）以前，九疑山舜帝庙的创始时间与始建地点问题始终苦于缺乏明证而悬停于疑信之境。这幅《地形图》堪称奇迹，虽然绘制于2100多年前的汉初，却是产生于等高线式的测绘手法，因此无论江河湖泊山地丘陵还是道路城镇等主要图形要素，跟今图都能建立起良好的对应。唯一有所区别于今图的，则是《地形图》在表现区域内重大名胜古迹时，所用写实手法特为夸张些。这就是图上最醒目的地标，有着九个东西向排列的柱状物、九柱之间有5个或7个屋宇状图形、旁注"帝舜"二字的纪念性建筑物。柱状物皆弧顶，顶端涂黑呈半月形，下端涂黑呈长方形，居中者又以黑带区分为两个仿佛为白底黑字的独立区间，据总体特征分析应为石碑，但也包含了人文始祖及古帝王身份的象征意味；屋宇状图形似乎运用了类似于透视法的绘图原理，因此有高低和宽窄的差别，同时也显示出这是带有偏角的侧视构图，即各屋宇图形基本属于其侧立面写实；"帝舜"二字不加方框或圆圈，表示并非地名标识。综合诸可见因素分析，可以肯定这是一座早期舜帝祠庙，且为坐北朝南格局。比照今图，判定该庙建于今三分石北面，当即文献所谓的"山下舜祠"之位置。而祠庙的年代下限不晚于《地形图》的绘制年代，即至少距今2100余年。当时建祠于此，实因三分石自先秦以来即是被确认无误的舜冢所在地，其正确的名字就叫九疑山！作为旁证，以山陵为名的"九疑观"在大唐贞观以前仍依三分石原址营缮的事实，也确切反映出三分石实即魏晋以前真

正的九疑山（详《明文海》"记"部所录蒋鐄《重修九疑观碑记》）。

二、王朝兴替之际诞生的最高级别舜帝陵庙——虞帝陵园

西汉末年，安汉公王莽受禅登极，国号新。这一政治权利再分配的意外变故，造成了规格最高的舜帝陵庙的适时诞生。始建国元年（公元9年），王莽登极伊始，即迅速分派骑都尉嚣等为督办大使，前往上都桥畤、零陵九疑、淮阳、齐临淄、城阳莒、济南东平陵及魏郡元城，分别督建黄帝、舜帝、胡王、陈敬王、齐愍王、伯王、孺王等7座陵园（按所谓伯王者，名伯纪，王莽之高祖；孺王者，名翁孺，王莽之曾祖。庙共七座，合乎天子宗庙的七庙之制。事详《汉书·王莽传》）。为了表示对帝舜的极端尊崇，王莽还特别下诏改零陵郡为九疑郡。这种行政建置的变革历史，《汉书·地理志》"零陵郡"条下有明确记载，并在《水经注》《次山集》等文献中各有不同程度的反映。虞帝园建于何处，从王莽敕令为"零陵九疑"的确切地理指认看，自必仍依秦汉舜祠故址；但考虑到九疑舜冢一带的环境、交通等可变因素，则承担陵园营建使命的朝廷大臣又有可能因时权变，另觅新址。现有的考古线索则对这一可能性有所体现。2002年，湖南省文物考古研究所曾在玉琯岩遗址西南角有限的空闲地带内做过局部试掘，发现了一个口小底大、截面呈袋状的西汉晚期祭祀坑，坑体很明显属于中原"灰坑"风格，其间沿坑壁等距离均衡放置同一件祭器不同部位残片的特殊埋藏方式，却与习见于洞庭湖区新石器时代的坎壝遗迹大同而小异；坑内填以纯净黄土并加粗夯，形成东端直达坑口、西半部低于坑口约20厘米的坎状构造，根据西半部坎坑上部积有纯净炭末且内藏半把铁匕首的情况分析，这是明显附加了禋祀方式的复合祭仪。在如此特殊的地理空间，竟出现风格如此独特的坎坑，推测只应与新莽

遣官至九疑山营建虞帝陵园的事件相关，而这项复合祭仪则属于奠基时的告建或竣工时的告成仪式。不过，由于祭祀坑以东仍被"汉唐坪"自然村最集中的民居所占压而无从实施有效的考古发掘，因此前述推断还得不到诸如建筑基址方面的直接支持。

三、东汉时玉琯岩升为象征性舜帝陵墓，而远朝九疑舜冢

东汉前期，舜帝祠庙仍建于玉琯岩前台地南部，这就是汉以来文献中所云之泠道舜祠。该祠至章帝时庙貌犹存，以故应劭《风俗通义》备载"汉章帝时，零陵文学奚景于泠道舜祠下得玉琯十二枚，献之朝"。玉琯岩也自此得名。近年玉琯岩考古发掘获取的东汉文化遗物较为丰富，遗迹的相对完整性也在遗址早期遗存中独占鳌头。2004年，曾在西汉晚期祭祀坑西面约10米处发现一列北端已到尽头、南端因当代民居占压尚未查明、由已知16个柱间距约1.1米的椭圆形柱坑构成的大型建筑遗迹，时代上限为东汉早期。由于该列柱坑两侧探方内完全不见任何有序甚或零散的东西向柱坑痕迹，而其间相当部分木柱又朽烂于东汉晚期废弃堆积内的情形分析，只应是牌楼一类性质的单体建筑，附属于当时的舜祠建筑主体，因此又可称之为"陵阙"。阙柱既呈南北向分布，则舜祠主体理应为坐东朝西格局。从方位照应看，祠宫北面的玉琯岩与建筑朝向设计间确有差距，但山丘卓然独立，本身宛如巨冢，南、东、北三面又有溪水环绕，总体上也差堪模拟九疑舜冢了。而玉琯岩盆地中央平旷，三面临水，四周环山，南有双峰如双阙，潇江若出其间，西面群峰连壁拱城，西北至正北为高峰低岭相形互补，自东北而至东南诸山连环布局差似玉玦，正东山顶有峰凹凸宛若巨人仰卧，有大小二水孕育于杨子岭下，潜行出无为洞口及南面岭脚，合流而南入潇江，由盆地西北蜿蜒远去，山水形胜与

汉代风水堪舆之学的基本理念十分契合。祠宫东北、玉琯岩正南又见东汉双人合葬砖室墓一座，以砖墙中分为二室，甬道朝向杨子岭，以印纹硬陶大瓮为葬具，并有东汉早期青瓷随葬，推测墓主人为当时负责管理看护舜帝祠宫的守陵啬夫及其妻子。玉琯岩前东汉舜祠于文献无考。《水经注》所载位于九疑山之东北的泠道舜祠，或疑在玉琯岩，但方位既有不合，且在本遗址考古发掘中也暂未搜寻到相关线索，姑且存疑。

四、彼衰此盛：玉琯岩舜帝陵庙升格为九疑宗主

盛衰兴替，自然之道。依托九疑舜冢（按即三分石）的舜帝祠庙历经千载沉浮，至唐代终于画上了句号。永泰二年（公元766年），时任道州刺史的元结鉴于"秦汉以来置庙山下，年代寝远，祠宇不存"（《次山集·论舜庙状》）的现实情况，遂奏建新庙于新址，这就是道州城西的唐代舜庙。后亦湮废。中唐前后，玉琯岩舜祠曾因荒败而了无形迹。元结曾游历其间，观水无为洞，夜宿无为观，诗文中竟无玉琯岩舜祠的只字片语，或者可为明证。有唐一代，玉琯岩前有明文记载的建祠举措发生于晚唐。据《九疑山志》，僖宗咸通年间胡曾任延唐县令，"请复立于玉琯岩下，有敕建舜庙碑记"（按碑记当即胡曾所作《九疑图碑》，罗泌《路史》有载。宋时尚存）。此庙应该说属于比较典型的"回归"之作。近年玉琯岩陵庙考古曾发现晚唐舜庙建筑残迹和祭祀瓷器，可见其事不虚。

北宋初年，朝廷力行教化，议定国家祭祀常典，九疑山作为帝舜崩葬之地，其陵庙之营缮、守护及祭祀诸事与炎黄同制。祠庙仍建于玉琯岩前。自北宋至南宋，事实上经历了多次规模不一的营建或修缮：建隆初由刺史王继勋奉诏重修，知制诰张澹奉敕撰碑（详《九疑山志》）。宋太祖开宝年间的修缮虽无传世文献为凭，但据2004年考古发掘资料的综

合分析，该阶段的主体工程是对祠庙两庑建筑的扩充；营建时间的推断则基于西侧廊庑废弃堆积内出土建筑陶瓷上的"开宝××"年号铭文。第三次大规模的修缮完成于淳祐六年。时任郡守的潼川人李袭之董成其事，并撰文嘱同郡书法家李挺祖书丹勒石以纪其盛，文辞今存于玉琯岩右侧岩壁上，其中《蔡邕九疑山碑铭跋》有曰："九疑名昉离骚，祠庙古矣，乃无汉以来碑刻。阅欧阳询《艺文类聚》有蔡邕碑铭，然仅载铭词而碑文不著，惜也；他所遗逸多矣。袭之既考新宫，遂属郡人李挺祖书于玉琯岩，以补千载之阙云。淳祐六年秋八月郡守潼川李袭之题。""既考新宫"云云，类同《春秋·隐公五年》"考仲子之宫，初献六羽"，即指舜祠因循故址修缮已毕遂告成于舜帝之神的意思。

2004年考古揭示的玉琯岩舜帝陵庙宋代建筑群规模宏大，规制谨严，特征典型，比照宋人李诫《营造法式》所述，可厘定其规格属于成熟于北宋的大型殿阁建筑。从清理解剖的实际情况看，该建筑层面内包含了晚唐、北宋、南宋等三个前后延续、彼此基址布局未见严重偏移现象的主要建筑阶段。建筑群坐北朝南，中轴线上为一前一后两座大殿，正殿4进7间，面积876平方米，边长超2米的巨型碌墩40个，周回均有砖铺散水；寝殿3进5间，面积416平方米，边长超过1.6米的巨型碌墩24个，殿前设散水，并以连廊与主殿相通。前后主殿两侧均为开间大小不一的两进式配享殿。廊庑亦两进构架。依建筑体量的承力需求，柱基的营造方式主要包含了以砂石瓦砾逐层细夯的巨型碌墩和石础基本平齐地面的普通柱坑。结合勘探试掘资料，判定唐宋祠庙中心建筑基址南北长120米，东西宽80米，总面积9600平方米。正南神道宽约10米，残长约150米，因早年辟为农田并持续耕种之故，神道大部已面目全非。庙庭垣墙以西约100米，尚残存人工堆筑的半月形土丘，故老呼为社山，实即社稷坛；

坛之东侧有砖铺便道连接祠庙。垣墙以外,还可见多处平面呈正方形的小型建筑遗迹,应为亭阁。唐宋三段舜庙建筑遗迹的重见天日,对于复现晚唐以来大型殿阁建筑之工艺、结构、布局等多个方面的历史映像,具有显而易见的学术意义。

玉琯岩舜帝陵庙在整个元代绝无大修之举。有两方面的原因。一是距离最近一次重建时间太近,祠庙本身结构尚称坚固;二是元代朝廷仍将古帝王祀典集中于距京师较近的所在(《元史·世祖本纪》载,至元十二年二月,敕令"立后土祠于平阳之临汾,伏羲、女娲、舜、汤、河渎等庙于河中解州、洪洞、赵城"),再者统治南方的实际时间仅短短数十年,南方偏远山区诸如舜帝陵庙之类纪念性项目所得到的关注或曰影响自然相对不足。玉琯岩遗址发掘所见最晚一期以窄小条砖为墙基的建筑遗存,北方的研究者是肯定要将它列入元代的了,但在湖南,根据有纪年依据的宋墓资料对比,就确实还只能视为南宋的制作,中庸一点,或许断为宋元之际也未始不可。个人以为,只要不影响遗存根本属性的判断,有这点南北文化时间差的存在,对于研究视野的拓展,价值反而更大了。

写到这里,该循例略为总结。读者法眼当已洞察,前述诸节无不围绕考古发现这一主线,重在阐述相关陵庙已被考古发现所揭示的内容,及与文献记载之间的必然或可能的对应关系。而"江南九疑"真实主旨的破译,应该说直接关涉到"舜葬九疑"问题的大是大非,这里也做了较为重点的剖析,但想要实现的目标,不是结论,而是寻求并考量某种尽可能合乎客观实际的理解方式。

(原载《舜文化论文集》[第一辑],湖南人民出版社 2008 年版)

舜帝归葬地考

⊙ 肖献军[①]

虞舜为五帝之一，乃中华道德文明之始祖。关于舜帝的出生地、履历地、归葬地历来存在异说。其中归葬地引起的争议最大，从战国到秦汉时期主要存在三种观点，后世诸多分歧皆由此三种观点生发而来：

江南九疑说。司马迁《史记·五帝本纪》载："（舜）践帝位三十九年，南巡狩，崩于苍梧之野。葬于江南九疑，是为零陵。"[②]《礼记·檀弓上》记载大致同："舜葬于苍梧之野，盖二妃未之从也。"[③] 此说又衍生出宁远九疑山说、道县鬼崽岭说、梧州金鸡岩说。南己之说、鸣条之说也常引此说以证己说的正确性，然却是旁证，而非主证。

南己之说。此说见于《墨子·节葬下》："舜西教乎七戎，道死，葬南己之市。"[④] 吕不韦等人所编《吕氏春秋·安死》也记载："舜葬于纪，市不变其肆。"[⑤] 据《墨子》及《吕氏春秋》所言，舜当葬于秦地或更远的地方。然此说也常为鸣条之说、江南九疑说引用。有学者引《诗经·小雅》

[①] 肖献军为湖南科技学院副教授。
[②]（汉）司马迁.史记.中华书局，1982.
[③]（汉）司马迁.史记.中华书局，1982.
[④]（清）孙诒让.墨子间诂.中华书局，2001.
[⑤]（秦）吕不韦等著，许维遹集释.吕氏春秋集释.中华书局，2009.

云："滔滔江汉，南国之纪。"①认为南纪在江南。然此仅为鸣条之说、江南九疑说的旁证。由于今天陕西学者对舜陵研究不多，南己之说尚未独立，然由于墨子生活年代比孟子及司马迁要早，故此说有其特殊意义，但该说随着墨家的消亡影响渐小。

鸣条之说。此说出于《孟子·离娄下》："（舜）生于诸冯，迁于负夏，卒于鸣条。"②《今本竹书纪年·帝舜有虞氏》："鸣条有苍梧之山，帝崩，遂葬焉，今海州。"③由此说又衍生永济鸣条岗说、定陶鸣条说、连云港市云台山（海州）说、陈留平邱鸣条亭等说。

在以上三说中，由于江南九疑说被司马迁写入正史之中，《史记》为二十四史之首，司马迁写史又被人誉为"实录"，影响日益深远，后来得到了官方的正式承认。历朝历代的帝王祭祀舜帝都前往九疑山，而不是往山西、陕西，更别说江苏的连云港了。但司马迁对舜帝的记载也不一定可信。下面这条就多引起学者非议："（舜）年六十一代尧践帝位。践帝位三十九年，南巡狩，崩于苍梧之野，葬于江南九疑，是为零陵。"舜帝年寿一百岁，这在上古时期几乎没有可能性。据《夏商周断代工程》研究成果及本人根据甲骨文"年""岁"及小篆"载"的分析，上古帝王平均在位时间约为三十六年、平均寿命约为五十二岁④。而且《史记》记载舜帝一百岁了还南巡江南，就更没有可能性了。既然舜帝连南巡的可能性都没有，怎么可能葬于江南九疑呢？这一点是主张舜归葬地在江南

---

① （清）方玉润．诗经原始．中华书局，1986．
② （清）焦循．孟子正义．中华书局，1987．
③ 方诗铭等．古本竹书纪年辑证．上海古籍出版社，1981．
④ 肖献军．上古帝王年寿及在位时间考．湖南宁远"舜文化与中国梦"研讨会论文集，2014．

九疑的学者难以绕过的圈子。司马迁为什么要"编造"这一历史呢？不少人推测这是服务于政治的需要，是司马迁从学理上论证汉朝大一统的合理性与正确性。《史记》所载历史从五帝开始，且五帝的足迹遍布于整个中华大地，《史记》的撰写确实应该有这方面目的。

那是否可以说舜葬于江南九疑是司马迁虚构的，而墨子"舜葬于南己"之说或者孟子"舜葬于鸣条"之说是正确的呢？也不一定。墨子没有去过秦国，但墨家学派有巨子去过秦国，巨子在墨家学派内享有绝对权威，先秦史料有明确记载的巨子有孟胜、田襄子、腹䵍（见于《吕氏春秋》），其中腹䵍就活动于秦国，《墨子间诂·墨子后语上》载："腹䵍为墨者巨子，居秦。其子杀人，秦惠王曰：……腹䵍对曰：'墨者之法：杀人者死，伤人者刑。此所以禁杀伤人也。夫禁杀伤人者，天下之大义也，王虽为之赐而令吏弗诛，腹䵍不可不行墨子之法。'"秦惠王时正是秦国势力东扩之时，自然需要有人为他的东扩寻找理论上的依据。《墨子》是墨子弟子或再传弟子所编，腹䵍距离墨子大约百年左右时间，正是《墨子》成书时间，如果司马迁是出于政治需要，腹䵍也完全有可能利用自己的权力抬出墨子替秦国说几句话。后来，吕不韦在《吕氏春秋·安死》记载："舜葬于纪，市不变其肆。"可见，墨家此说确实影响到了秦朝的上层统治者。孟子也是如此，孟子曾游历魏国，和魏王关系也较好，说舜葬于鸣条也不能排除为魏王服务的目的。

由此看来，司马迁、墨子、孟子的说法似乎都有问题，而且司马迁是史学家，注重求实；孟子是儒学大师，注重求诚；墨子是墨家学派的开创者，注重求朴。学者几乎无法从这些人物的品行判断谁在说假话。从墨子到司马迁大概只有三百年左右时间却产生了三种不同说法，但事实只可能有一个，舜帝的归葬地也应当只有一个。

中国的文字是从结绳开始的，后又传说伏羲创制了八卦，但这些都不足以记录具体历史,所以虞舜时期发生的重大事情难以通过文字传留下来。能够具有记事功能且能保存下来的文字已到了商朝——也即19世纪末20世纪初出土的甲骨文。但甲骨文几乎没有夏朝历史的记载,更别说比夏朝还遥远的虞舜时代了。故先秦史料关于虞舜的各种记载,可能来源于神话故事和民间传说,或是春秋战国时期某些学派出于特殊目的,以历史为背景杜撰出来种种故事。故与其相信墨子、孟子、司马迁的话,还不如相信那些神话故事和民间传说。

那么,秦汉以前关于舜帝归葬地有哪些神话,这些神话是否也存有矛盾呢?关于舜归葬地的记载,《山海经》记录最多,下面一一列出:

湘水出舜葬东南陬,西环之。入洞庭下。一曰东南西泽。(《山海经·海内东经》)[1]

兕在舜葬东,湘水南,其状如牛;苍黑,一角。(《山海经·海内南经》)

苍梧之山,帝舜葬于阳,帝丹朱葬于阴。(《山海经·海内南经》)

狌狌知人名,其为兽如豕而人面,在舜葬西。(《山海经·海内南经》)

南方苍梧之丘,苍梧之渊,其中有九疑山,舜之所葬,在长沙零陵界中。(《山海经·海内经》)

有阳山者。南海之中,有氾天之山,赤水穷焉。赤水之东,有苍梧之野,舜与叔均之所葬也。(《山海经·大荒南经》)

《山海经》的这些记载见于《海内东经》《海内南经》《海内经》《大荒南经》四个部分,未见于《海内北经》《海内西经》《海外经》中。也就是说以墨子为代表的"南己之说"和以孟子为代表的"鸣条之说"在《山海经》这部神话著作中找不到依据。《山海经》中关于舜帝归葬地的记载

---

[1] (晋)郭璞,袁珂校注.山海经校注.上海古籍出版社,1987.

分在四经之中，四经中提到的归葬处貌似有别，实际上是指一处。如《海内东经》中有湘水、洞庭，且指出舜归葬地在湘水东南。据此可以判断舜归葬地在海内东经之东南，这与《海内南经》所载并不相矛盾，《海内南经》也记载舜葬地在"湘水南"，《海内经》虽未载舜归葬地在湘水南，但却指明"舜之所葬，在长沙零陵界中"，且归葬之处有苍梧、九疑山，这正是在湘水之南。而《大荒南经》中也提到苍梧之野、南海等，也当与其他经所指同一处。之所以称《大荒南经》应该是离政治中心较远之缘故，但还在海内。舜归葬地在《山海经》不同经中都有记载，一则可能与上古时期地理概念不如后世清晰相关；二则每经中所载神话并不一定就是本经范围内的神话，只是在本经内流传的神话。而舜帝归葬地的神话以《海内南经》为中心，向四周扩散开来，故见于多经之中。除《山海经》外，屈原的作品中也多引用神话：

济沅湘以南征兮，就重华而陈词。（《离骚》）

百神翳其备降兮，九疑缤其并迎。（《离骚》）

从屈原的作品中也可以看出，舜帝死后为九疑山神，而九疑在沅、湘之南，与《山海经》中所载颇为一致。据司马迁《太史公序》载，司马迁曾经在二十岁左右南游，曾"窥九疑，浮于沅、湘"，司马迁关于舜"崩于苍梧之野。葬于江南九疑，是为零陵"的说法当来自神话故事或民间传说，司马迁的"实录"，实际上包含了对神话与传说的实录。

除了与舜帝南巡相关神话和传说，湖湘地区还流传二妃的神话，也可以从侧面证实舜葬于九疑之说。《尚书·尧典》载："帝曰：'我其试哉。'女于时，观厥刑于二女。厘降二女于妫汭，嫔于虞。"[1]《山海经·中山经》

---

[1]（清）孙星衍. 尚书今古文注疏. 中华书局，1986.

载:"洞庭之山,帝之二女居之,是常游于江渊。澧、沅之风,交潇、湘之渊,是在九江之间,出入必以飘风暴雨。"大约与此同时,屈原作下了《湘君》《湘夫人》。《湘君》《湘夫人》究竟是谁,众说纷纭,但《湘夫人》:"九疑缤兮并迎,灵之来兮如云。"肯定和舜帝有关系,司马迁的《史记》直接把二者相联系:"浮江,至湘山祠。逢大风,几不得渡。上问博士曰:'湘君何神?'博士对曰:'闻之,尧女,舜之妻,而葬此。'"刘向在《列女传》中写道:"舜陟方,死于苍梧,号曰重华。二妃死于江、湘之间,俗谓之湘君。"① 今天,从湘江之源到湘江之尾,与二妃相关的祠庙不下于十座。分别以二妃祠、二妃庙、湘妃庙、潇湘庙命名,另外还有二妃墓、黄陵庙等,二妃的影响遍布整个湘江流域。

从秦汉前的史料可以看出,大概在战国时期,关于舜帝南巡及二妃的神话传说就已在湖湘大地上流传,几乎没有什么疑义,而且这一传说还流传到了长江以北的广大地区。一个神话传说从其产生到广为流传,没有几百年甚至上千年时间是难以形成的。如果从屈原出生(公元前340年)上推500年,则到了共和二年(840年),已是周公、召公共同执政时期,此时距虞舜时代大约1300年左右;如果上推千年,则到了商代,据虞舜时代仅800年左右,有些神话和传说的产生可能还要超过千年,因而在缺乏文字记载的情况下,这些资料可视为最可信的资料。

今天山东、河南及陕西等地,也流传着一些与舜帝相关的神话和传说,但山东、河南的神话和传说大多集中在舜登帝位之前,如舜帝出生,舜耕于历山,打鱼于雷泽,作陶器于河滨,作什器于寿丘,迁于负夏等。山西比较例外,山西是舜都之处,传说舜都于蒲坂,但今天山西不仅存

---

① (汉)刘向,张涛译注.列女传译注.山东大学出版社,1990.

有舜帝陵，还有历山，给人的感觉是舜生于斯、定都于斯、卒于斯，作为中原地区最大的部落联盟首领，活动范围竟如此狭窄，这不符合实际。然而值得注意的是，在山西临汾、洪洞地区，流传着一种古老的民俗——"接姑姑送娘娘"，这一民俗流传数千年而不衰，它当源于舜登帝位后与二妃的生活，但山西关于舜帝归葬地的神话基本没有，其他民间传说存有一些，却与先秦文献所载基本无关，盖后人为了追念舜帝而编造的一些故事。可知，从神话和传说的角度看，舜归葬地很少有可能发生在山西。又今天山西学者常引用《今本竹书纪年》证明舜葬鸣条："鸣条有苍梧之山，帝崩，遂葬焉。"但从孟子语看，鸣条并不是一个大地方，先秦时远不如苍梧有名，且同"尧幽囚，舜野死"之传说相矛盾，舜帝如果卒于永济之鸣条，还算不上野死。但如果葬于江南九疑，可以算得上真正的野死了。

从历史学和考古学的角度看，舜葬于江南九疑也有据可依。今天，在湖南九疑山、山东菏泽及诸城，山西蒲州古城都发掘了不少文物，这些文物从唐宋一直到上古时期的都有，甚至考古学家还能判断有些是尧舜时期的文物，但客观地说，考古学家能够判断的也仅仅只有这些，至于文物是否与舜帝相关，没有哪个考古学家能作出肯定回答。但舜葬于江南九疑可以从历史学和考古学角度得到印证。司马迁《史记·秦始皇本纪》："三十七年（前210）十月癸丑，始皇出游。……十一月，行至云梦，望祀虞舜于九疑山。"云梦一说在湖北安陆、一说长江以北为云泽，长江以南洞庭湖地区为梦泽，不管怎样，秦始皇望祀虞舜于九疑山证明了舜帝陵在江南九疑。此时距司马迁"窥九疑，浮于沅湘"仅仅85年，资料应相当可信。另外，马王堆出土的东汉地图，可以清楚看出在九疑山处有九根石柱在，当是对舜帝陵的标识。今天九疑山有舜帝陵，乃为后来修建，乃陵与庙之合一。实际上，到唐代时舜陵具体在何处已不可考。元结《论舜庙状》："舜陵在九疑之山，舜庙在太阳之溪。舜陵古老以失，太阳溪今不知处。秦汉已来，置庙山下，年代寖远，祠宇不存。"①故在唐代文献中基本上找不到舜陵的记载，只有虞帝庙、舜帝庙，而无舜陵存在。元结是唐代地理学家，有《九疑山图记》《诸山记》等地理著作，虽然其时舜陵不存，但却肯定了舜陵的历史存在，且与《史记》及马王堆帛画所载一致。

在诸多的考古中，个人认为道县之鬼崽岭应该引起舜文化研究者的重视，鬼崽岭没有坟墓，是一座略带圆形的山丘，山丘之下数尺，布满了密密麻麻的鬼崽崽，这些鬼崽崽自上古至清代都有，部分鬼崽崽已经风化，显示了年代久远的特征。这符合上古时期的"不树不封"的墓葬制度，如此多的鬼崽崽当为祭祀时所用，但祭祀谁却没人知道，一是可能时代久远的缘故，二是可能上古帝王的墓葬守护人刻意保密的缘故。但在离鬼崽岭不远处，有象庙存在，唐代还有象鼻亭。柳宗元《道州毁鼻亭神记》记载："鼻亭神，象祠也。不知何自始立，因而勿除，完而恒新，相传且千岁。"②假如上推千年，象祠在秦时已存在。如此古老的象祠，如此神秘的鬼崽崽，期间或许真有某种内在联系。与二妃相关的陵庙及冢也出现较早，《史记》："浮江，至湘山祠。逢大风，几不得渡。上问博士曰：'湘君何神？'博士对曰：'闻之，尧女，舜之妻，而葬此。'"《括地志》云："黄陵庙在岳州湘阴县北五十七里，舜二妃之神，二妃冢在湘阴北一百六十里青草山上。"而正史仅《清史稿》记载在濮州有虞帝陵庙，乃清代所建。

但秦汉以前的文献记载舜帝归葬地确实存在异说，至于为什么会存在异说，这里姑且做以下臆测：《周易·系辞下》："古之葬者，厚衣之以薪，

---

① （唐）元结，孙望校．元次山集．中华书局，1960．
② （唐）柳宗元．柳宗元集．中华书局，1979．

藏之中野，不封不树，丧期无数。"①坟丘墓的出现已到了春秋晚期。也就是说舜帝死后一千多年才有坟丘，其时恐怕没人知道舜所葬之具体位置了。所以，即使秦始皇时有舜帝陵，恐怕也不是原来的舜帝陵了。其二，陵、庙不分导致的误解。虽然舜帝陵可能在战国时期出现，但舜帝庙出现的时间应该非常早，而且先秦诸子散文中几乎都提到了舜，可见舜在春秋战国时期已影响巨大，故舜帝庙应该在当时存在不少。特别是舜文化集中分布地区，可能由此而引发误解，以为舜帝归葬于此。如大中四年，梧州金鸡岩附近建有舜庙，今天梧州部分学者就以为舜帝归葬于此。山西永济也是如此，现在可知的舜庙建于唐开元二十六年（738），舜陵的出现应该更晚。其三，可能与先秦巫文化相关。如楚怀王客死于秦，但楚怀王墓在湖北省枝江县百里洲。这涉及古代的招魂和招魂葬。相传屈作《招魂》："外陈四方之恶，内崇楚国之美"替楚怀王招魂，也由此而形成了招魂葬，故怀王之墓建在了原楚国范围内。唐前就广泛流传"尧幽囚，舜野死"之说，在湖湘地区凡与舜帝或二妃相关的文学，都充满幽怨之感。如此，在舜帝出生地山东及履历地山西，都可能存在替舜帝招魂的情况，也可能因此而出现招魂葬，这就会导致舜帝归葬地出现多种说法。

当然，舜帝归葬地之所以存在异说，最大的原因还是与地方学者相关，舜帝是中华民族共同先祖，是中华道德文明之始祖，无论对于地域精神的凝聚、道德文明的教化，乃至地方影响力的提升都起重大作用，故从墨子、孟子、司马迁始，直到今天的学者，这种争议从未断过，而且愈演愈烈。这从侧面反映了舜文化影响的巨大，舜帝精神也在讨论与争议中发扬光大。

（原刊于《湖南行政学院学报》2017年第2期）

---

① （清）惠栋.易例.中华书局，2007.

宁远九疑：千古舜陵朝圣地

第二编 "历史地位"论

"舜帝南巡"的历史意义

⊙唐松成[1]

"舜帝南巡",这无论是对中国历史或文化史来说都是一个极为重要的事件,它不仅对华夏民族的融合产生了深远的影响,也对中国文化特征的形成产生了深远的影响;"舜帝南巡"所留下的文化精神,至今仍是一笔十分宝贵的文化遗产。

一、"舜帝南巡"的政治目的

"舜帝南巡"所产生的影响,这首先从文献典籍的一记再记、民间传说的一说再说中就可以看出来。不过,文献典籍和民间传说虽然都说到"舜帝南巡"这件事,但关于"南巡"之政治目的的解释,则说法不一。归纳起来,大致有如下三说:

(一)"体察民情"说

舜帝南巡,首先是为了巡狩方国,这是最流行的说法,无论文献典籍或民间传说,都有这一说法。最早的文献记载是《尚书·尧典》:"舜生三十征庸,三十在位,五十载陟方,乃死。"《传》解释说:"舜即位五十年,升道南方巡狩,死于苍梧之野而葬焉。"《史记·五帝本纪》亦云:

---

[1] 唐松成为湖南省九疑山舜帝陵基金会常务副理事长、秘书长。

"舜践帝位三十九年,南巡狩,崩于苍梧之野,葬于江南九疑,是为零陵。"《烈女传》卷一《母仪传·有虞二妃》言:"舜陟方,死于苍梧,号曰重华。"《孔子家语·五帝德》曰:"(舜)陟方岳,死于苍梧之野葬焉。"不过,三年一巡狩乃是舜帝在位时确立的定制,此时的舜帝已经不在位,为什么还要南巡狩呢?对此,杨东晨先生给予了解释:"帝舜即位后,多到黄河流域及江淮地区巡视民情,考察官员政绩,未到过江南,因而在禹摄政后,帝舜和大臣亲到南方去考察'官员'(十二牧中的主南方者)的政绩和民情。"①此外,九疑山的民间传说也是如此解释:

　　舜帝禅让后,并没有袖手旁观,而是仍然在考虑国家的兴盛,人民的安危。他想,中原的水害治住了,可是南方的水害怎样呢?他知道,南方原来是多水患、多猛兽、多灾荒的地方,如果南方的灾害不除,那里的老百姓就得不到安定的生活。舜决心亲自到南方巡视,了解南方的情况,好帮助大禹治理好整个中国。

　　舜回到家里,把自己的想法与二妃娥皇、女英商量,二妃听了大吃一惊。想舜帝这么多年来,为国家操劳,已够辛苦的了,而且如今已经年老体弱,要到那遥远的南方去,多有不便。听说南方不仅水害严重,那毒蛇猛兽也猖獗厉害,舜帝去太危险,放心不下。于是苦苦劝阻舜帝:"舜帝,你年事已高,况且又已让位给禹,还要去南方干什么?让禹和大臣们去吧!"舜笑了笑说:"二妃的心意我领了,我即位三十年,由于全力治理中原的水患,南方没有去成,现在有禹接位,我可以安心去南方了,我现在身体还好,如今不去,恐怕以后想去也去不成了,此生不去南方

---

① 杨东晨.帝舜家族史迹考辨.零陵师范高等专科学校学报,2002(1).

一趟,那要成为终身的憾事。"①

(二)"南征"或"德服"三苗说

舜帝南巡,有文献记载说是为了"南征"三苗。儒家《礼记·檀弓上》记载:"舜葬苍梧之野,盖三妃未之从也。"此书是最早记载舜帝归葬苍梧说的文献。汉代郑玄注曰:"舜征有苗而死,因留葬焉。"汉代刘安《淮南子》亦云:"舜南征三苗,遂死苍梧。"晋代皇甫谧在《帝王世纪》中说:"……有苗氏叛,(舜)南征。崩于鸣条,殡以瓦棺,葬于苍梧九疑山之阳,是为零陵,谓之纪市,在今营道,下有群象为之耕。"

但更多的文献所记载的,则是为了"德服"三苗:

三苗不服,禹请攻之。舜曰:"以德可也。"行德三年,而三苗服。(《吕氏春秋·尚德》)

当舜之时,有苗不服。禹将攻之,舜曰:"不可。上德不厚而行武,非道也。"乃修教三年,执干戚舞,有苗乃服。(《韩非子·五蠹》)

当舜之时有苗不服。于是舜修政偃兵,执干戚而舞之。(《淮南子·齐俗训》)

当舜之时,有苗不服。其不服者,衡山在南,岐山在北,左洞庭之波,右彭泽之水。由此险也,以其不服。禹将伐之,而舜不许,曰:"吾喻教犹未竭也。"久喻教而有苗请服。天下闻之,皆薄禹之义而美舜之德也。(《韩诗外传》卷三)

蔡靖泉先生对此进行解释说:"武力征伐不能服众,行德喻教方可化民。虞舜弃力征而以德化三苗,足显其明哲贤能之'圣'。虞舜在南国的行德,即如《南风歌》所云的'解吾民之愠'、'阜吾民之财';虞舜在南

---

① 讲述人:王立生,74岁,男,小学文化,汉族,农民,鲁观乡鲁观村人。整理者:何文孝。

国的喻教，也即'慎和五典'，使苗民'移风易俗'，明'五常'之义，由野蛮走向文明。"①郑国茂先生也持同样观点："黄帝家族战胜了炎帝家族，变成了民族正统，而散落在南方广大地区的炎帝后裔，则沦落成了不服北方'王化'的蛮夷。其中就有少数三苗中的顽固分子，他们对当朝仍然怀有强烈的敌对心理，不时滋扰社会。舜帝有生之年不能真正做到'普天之下，莫非王土；率土之滨，莫非王臣'于心不安。一向厌弃舍仁德而任诛杀的舜帝拟进一步感化南蛮。"②

（三）"被逼避难"说

在舜帝"禅让"的问题上，有人持反对意见，认为是禹"逼宫"。与"逼宫"相联系，认为舜帝的南巡也是"被逼避难"。《韩非子·说疑》曰："古之所谓圣君贤王者，非长幼世及以次序也。以其构党与、聚巷族，逼上截君而求其利也。"彼曰："何知其然也？"则曰："舜逼尧，禹逼舜，汤放桀，武王伐纣，此四王者，人臣截其君者也，而天下誉之。"按照韩非子的说法，禅让说充满了欺骗性，舜禹之继承君位，靠暗结党派，拉拢权贵而夺取其政权。再如《汲冢琐语》云："舜放尧于平阳。"又说："据《山海经》谓放勋之子为帝丹朱，而列君于帝者，得非舜虽废尧，则云：仍立尧子，俄又夺其帝位者乎？……谓之禅让，徒虚语耳。"唐代刘知几根据《汲冢琐语》《山海经》等书的记载，在《史通通释·疑古》中说：舜"何得以垂暮之年，更践不毛之地；兼复二妃不从，怨旷生离，万里无依，孤魂磕尽，……斯则险方之死，其殆文命之志乎？"他认为舜帝年老"践不毛

---

① 蔡靖泉.舜歌《南风》与舜化南国.零陵师范高等专科学校学报，2001（1）.

② 郑国茂.舜帝南巡不容置疑.湖南科技学院学报，2005（3）.

之地","二妃不从",这不合常理,借此来否定禅让。这就意味着舜是被逼让位,然后来到南方避难。近人顾颉刚认为,禅让是墨家为了宣传他们的主张而造出来的。墨家只提出了尧舜的禅让,舜禹的禅让是后人添加上去的。尧舜禅让说是东西民族混合的结果。[①]今人杨安平认为,舜为东夷族有虞氏部落领袖为现今多数学者所公认。舜以先进的生产技术拓展了有虞氏的领域,壮大了自己的势力。自黄帝打败蚩尤后,华夏族与东夷族已成为联盟关系,所以尧把二女嫁给舜也是自然的。嫁二女是有目的的,一是通过联姻来稳定、安抚有虞氏部落;二是监察有虞氏动向。舜以孝闻是儒家附会,史迁之误,或者由于传说的时间错位所至。舜势力不断壮大,舜的势力可谓无敌于天下,因此"逼尧、囚尧"的悲剧也在所难免了。所谓避让是曲折地反映了传说中的古史,是部落联盟中心由虞舜部落向夏禹部落转移的影史。这种转移不是让于德的结果,也不是避让先王之子的结果,而是各部落势力消长的结果[②]。郑国茂先生也有近似观点:"鲧治水不力,酿成大患。舜殛鲧于羽山,就与大禹结下了杀父之仇。大禹治水成功,功高震主,禹的言辞之中不时流露出自傲和不恭。圣明贤达的舜帝九十三岁的时候,让摄政帝禹代为管理国事,自己南巡,远避南疆,免得矛盾激化后难以收拾。"[③]

以上诸说究竟哪一种说法更为合理?留待下文再做分析。

[①] 顾颉刚.古史辨(第7册)·禅让传说起于墨家考.上海古籍出版社,1982.

[②] 杨安平.关于尧舜禹禅让制传说的探讨——兼谈国家形成的标志问题.中国史研究,1990(4).

[③] 郑国茂.舜帝南巡不容置疑.湖南科技学院学报,2005(3).

二、"舜帝南巡"与舜奏《韶乐》

（一）关于《韶乐》的各种名称

关于《韶乐》的起源，文献记载有不同的说法。《竹书纪年》载："有虞氏舜作《大韶》之乐。"《吕氏春秋·古乐篇》载："帝舜乃命质修《九韶》《六列》《六英》以明帝德。"《史记·五帝本纪》："于是夔行乐，祖考至，群后相让，鸟兽翔舞，《箫韶》九成，凤凰来仪，百兽率舞，百官信谐。"这是说《韶乐》是由舜帝或舜帝手下的乐官所作，舜帝作《韶乐》是为了歌颂、宣传尧帝之"光明俊德"。但大禹之后，《韶乐》却用来歌颂舜帝之德，《史记·五帝本纪》云："四海之内咸戴帝舜之功。于是禹乃兴《九招》之乐，致异物，凤皇来翔。天下明德皆自虞帝始。""禹乃兴《九招》"，是说禹大力推广《韶乐》，使《韶乐》兴盛于世，不仅招致了预示太平盛世的"凤皇来翔"，还使得由舜帝所倡导和身体力行的道德原则从此得以确立。这是最为流行的说法：《韶乐》起源于舜或舜帝时代。另外，还有几种文献有不同的说法，如《山海经·大荒西经》载："开（开即启，汉代避汉武帝刘启名讳改开为启）上三嫔于天，得《九辩》《九歌》以下。此天穆之野，高二千仞，开焉得始歌《九招》。"这是说《韶乐》起源于夏启，将时间推后了。也有将时间提前的，如《吕氏春秋·古乐》载："帝喾命咸黑作为歌——《九招》《六列》《六英》。"综合起来看，第一种说法更真实可信，因为《韶乐》绝不仅仅是一种音乐，也不仅仅是一种综合艺术，它是与舜帝的道德原则和"德治"理念紧密地结合在一起的，《韶乐》所达到的"百兽率舞，百官信谐"的效果，也正是舜帝道德教化的结果。

关于《韶乐》的名称则更是众说纷纭，归纳起来超过十种以上。

1.《韶》，如《论语·八佾》："子谓《韶》，尽美矣，又尽善也。谓《武》，尽美矣，未尽善也。"《述而》："子在齐闻《韶》，三月不知肉味。曰：'不图为乐之至于斯也！'"《卫灵公》："颜渊问'为邦'。子曰：'行夏之时，乘殷之辂，服周之冕，乐则《韶》舞。'"

2.《大韶》，《晋书·音乐志》："昔黄帝作《云门》，尧作《咸池》，舜作《大韶》，殷作《大濩》，周作《大武》。"

3.《九韶》，《说苑·修文》："于是禹乃兴《九韶》之乐，致异物，凤皇来翔，天下明德也。"

4.《箫韶》，《尚书·益稷》："于是夔行乐，……《箫韶》九成，凤凰来仪。"

5.《招》，《汉书·礼乐志》："昔黄帝作曰《咸池》，帝颛顼作《五茎》，帝喾作《六英》，尧作《章》，舜作《招》，禹作《夏》，汤作《濩》，武王作《武》，周公作《勺》。"

6.《九招》，《山海经·大荒西经》："此天穆之野，高二千仞，开焉得始歌《九招》。"

7.《九歌》，《楚辞·离骚》："启《九辩》与《九歌》兮，夏康娱以自纵。"

8.《招箾》，《史记·吴太伯世家》："见舞《招箾》，曰：'德至矣哉'。"

9.《韶箾》，《左传》襄公二十九年："季札观乐，……见舞《韶箾》者，……"

10.《大磬》，《周礼·春官·宗伯》："乃奏姑洗，歌南吕，舞《大磬》，以祀四望。"

11.《文始》，《通典》："《文始舞》者，曰，本舞《招舞》也。高祖六年更名曰《文始》，以示不相袭也。"

之所以出现这么多的异名，主要是因为古汉语尚未规范，音同音近的通假字太多；个别的则是有意改名，如汉高祖更名为《文始》；还有一个更深层的原因就是《韶乐》的影响的确太大，所记载的文献系统太过庞杂。

(二)《韶乐》的用途与艺术高度

关于《韶乐》的用途,韩玉德归纳为七个方面:一是用于歌颂舜帝之功德;二是用于祀四望;三是用于夏后启升位或巡狩;四是用于周王受命;五是用于祀鲁国始祖周公旦;六是用于诸侯聘问;七是秦汉以降为皇帝专用的庙乐。[1]

《韶乐》所使用的范围,决不限于以上七个方面,还有更加重要、也更加普及的一个方面,这就是所谓的"乐教"。《尚书·舜典》载:"夔,命汝典乐,教胄子。直而温,宽而栗,刚而无虐,简而无傲。"人格的培养首先是气质的和谐。宋人陈经《尚书详解》云:"将教人以中和之德而必导人以中和之乐。人之气质有刚柔缓急之不同,舜命夔教胄子,使导达其气质一归于中和。直宽刚简,四者气质之自然,直而教之温,则不失之直情径行好讦以为直,宽而教之栗,则不失之纵放,刚而教之无虐,则不至于暴,简而教之无傲,则不至于忽,此德之中和也。"这就是说,"乐教"要想达到使"天下大服"的效果,最好的办法就是培养"中和之美"的人格。

"中和之美"的人格,首先是情感的和谐,也就是孔子所说的"乐而不淫,哀而不伤"。《中庸》云:"喜、怒、哀、乐之未发,谓之中。发而皆中节,谓之和。"何谓"中节"?它是获得"和"或是引向"和"的一种状态,也可以理解为实现善与价值的一种关系。而善与价值的实现,又必须以美为基础。

《韶乐》是尽善尽美的典范。孔子"谓《韶》,尽美矣,又尽善也",他"在齐闻《韶》",竟至于"三月不知肉味"。这说明,《韶乐》在形式上是完美的,

---

[1] 韩玉德.《韶》乐考论.学术月刊,1997(3).

在内容上则是至善的。

关于形式的完美，《史记集解》引孔安国曰："《箫韶》，舜乐名，备乐九奏而致凤凰也。"《周礼·春官·大司乐》亦云："《九德》之歌，《九磬》之舞，于宗庙之中奏之。若乐九变，则神鬼可得而礼矣。"即《韶乐》在形式上可以"九变"，也就是通过多次变奏可以达到极致，此时连鬼神也会洗耳恭听，为之叹服，可见艺术形式的完美程度。中国的古典音乐往往是一唱三叹，《韶乐》可能是三唱九叹，这在当时的人们看来，或许就是完美形式的最高典范。

关于内容的至善，《白虎通·礼乐》云："乐所以九者何？盖来过者九，九之为言究。德偏究，故应德而来亦九也。非故为之，道自然也。"《汉书·律历志》亦云："九者，所以究极中和，为万物元也。"《韶乐》本来是歌尧舜之功德的颂歌，再加上"九之为言究"，"究极中和，为万物元"。因此其思想内容也就更加完美、至善。于是才有了吴公子季札观《韶乐》之后的赞叹："德至矣哉！大矣，如天之无不帱也，如地之无不载也，虽甚盛德，其蔑以加于此矣。观止矣！若有他乐，吾不敢请已。"在季札看来，《韶乐》的尽善尽美已达到至高无上的境界，再无其他音乐能够与之比肩了，因而再也不愿听其他音乐了。"不图为乐之至于斯也！"连孔子似乎也找不到恰当的词语来形容《韶乐》的美妙，只能发出一声由衷的浩叹。这也足可见出《韶乐》在当时的艺术高度了。

三、舜帝南巡的历史意义

还需再回到开头的话题，对于舜帝南巡的政治目的，为什么会有多种不同的说法？蔡维琰认为，先秦诸子身处宗法封建社会，他们对上古人物的评价，都带上了各家思想的特色，在各家不同的思想背景下，表现在尧舜禅让的论题上，就有了根本差异。①笔者认为，更深层的原因在于上古两种文化系统的不同影响，以尧为代表的华夏族或许更崇尚武力一些，这从黄帝战败炎帝、打败蚩尤的战争中可以看出来；以舜帝为代表的东夷族则更加崇尚道德教化一些，这从禹强调"攻之"、舜强调"以德"的区别中也可以看出来。按照顾颉刚的说法，"尧舜禅让说是东西民族混合的结果"，民族虽然"混合"了，但两种对立的思想影响仍然存在，在战国百家争鸣之际，各家都以尧舜事迹作为阐述自己政治主张的历史根据之一，由于政治主张的不同，因而对尧舜事迹的取舍也就不同。

舜帝南巡的真实目的是"德服三苗"，这更符合历史的真实性，也更具有深远的历史意义。

首先，从历史的真实性来看，这是一次美妙的音乐之旅。舜帝此次南巡，我们从文化典籍、民间传说乃至于历史遗迹中，找不到带兵打仗、战争硝烟的痕迹，相反，关于舜帝奏《韶乐》、歌《南风》的留存记载和痕迹倒是屡见不鲜。章太炎《古经札记·舜歌南风解》云："舜南巡苍梧，地本属楚，其歌南风，盖即在南巡时，阙后楚之《九歌》九章，当即南风遗音，故有《湘君》《湘夫人》等篇，即用舜律，而又咏舜事也。且夷乐亦惟南音最合。"杨东晨还据此认为"舜帝南巡，当有亲自去体察南方民风歌乐之意"②。除了歌《南风》，就是奏《韶乐》，《春秋繁露》云："舜时，民乐其昭尧之业也，故韶，韶者，昭也。"《韶乐》则是舜帝所创，来自北方。舜帝演奏《韶乐》的地方，现在还留下了韶山、韶关等地名。舜帝就是这样奏着《韶乐》、歌着《南风》，走遍了南方数省，最后将自己的身体

---

① 蔡维琰."禅让"的历史文化实质.云南民族学院学报，1992（4）.
② 杨东晨.帝舜家族史迹考辨.零陵师范高等专科学校学报，2002（1）.

也留在了南方九疑山。

从九疑山周边舜文化遗迹的情况看,到处建有舜帝庙,而且称之为"大庙",其地位高过任何其他的庙,足见舜帝在当地人民心目中的地位。不仅如此,永州至今仍保留有多处"夔龙庙",这在全国的舜帝崇拜和舜文化遗迹中,是独一无二的,这说明当地人民不仅崇拜舜帝,连同跟随舜帝来进行道德教化的夔和龙也一并崇拜。北京大学研究尧舜传说的权威专家陈泳超先生曾带领自己的研究生到永州考察,他的学生发表《永州舜文化田野调查札记》说:"我们在山西调查尧舜传说,关于舜的臣子的遗迹,我们曾到过皋陶庙,也在方志中见到关于稷益庙的记载;而永州地区若干处夔龙庙则是我们在山西、山东所未闻的。按照合理主义的传说逻辑,这当是由于舜带夔、龙二人以礼乐教化南方之故,其他大臣并未跟来。"[1]就舜帝"在位"时身边大臣的地位而言,皋陶、稷、益的地位自然远胜夔、龙,所以山西有皋陶庙、稷益庙而不会有夔龙庙,永州的情况则恰好相反,这种现象只能说是舜帝"德服三苗"古老传统的遗存。

其次,从深远的历史意义说,这是民族融合的一次伟大历程。舜帝将北方的《韶乐》和南方的《南风歌》结合在一起,这应该是大有深意的:这是南北音乐的融合,更是南北民族的融合。

考古资料证明,中国南方长江流域早期国家的形成,决不晚于北方的黄河流域。这一结论可以近年来所公布的两大考古发现为依据:一是张家港市金港镇东山村崧泽文化早中期大墓的发现,其年代跨度约为距今5800—5300年,其墓葬区不仅把富裕权势氏族与平民氏族隔离开来,而且随葬品中有象征军权、王权的大石钺,这说明当时的社会"已经存

---

[1] 王尧. 永州舜文化田野调查札记. 湖南科技学院学报,2009(11).

在明显的社会分化,初级王权已经产生,社会已进入苏秉琦先生所称的'古国'阶段"①;二是常德市澧县城头山古城遗址的发现,其年代跨度约为距今6800—4000年,经历了汤家岗文化(6800—6300年)、大溪文化(6410—5310年)、屈家岭文化(4560—4250年)、石家和文化(4600—4000年)等四个文化时期,而最有代表性的是大溪文化时期。该遗址不仅发现了王宫、神殿、祭坛的遗迹,其墓葬随葬品差距也非常大,少的只有1—2件,多的达100余件,个别的还有杀童殉葬现象;特别是城内发现了10余座陶窑,城外发现了6000多年前的水稻田,城门口还有船埠码头,似乎是农、工、商既分工明确又结合紧密,再加上高大的城墙,宽阔的护城河,俨然"一座威武雄壮、气势非凡的古代王城"②。2010年的上海世博会,将城头山遗址的模型摆放在中国馆的入口处,称之为"世界第一城",也有人认为这是中国最早出现的古国。陈仲庚先生据此认为:"这两大发现还证明了另外两个历史事实:一是长江中下游地区早期国家的形成较其他地区要早;二是历史文献中所记载的五帝时代作为古代国家的存在应该不纯是传说,而是有其真实的历史依据的。"③

经过漫长的战与和,黄河与长江的远古民族逐渐结合为三大部族:华夏族、东夷族和南蛮族。晁福林认为:"部落联盟领导权的禅让制是古代早期国家构建的重要标识。关于尧、舜、禹之间的领导权的传递,《尚书》所载言之凿凿,无可置疑。"④既然国家的权力禅让只在尧、舜、禹之间传递,

---

① 李伯谦.崧泽文化大型墓葬的启示.新华文摘,2011(7).
② 张晓莲.中国最早的古城遗址城头山.新湘评论,2010(11).
③ 陈仲庚.舜教"五典"与"宗法制"国家体制的形成.求索,2011(7).
④ 晁福林.关于中国早期国家形成的一个理论思考.中国历史研究,2010(6).

按照顾颉刚的说法只是"东西民族混合的结果",这就意味着南方蛮夷族并没有"结合"进去,南蛮族的权利并没有在国家的权力中得到体现。而且南蛮族既有山川之险,又有众多族支,"九黎""三苗"之称就是族支众多的表现。在他们的权利没有结合进国家而又要让他们服从于国家的权力,并让他们心服口服地与北方的两大民族融合为一体,这确实是武力很难解决的问题。正因为如此,所以舜帝南巡一路宣讲着道德教化,同时伴随着音乐熏陶,并以自己的身体力行率先垂范,最终"勤民事而野死",还将自己的圣体也留在了江南九疑,再加上二妃的泪洒斑竹、殉情潇湘,他们的事迹使南方的九黎、三苗大为感动,最终心悦诚服地接受了来自北方的王权,三大部族终于"混合"为一体。可以说,如果没有舜帝的南巡,中华民族的大融合、中国大一统国家的形成,都是很难想象的。

再者,从《韶乐》的"乐教"效果来说,同样具有深远的历史意义。

"乐教"效果的直接体现是"德服"——化干戈为玉帛。舜帝南巡本是为了"德服三苗",他随身带着典乐之官夔,一路南巡一路演奏韶乐,正是为德化南国服务的。传说舜帝南巡到湖南湘乡一带,突然被手执武器的苗民包围,危急之下,虞舜命人奏起韶乐,苗民便自动放下武器而跳起舞来,一场战争于是被化解。

"乐教"效果更深层次的体现是"和谐"——从人格和谐到社会和谐。孔子认为人格培养有一个过程:"兴于诗,立于礼,成于乐。"即人格培养的最终完成是在于"乐"。"乐"在文化价值上主要是取其"和"。"和"是一种美,是一种最高的人生境界,更是一种"大德"。汉代陆贾的《新语·无为篇》说:"君子尚宽舒以苞身,行中和以统远。民畏其威而从其化,怀其德而归其境……渐渍于道德,被服于中和之所致也。"这是就个人的感召力而言,"中和"的道德力量显然是至高无上的;而就整个社会的作用而言，其作用则更大："致中和，天地位焉，万物育焉。"可见，"和"是至大至高的"德"，亦是最完美的人格，而这种完美人格又是通过"乐教"来培养的。由此可见，"乐教"在人格培养中发挥着决定性的作用。正因为有了人格的和谐，所以才有社会的和谐、天下的和谐。

四、舜帝南巡的精神遗产

舜帝南巡之时，身份上已经退位，年龄上已是耄耋之年，但他仍然不辞劳苦不避艰险毅然南巡，一心只为国家的一统、民族的融合、百姓的安宁，这种作为和精神，给后人留下了一笔丰富而宝贵的精神财富，直到今天，仍然值得我们好好学习和借鉴。

（一）"德服三苗"的德治理念

作为上古时代的舜帝，是中华文明最为关键的奠基人，崔述的《唐虞考信录》说："然则尧舜者，道统之祖，治法之祖，而亦即文章之祖也。"古人将尧、舜视为圣王，而且往往是尧舜并称，在道德与政治的结合中，尧帝的德行或许不在舜帝之下，但他的实践之功却难与舜帝比肩，所谓尧不能为而舜能为之，尧未能成而舜能成之。舜帝南巡，"德服三苗"，实现了华夏、东夷、南蛮三大部族大融合，奠定了中华民族的大一统，这一千秋伟业是尧帝所不可比拟的。可以说，正是舜帝的德行和"德服三苗"的政治实践，才奠定了中国文化将伦理道德与政治相结合的本质特征，此后的中国文化一直沿着"伦理政治"的主流路径走下去，几千年基本保持不变。也正是因为有了这样的伟业，使舜帝成为中华文明当之无愧的"人文先祖"。

（二）"勤民野死"的担当精神

《汉书·刘向传》曰："舜勤民事而野死。"《三国志·蜀书》亦曰："昔舜勤民事，崩于苍梧。"舜帝以退位之身、耄耋之年为国家的一统、民族的融合、百姓的安宁而不辞劳苦不避艰险毅然南巡，最后"野死"苍梧，舜帝的这种德治理念和勇于担当的精神，对华夏文明的形成与发展产生了极大的影响。可以说，没有舜文化，就无法在朝代更替和外族入侵中保持强大的国家凝聚力和民族亲和力，就无法使中华民族生生不息，薪火相传；没有舜帝道德文化的润泽，就不可能培养出强烈的民族凝聚力和社会责任感。舜文化，对于尊祖爱国、传承华夏文明和促进祖国统一，实现中华民族的伟大复兴具有重要的历史和现实意义。

（三）"尽善尽美"的人生境界

舜帝凭借着自己对道德和音乐的把握及其人生实践，使自己的人生达到了既"尽善"又"尽美"的境界。他所提倡的"乐教"，用今天的术语来说就是"美育"，以"乐教"作为人格培养的手段，也正是今天的审美教育所应该继承的传统。马克思在《1844年经济学哲学手稿》中曾指出："人的类特性恰恰就是自由的自觉的活动"，而这种"自由自觉"的体现是"人也按照美的规律来建造"，这也就是人与动物的根本区别。从根本上讲，人的生存也就是一种审美生存，"人的自由全面发展"也就是在审美状态下全面发展。现代意义上的审美教育，就是充分运用审美的巨大感染力来陶冶人的心灵，启迪人的智慧，愉悦人的身心，塑造完美的人格，从而促进人的全面发展。因此，"人也按照美的规律来建造"，既是指"按照美的规律来建造"世界，也是指"按照美的规律来建造"人自身；而人自身"美的规律"反过来也必须体现在"人的类特性"亦即"自由自觉"活动上，其具体表征就是"随心所欲而不逾矩"，这就是孔子"行年七十"之后所达到的最高人生境界，这也是一种"尽善尽美"的人生境界，是现代"美育"所追求的理想目标。

千古九疑颂：从"峻极于天"到"红霞万朵"

⊙ 陈仲庚[①]

九嶷山，一作九疑山，又名苍梧山。关于"九疑山"之名的由来，晋郭璞《水经注·湘水注》云："九疑山盘基苍梧之野，峰秀数郡之间，罗岩九举，各导一溪，岫壑负阻，异岭同势，游者疑焉，故曰九疑山。"南朝梁任昉《述异记》云："九山相似，行者望而疑之，因名九疑山。"九疑山有广义与狭义之分。广义上的九疑山，是指南方五岭山脉萌渚岭的北段，包括今蓝山大部，宁远、道县、江华三县各一部，总面积 2000 多平方千米。狭义上的九疑山，仅指以舜源峰为中心的九座山峰一带，即宁远县境内部分，面积 400 多平方千米。但不管是广义或狭义，"九疑山"都不是一座"孤岭"或"孤峰"，亦即九疑山是一个大地名，是众多"山岭"或"山峰"的统称，仅海拔 1000 米以上的高峰，就有 90 余座。同时，九疑山又是一个神圣的专用名字，它不仅是一座自然之山，还是一座文化之山，更是一座圣山，是中华民族心灵向往之地，精神朝圣之地。历朝历代的帝王将相、文人墨客来此朝拜，曾留下诸多名篇佳作。

一、蔡邕的基调："岩岩九疑，峻极于天"

九疑山就自然风光而言，有两大特色景观是别处所没有的：一是"异

[①] 陈仲庚为湖南科技学院教授，湖南省舜文化研究会会长。

岭同势"——形成"万山朝九疑"的景观;二是"三峰并峙如玉笋"——形成"峻极于天"的景观。

◎九疑奇观之一——万山朝九疑

◎九疑奇观之二——三峰并峙,峻极于天

"万山朝九疑"是一种特殊的地质现象。据地质学专家分析,九疑山一带在远古时代是一片大海,后来随着海平面的抬升,周围地层缓缓发生倾斜,最终形成九疑山周边的群山中有许多山头都面向九疑山舜源峰倾首,从而构成"万山朝九疑"的旖旎风光。

"三峰并峙如玉笋",则是指九疑山深处的"三峰石"。"三峰石"又名"三分石",坐落在九疑山舜帝庙南边20公里的山间,特立独耸在高高的山巅上,海拔高度1822米,是九疑山第二主峰。传说舜帝南巡崩葬于此,故而又叫"舜公石"。明万历《九疑山志》载:"三峰并峙如玉笋……峰上有冢,以铜为碑,字迹泯灭不可认,疑为舜冢。"清王万澍《衡湘稽古》载:"夏后及群臣葬虞帝于何(侯)之九疑山……玉琯岩……前有舜帝祠,传说谓葬舜帝时,夏后与诸侯之所宿也。三峰(分)石深处有冢,有铜碑额,字不可识,传为舜冢。"

作为自然景观的"三峰石",其海拔高度很容易超越;但作为舜帝崩葬之地的"舜公石",其人文高度则是很难逾越的。所以,蔡邕的《九疑山铭》一开篇就点出了它的不可逾越性:

> 岩岩九疑,峻极于天。
> 触石肤合,兴播建云。
> 时风嘉雨,浸润下民。
> 芒芒南土,实赖厥勋。
> 逮于虞舜,圣德光明。
> 克谐顽傲,以孝蒸蒸。
> 师锡帝世,尧而授征。
> 受终文祖,璇玑是承。
> 太阶以平,人以有终。
> 遂葬九疑,解体而升。
> 登此崔嵬,托灵神仙。

(选自《古文苑》卷十八)

蔡邕在此铭中,既歌颂了九疑山"时风嘉雨,浸润下民"的自然之功,也歌颂了虞舜"圣德光明""太阶以平"的千秋伟业,还表达了自己"登此崔嵬,托灵神仙"的人生理想。东汉灵帝时,蔡邕因上书议论朝政获罪,被流放到朔方。遇赦后,由于害怕宦官陷害,亡命江湖十余年。流亡荆楚期间,蔡邕曾在当时的零陵郡活动了很长一段时间,并留下了大量活动遗迹,有些遗迹至今尚存。如他在营浦县(今道县)活动时,曾于含晖岩题刻"水天一色"四字,在当时冯乘县(今江华瑶族自治县)题写"秦岩"二字。蔡邕非常崇拜舜帝,他希望天下太平,百姓安康;更希望帝王能够像舜帝那样从谏如流,把国家治理好。南宋淳祐六年(1246年),道州知州李袭之修葺舜庙,并嘱咐濂溪书院掌管御书的教官李挺祖,补书蔡邕《九疑山铭》,刻在玉琯岩石壁上面,流传至今。从现有的文献资料看,这是最早的直接以九疑山为题材的文学作品,也是湖南文苑中最早的一篇铭文。尤为重要的是,此铭为后世文人朝拜九疑山确立了一个基调:将九疑山与舜帝精神及社会理想或人生理想三者合一,从而形成连绵不绝的九疑颂歌。

二、名家的赓续:"九疑联绵""仰瞻无穷"

蔡邕之后的魏晋南北朝时期,到过九疑山并留下诗章的代表性人物是庾阐。庾阐(生卒年不详)是颍川鄢陵(今河南鄢陵北)人,东晋时期文学家。庾阐出生于武将世家,但他好学能文,九岁时便能写文章,其诗生动有致,先于谢灵运山水诗,为山水诗的先驱。范文澜在《文心雕龙·明诗注》中认为:"写山水之诗,起自东晋初庾阐诸人"。据《晋书·庾阐传》载,他于晋成帝咸康五年(339年)"出补零陵郡太守,入湘川,吊贾谊"。任零陵太守期间,曾留下一首《九疑采药》:

采药灵山嶰,结驾登九疑。

悬岩漏石髓,芳谷挺丹芝。

　　　　泠泠云珠落，璀璀玉蜜滋。

　　　　鲜景染冰颜，妙气翼冥期。

　　　　霞光焕萧靡，红景照参差。

　　　　椿寿自有极，槿花何用疑。

　　　　　　　　（选自清吴玉山重编《九疑山志》卷四）

　　东晋名士以吃药、饮酒、谈玄为能事，此诗亦可见出当时文人风气之一斑；作为太守的庾阐，特意驾车到九疑山采药，而且尤为看重的是能够延年益寿的"丹芝"，足见当时士大夫群体中吃药风气之盛。但此诗所描写的九疑山景色清新别致，确实有山水诗的韵味。此诗没有提及舜帝，但庾阐很有可能是祭拜过舜帝陵庙之后再去采药的，因为他还留下了《虞舜像赞》和《二妃像赞》两诗。特别是《虞舜像赞》，一开篇便赞颂舜帝："玄像焜耀，万物含灵。飞龙在天，阳德光明。"亦即舜帝的光辉像太阳一样普照万物，并赋予万物以灵性。因此，写九疑，颂舜帝，仍然是庾阐诗作的主题。

　　唐代是中国诗歌的鼎盛时代，歌颂九疑山和舜帝的诗歌也有很多，永州本地人李郃所写的《咏舜庙古杉》别具一格：

　　　　总负亿年质，高临千仞峰。

　　　　贞心欺晚桂，劲节掩寒松。

　　　　任彼风飘折，挺然霜雪冲。

　　　　茎凌霄汉表，根蟠龙窟中。

　　　　仙客频栖舞，良工何渺逢！

　　　　枝头连理翠，拥护圣神宫。

　　　　　　　　（选自《康熙九年永州府志》卷二十二）

　　李郃是道州延唐（今永州宁远县湾井镇下灌村）人，他在自己的诗作《贺州思九疑作》中说："我世家九疑，山在宅之阳。"说明他的家离九疑山舜帝陵庙很近，而且是时常去的地方。此诗对舜帝陵庙的建筑只字不提，而只写庙中的一棵古杉树，这本是九疑山中很常见的一种树，但这棵树却与众不同，它年代久远、高大劲节，全力护卫着"神宫"——舜庙。诗人的古杉其实是一种象征，古杉的气质和精神，正是舜帝的化身；同时，古杉的"亿年质"也意味着古庙的"亿年质"，说明九疑山舜帝陵庙的久远。

有宋一代，政治中心和文化中心南移，来永州或路过永州以及永州本地的诗人更多，咏颂舜帝的诗作也更多，这里选几首有代表性的。司马光《虞帝》：

> 虞帝老倦勤，荐禹为天子。
> 岂有复南巡，迢迢渡湘水。
> 至德远无象，异论纷纷起。
> 意疑大圣人，奸憸亦如己。
> 乃知中下士，何由逃谤毁。

（选自《传家集》卷三）

在北宋的政坛上，司马光与王安石，一人主张变革新法，一人提倡借鉴旧法，两人各不相让，争斗不息，给北宋政坛带来不小的动荡。司马光提倡借鉴旧法，因而花费了毕生精力编撰《资治通鉴》；也因为循旧，所以对舜帝很推崇。此诗认为舜帝是"大圣人""至德远无象"，但舜帝的行为同样受到一些奸险小人的"异论"，而"中下之士"就更难逃别人的"毁谤"了。这首诗对舜帝"禅让""南巡"之事也是一种借鉴，但除"资治通鉴"的意义之外，更值得注意的是人生经验的借鉴。

在司马光与王安石两股政治势力的争斗中，受牵累最大的是苏轼。

按说苏轼应该属于司马光势力中人，因为司马光跟苏轼父亲苏洵的关系很好，又同为苏轼、苏辙制科考试的主考官，有师生之情。所以当王安石为相推行新法时，苏轼与司马光站在同一立场反对变法，于是被王安石贬出京城。王安石变法失败，司马光为相，全部废除新法，苏轼表示反对，认为新法中的有用部分还是应该保留。司马光很恼火，把他贬得更远。后来不管哪一派上台，都拿他撒气，于是他被一贬再贬，最远贬到了海南岛的儋州。苏轼是中国历史上被贬次数最多而又被贬最远的文人。但奇怪的是，他不仅没有怀才不遇的悲愤之感，反而成为豪放派的领军人物。苏轼为什么能做到这样？从这首《谪海南，作诗示子由》中或许能看出端倪：

> 九疑联绵属衡湘，苍梧独在天一方。
> 孤城吹角烟树里，落月未落江苍茫。
> 幽人拊枕坐叹息，我行忽至舜所藏。
> 江边父老能说子，白须红颊如君长。
> 莫嫌琼雷隔云海，圣恩尚许遥相望。
> 平生学道真实意，岂与穷达俱存亡。
> 天其以我为箕子，要使子意留要荒。
> 他年谁与舆地志，海南万里真吾乡。

（选自《东坡全集》卷二十四）

这首诗的原标题很长：《吾谪海南，子由雷州，被命即行，了不相知，至梧乃闻尚在藤也。旦夕将追及，作此诗示之》。这其实说明了此诗的创作缘由，"子由"是苏轼的弟弟苏辙，两兄弟同时被贬，而且是相邻两个边远之地：雷州半岛和海南岛。苏轼一生已被贬多次，这次是从惠州到海南，落差不算太大，心态还算平和。苏辙从京城执掌朝政的"门下侍郎"

贬为"雷州安置"，落差太大，心里难免会愤愤不平，正是出于这种担心，苏轼"作此诗示之"。诗中告诫苏辙："莫嫌琼雷隔云海，圣恩尚许遥相望"。虽然琼州（海南）与雷州天偏地远，但能够让我们兄弟隔海遥望，这也算是"圣恩"了；更重要的是"平生学道真实意，岂与穷达俱存亡"，一生只要是真心求"道"，穷达与否就不能放在心上。这个"道"是什么呢？班固在《汉书·艺文志》中论述儒家的特点说，儒家"祖述尧舜，宪章文武，宗师仲尼，以重其言，于道为最高"。这个最高之"道"，就是孔子所说的尧、舜、禹、周公之道，也是韩愈所说的尧、舜、禹、汤、文、武、周公、孔、孟之道。此诗从"九疑"写到"舜所藏"，虽然没有从正面直接赞颂舜帝，但"江边父老能说子（舜帝）"，说明了舜帝的影响力；同时，舜帝之"道"，特别是舜帝南巡"崩葬苍梧"，以身殉"道"的精神，无疑给了苏轼以启发，才使他有了"海南万里真吾乡"的心理准备；而且，只要能真正定下心来，日久"他乡"也可以成为"故乡"。

南宋诗人中，湖湘学派的创始人之一胡宏，其诗《谒虞帝祠》给了舜帝最高评价：

> 有姚心妙赞乾坤，尧禹兴亡赖两存。
> 蒲坂旧都西望远，苍梧陈迹事难论。
> 九官效职群英聚，二女宜家圣德尊。
> 万代君王模范表，吁嗟一庙破荒村。

（选自《五峰集》卷一）

在胡宏看来，尧、舜、禹三代圣帝，起核心作用的是舜帝，尧和禹两代，都是有赖舜帝的支撑才兴盛的。诗人最后发出感叹，似这样万代君王的模范表率，一座破庙湮没在荒村之中，确实可嗟可叹！

元代的历史不长，文学创作除杂剧外，其他体裁都不兴盛，但咏赞舜帝的诗作却很多，这里选张养浩的《过舜祠》为代表，看看其不同于常人的新角度：

> 太古淳风叫不还，荒祠每过为愁颜。
> 苍生有感歌谣外，黄屋无心揖让间。
> 一井尚存当日水，九疑空忆旧时山。
> 能令子孝师千古，瞽叟元来并不顽。

（选自《归田类稿》卷十九）

从《尚书·尧典》开始，描述舜帝所处的家庭环境是"父顽、母嚚、象傲"，而虞舜却能做到"克谐以孝，烝烝乂"。正因为虞舜所处的家庭环境不同于常人，所以虞舜之孝所做的努力才异于常人，因而才成就了舜帝作为千古圣人的名声——历朝历代的文献记载都对此深信不疑。但张养浩却认为，能够培养出一个成为千古师范的孝子来，作为父亲的瞽叟就绝不是"顽愚"的。这确实是一种新思路。

明代咏赞舜帝的诗比元代更多，但内容大同小异，这里选两首有新意的。孙承恩《古像赞·帝舜》：

> 大孝格天，玄德配帝。精一执中，圣学攸始。
> 焕乎文章，巍巍成功。千万世下，仰瞻无穷。

（选自《文简集》卷四十一）

将舜帝的大孝、大德和"精一执中"的治国理念都归之于"圣学"，从"文章"的角度来赞颂舜帝的"巍巍成功"，以至于受到千秋万代的瞻仰，看问题的角度有一定的新意。这里的"文章"当然不是指具体文章，而是"文明彰显"，舜帝是因为奠定了中华文明的"圣学"之始，才受到后人瞻仰的。

明代的王夫之创作了一个系列作品《潇湘十景词》，对"潇湘十景"进行了介绍和描述，这里选其中之一《蝶恋花·舜岭云峰》：

九疑参差无定影。泪竹阴森，回合清溪冷。一片绿烟天际迥，迷离千里寒宵暝。

　　香雨飞来添碧凝。认是当年，望断苍梧恨。东下黄陵知远近，西崦落日回波映。

（选自今编《九疑山志》第十一章《艺文》）

　　此诗名为写景，实为写情，主要是为二妃鸣不平。山无定影，溪水清冷，竹林阴森，烟雾迷离——这幅孤寂冷漠的景象，皆因"当年"二妃"望断苍梧恨"所致。正因为有了情感的点染，景色便显得分外灵动。《潇湘十景词》有四景在永州，其他三景分别是东安的"香塘渌水"、零陵的"朝阳旭影"、祁阳的"浯溪苍壁"，都是有山有水，亦真亦幻，景色灵动，情感细腻，引人入胜。

　　有清一代，朝廷对舜帝尤为重视，由皇帝派官员来九疑山舜帝陵祭祀共有44次，其中乾隆朝就有12次。乾隆皇帝还亲自题写了《谒舜庙》：

　　　　孝称千古独，德并有唐双。
　　　　历下仪刑近，城中庙貌庞。
　　　　春风馀故井，云气护虚窗。
　　　　缅继百王后，钦瞻心早降。

（选自《御制诗二集》卷三）

　　乾隆认为虞舜之"孝"是千古所独有，无人能比；舜帝之"德"则与尧帝比肩成"双"。这样的评价切中肯綮，因为尧舜之道虽是尧舜齐名，但舜帝的贡献确实更大一些。

　　由于皇帝派官员来祭祀，一些官员把祭祀舜帝之事记下来，于是就留下了诸多"恭祀"诗，这里选取钟人文的《恭祀虞陵》以见一斑：

　　　　苍梧崩葬自何年，振古如兹荐豆笾。

山立千官朝寝殿，松流万古杂宫县。

芳苹洁藻春秋候，荆舞蛮歌陟降前。

将事微臣深庆幸，至今犹得仰中天。

（选自清嘉庆《九疑山志》卷四）

诗的内容无特别之处，无非描写舜帝陵庙周边的景象，并表达自己的庆幸，得有机会祭拜仍然如日中天的舜帝。诗中"山立千官朝寝殿"的比喻倒是很有新意，既隐含了"万山朝九疑"的景色特点，把"山"拟人化为"官"，也增添了舜帝陵寝的威严和庄重。

民国的时间不长，而且战火不断，来九疑山祭舜并留下诗作的很少，当然也不是全无，这里选一首本地人的诗作以资存念。萧志仁《辛未与祭虞陵重游九疑山》：

南巡一去不生还，揖让风流宇宙间。

五指望峰齐拜倒，双妃洒泪尚成斑。

梳妆美女鸡声起，歌舞瑶娃鸟道攀。

三十年来重到此，心心相印九疑山。

（选自民国三十一年《宁远县志》卷二十二）

萧志仁是永州宁远人，早年投身辛亥革命，曾是武昌起义总司令黄兴的秘书。辛亥革命失败后又去日本留学，回国后在北京担任教职和从事新闻工作，蒋介石叛变革命后，他对时局不满，愤然辞去一切职务，回到家乡办学。从二十来岁只身去武汉求学，到回到家乡办学，已经过去了近三十年，所以诗中说"三十年来重到此"；尽管大半生都在外漂泊，但家乡的情怀不改，所以仍然是"心心相印九疑山"。此诗除了写舜帝、二妃和自己的家乡情怀，还写到了当地人民的勤劳、勇敢和爱美的生活："梳妆美女鸡声起,歌舞瑶娃鸟道攀"。"闻鸡起舞"是中国男人勤奋的象征，这里的美女"闻鸡梳妆"——早梳妆早干活，勤劳又爱美。男人能歌善舞，"鸟道"也敢登攀。关注当地百姓的日常生活，这是以前赞颂舜帝的诗所没有的。

赞颂九疑和舜帝的诗歌，不仅中国文人代不乏人，越南使者出使北京路过永州，也留下了诸多篇什，这里选一首有代表性的。越南·阮朝时代的使者丁翔甫所作的《九疑怀古》：

南巡此地古传闻，访古徘徊对夕曛。

斑竹至今悲帝子，苍梧何处盖都君。

愁云不辨疑山色，往迹难征信史文。

唯有帝功长在望，起人馀韵长南薰。

（选自《越南汉文燕行文献集成》第十册《北行偶笔》）

虽然是越南人，但对舜帝事迹及相关文献的熟悉程度，丝毫不亚于中国文人，最后两句说舜帝的功绩长在，《南风歌》的余韵长存，对舜帝流传下来的精神实质，确实有很深的感悟和思考。

三、伟人的新景："九疑白云""红霞万朵"

历代名家颂九疑、赞舜帝，都是被舜帝治理下的太平盛世所吸引——这就是流行数千年的中国梦！但终究只是一个"梦"，未能成为现实。到了20世纪的当代，在一代伟人毛泽东的笔下则描绘了一幅理想与现实相结合的新景象。且看他的《七律·答友人》：

九疑山上白云飞，帝子乘风下翠微。

斑竹一枝千滴泪，红霞万朵百重衣。

洞庭波涌连天雪，长岛人歌动地诗。

我欲因之梦寥廓，芙蓉国里尽朝晖。

首先，这是一首"赠答诗"，所答的"友人"是谁呢？通常的说法是指乐天宇、李达、周世钊三人。乐天宇的家乡在湖南的九疑山下，故毛泽东称他为"九疑山人"。20世纪60年代初，乐天宇带领一个科研小组到九疑山考察斑竹、香杉等情况，后与李达、周世钊聚会，他们决定送几件九疑山的纪念品给毛泽东，其中有斑竹、斑竹管毛笔等。乐天宇还署名"九疑山人"写了一首七言诗《九疑山颂》"赠呈毛泽东主席案右"。毛泽东收到老朋友们的礼物，分外高兴，欣然提笔写了这首诗相答。此诗从九疑之景到洞庭之景，浓墨重彩地书写了湖南大地的崭新篇章。

此诗起首二句就幻化出一个仙女下凡的景象：舜帝的两名妃子娥皇与女英驾着白云、乘着清风款款降临苍翠的九疑山。她们为谁而来？既为舜帝而来，也为霞姑而来。第三句写二妃与舜帝的千古爱情，第四句则植入了诗人与杨开慧烈士的爱情，杨开慧小名"霞姑"，而"红霞万朵"是仙女的衣裙，也象征杨开慧的英灵——英烈虽已牺牲，但她已幻化为万千红霞飘荡在祖国万里河山之上。于是，接下来的"洞庭波涌""长岛人歌"乃至于"芙蓉国里尽朝晖"，便都是"无数英雄竞折腰"所换来的宏图伟业。

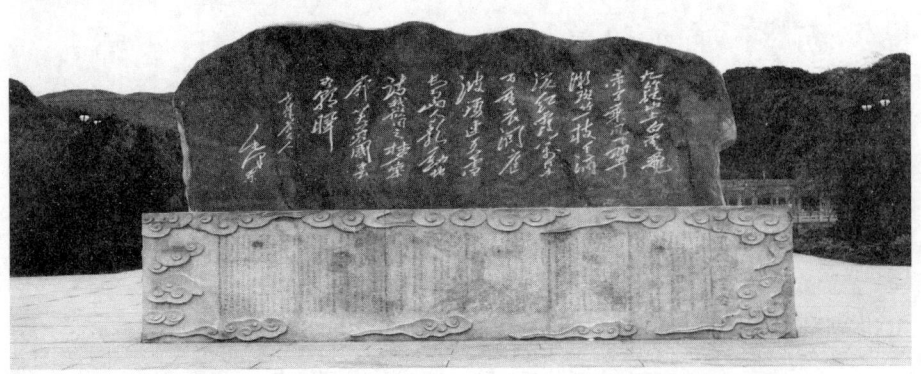

◎宁远九疑山舜帝陵景区毛泽东手迹《七律·答友人》石碑

◎九疑风光——红霞万朵百重衣

作为一首"赠答诗",毛泽东所"答"的,其实是乐天宇的《九疑山颂》,全诗如下:

> 三分石笋楚天极,大气磅礴驱舞龙。
> 南接三千罗浮秀,北压七二衡山雄。
> 西播都庞越城雨,东嘘大庾骑田虹。
> 我来瞻仰钦虞德,五风十雨惠无穷。
> 力求山河添锦绣,访松问柏谒石枞。
> 瑶汉同胞殷古谊,长林共护紫霞红。
> 于兹风雨更调顺,大好景光盛世同。

乐天宇是农业专家,曾跟随伟人毛泽东转战南北。"陕北的好江南"南泥湾,就是乐天宇发现的。这里原本叫"烂泥洼",是乐天宇发现了其可供耕种的价值,从而才有了轰轰烈烈的大生产运动,成就了一个"南泥湾"和"南泥湾精神"。但乐天宇为人很低调,从不让人宣传他,因而很少有人知道他。据说,《答友人》一开始的诗题是《答乐天宇》,这也很符合"赠答诗"的习惯,因为先有乐天宇的"赠诗",才有毛泽东的"答诗"。但乐天宇在毛泽东秘书田家英那里看到诗题后,希望不要出现自己的名字。当时大文豪郭沫若正在编注毛泽东诗词,就按照他的意愿,把诗题改成了《答友人》。乐天宇的《九疑山颂》,也可看作是这类诗歌的一个总结,诗人极尽笔力,既写出了九疑山的雄伟壮观,也写出了舜帝之德的"恩惠无穷",更是写出了民族和睦、共同努力添锦绣的"大好景光"——将九疑之景、舜帝精神与社会理想三结合,并将社会理想引向现实,乐天宇此诗主要是继承传统并有所创新,可代表这类诗歌在新时代的一个创作方向或特色。

乐天宇的"赠诗"以继承传统写"旧景"为主,伟人毛泽东的"答诗"以刷新内容写"新景"为尚,二者的结合就是"千古九疑颂"的最完整、完美之作,也是一座新的创作高峰!

九疑山高"峻极于天",九疑联绵"仰瞻无穷",九疑"红霞"照遍中华——这座圣山,是中国文化的根脉所系,也是推动太平盛世的理想图景得以实现的动力之源!数千年历史和文化所凝聚而成的圣山,不仅屹立于宁远县境内,更屹立于国人的心灵。有人或许想搬动九疑山之名,但搬不动数千年厚重的历史和九疑朝圣的文化!

万山朝九疑

◎吉成名[①]

举世闻名的九疑山有一道奇特的自然地理景观——万山朝九疑。凡是到过九疑山的人，无不对这一壮丽的自然地理景观啧啧称赞，由衷地感叹大自然的鬼斧神工。4000多年前，圣君虞舜埋葬于此。从此以后，人们经常在此举行祭祀活动，参加祭祀的人往往成千上万，九疑山又有了万民拜圣君的人文地理景观，为中国祭祀文化写下了浓墨重彩的辉煌篇章。

一、万山朝九疑

湘南地区多丘陵、山地，九疑山所在的宁远县也不例外。九疑山以北，分布着数以百计的山丘，有些山丘的山头向九疑山微微倾斜，颇有一些朝拜九疑山的味道。"万山朝九疑"一说便是由此而来。当然，这里面免不了也有一些夸张、附会的成分。不过，大自然里能有这样一道风景，已经非常不容易了，极为罕见。乘车从宁远县城出发，驶向九疑山深处，公路两边便是排列成行的山丘，就像接受检阅的仪仗队一样。这样壮观的场面，使前往九疑山祭祀虞舜的人们，怀着一种更加虔诚的心情。

[①] 吉成名系湘潭大学碧泉书院教授、博士生导师，湖南省舜文化研究会副会长，湖南省神农炎帝研究会副会长。

九疑山有时写作"九嶷山"。该山位于湖南省永州市宁远县南部，距宁远县城30公里，属于五岭山脉萌诸岭的一部分。这里峰峦叠嶂，深邃幽奇，大多由砂页岩、花岗岩、变质岩组成。九疑山以古老的传说、独特的风光、奇异的溶洞闻名于世，令人神往。《水经注》卷38《湘水》曰："营水出营阳泠道县南山，西流经九疑山下，蟠基苍梧之野，峰秀数郡之间。罗岩九举，各导一溪。岫壑负阻，异岭同势，游者疑焉，故曰'九疑山'。大舜窆其阳，商均葬其阴。山南有舜庙，前有石碑，文字缺落，不可复识。……山之东北泠道县界，又有舜庙，县南有舜碑，碑是零陵太守徐俭立。"① 泠道县系秦朝设置，其治所位于今湖南省宁远县胡家村，管辖地区包括今湖南省宁远、新田二县和蓝山县西北地区。据此可知，"九疑山"这个山名是宁远县南部诸山的总称。在中国古代，"九"这个数字有"多"的意思，不一定是实数。九疑山并非只有九座山峰，海拔千米以上的山峰就有90多座。因此，"九疑山"这个山名本意是指这里的山峰形状很相似，难以分辨。不过，为了便于人们接受这个山名，古人还确实在今宁远县九疑山乡找出了九座山峰，并且给它们一一命名。这九座山峰是：舜源峰、娥皇峰、女英峰、桂林峰、杞林峰、石城峰、石楼峰、朱明峰、箫韶峰。② 显然，这九个山峰的命名与虞舜有很大的关系，很可能都是人们在虞舜埋葬于九疑山以后才取下的名字。为什么这样说呢？因为4000多年前，九疑山地区居民是南蛮，属于百越，可能是今瑶族的祖先。在虞舜去世以前，他们不可能用中原地区的人名、乐名等给这些山峰命名。

---

① （北魏）郦道元撰，陈桥驿校证.水经注校证.中华书局，2013：849—850.

② （唐）李泰《括地志》最早记载九峰为：朱明、石城、石楼、娥皇、舜源、女英、箫韶、桂林、杞林。后来某些山峰有过短暂异名。

在这些山峰名中，至少有四个山峰名与虞舜直接相关。舜源峰就不必说了，与虞舜直接相关，这是显而易见的。娥皇峰和女英峰分别是用虞舜的两个妃子的名字命名的。箫韶峰是用虞舜时期一种音乐的名字命名的。《尚书·益稷》曰："《箫韶》九成，凤皇来仪。"① 显然，这些山峰名都是为了纪念虞舜而命名的。在这九座山峰中，舜源峰最高，海拔610米，且处于中间，其他八个山峰分侍前后和两侧，就像众星拱月一般。上述九座山峰均处于九疑山的中心地带。通常所说的九疑山就是指这个中心地带。登上舜源峰顶，极目远眺，莽莽群山，绵延起伏，异岭同势，犹如千帆竞发，奔腾而来，确实令人大有"万山朝九疑"之感。

二、舜葬九疑

关于虞舜陵墓的地理位置，先秦文献有不同记载。20世纪初以来，学术界对这个问题进行了深入研究，讨论非常热烈，存在不同的看法。除九疑山以外，还有鸣条、南己等说法。② 其实，这个问题秦汉时期已经有了明确的结论，就是湖南宁远的九疑山。为什么这样说呢？理由如下：其一，司马迁在撰写《史记·五帝本纪》时已经对这个问题进行了深入研究，最终认定虞舜葬于今天湖南省永州市宁远县的九疑山。我们将《史记·五帝本纪》与《尚书·尧典》和《尚书·舜典》进行比较就可以发现，《五帝本纪》有关虞舜事迹的记载基本上来源于《尚书·尧典》和《尚书·舜典》。《尚书·舜典》最后说："舜生三十徵，庸（二）十，在位五十载，陟方乃死。"最后一句大意是：在巡视方国的时候不幸逝世。巡视哪个方国？没有说明。《史

---

① 陈戍国点校.尚书·四书五经.岳麓书社，1991：223.
② 唐之享.虞舜与九疑.岳麓书社，2012：81—99.

记·五帝本纪》曰:"舜生二十以孝闻,年三十尧举之,年五十摄行天子事,年五十八尧崩,年六十一代尧践帝位。践帝位三十九年,南巡狩,崩于苍梧之野。葬于江南九疑,是为零陵。"① 这里所说的"九疑"即位于湖南省宁远县境内的九疑山。这段话不仅与《尚书·舜典》所载吻合,而且把《尚书·舜典》没有说清楚的、虞舜巡视的方国(苍梧)和埋葬的地方(九疑山)说清楚了,还把零陵这个地名的由来说清楚了。据此可知,"零陵"这个地名就是因虞舜陵墓而得名的。这个记载非常翔实,司马迁肯定是下了很大功夫的,他不可能随随便便、轻而易举就得出这样一个结论,因此是可信的。其二,秦汉时期,无论官方还是民间都认定虞舜陵墓所在地为位于湖南宁远的九疑山,并且多次举行正式的祭祀活动。《史记·秦始皇本纪》曰:"(三十七年)十一月,行至云梦,望祀虞舜于九疑山。"② "九疑山"即九嶷山。秦始皇三十七年即公元前210年。这年十一月,秦始皇的巡视队伍来到云梦,他们在这里向葬于九疑山的虞舜举行了望祀(一种祭祀活动)。《汉书》卷6《武帝纪》曰:"(元封)五年冬,行南巡狩,至于盛唐,望祀虞舜于九疑。"韦昭注曰:"(盛唐)在南郡。"③ 元封五年(前106)冬,汉武帝南巡,来到盛唐(今湖北省西南部,具体地点不详),他们在这里向葬于九疑山的虞舜举行了望祀。《汉书·王莽传》曰:"(始建国元年)遣骑都尉嚣等分治黄帝园位于上都桥畤,虞帝于零陵九疑,……使者四时致祠。"④ "零陵九疑"即位于今湖南省宁远县的九疑山。可见,从秦始皇、汉武帝到王莽,秦汉时期中央政府举行的祭祀活动都将位于今湖南省宁远县的九疑山作为虞舜唯一

---

① (汉)司马迁.史记(卷1):五帝本纪.中华书局,1959:44.
② (汉)司马迁.史记(卷6):秦始皇本纪.中华书局,1959:260.
③ (汉)班固.汉书(卷6):武帝纪.中华书局,1962:196.
④ (汉)班固.汉书(卷99):王莽传.中华书局,1962:4107.

的陵寝之地。东汉零陵太守徐俭在这里立了"帝舜有虞氏之陵"墓碑,至今犹存。汉灵帝时期,著名文学家、书法家蔡邕流亡荆楚地区,到过九疑山,撰写了《九疑山铭》,曰:"岩岩九疑,峻极于天。……逮于虞舜,圣德光明。克谐顽傲,以孝烝烝。……遂葬九疑,解体而升。登此崔嵬,托灵神仙。"①可见,蔡邕也认定九疑山就是虞舜的陵寝之地。以后历代都把九疑山作为虞舜的陵寝之地,政府经常派遣官员前往祭祀,民间的祭祀活动从未停止。考古材料也充分说明了这一点。1973年12月,长沙马王堆3号汉墓出土了三幅帛书地图,其中一幅是《长沙国南部地形图》(绘制时间在公元前168年以前),该图所绘地域包括今湖南永州等地。其中,九疑山南绘有九根柱状物,柱状物之间有表示房屋的符号∧,旁边注有"帝舜"二字。谭其骧认为:"这座建筑物当即舜庙,九条柱状物当系舜庙前的九块石碑。将著名建筑物夸大地画在地图上,这是古今地图惯用的手法,并不足怪。"②他的观点得到了学术界的一致认同。近年九疑山地区有很多重要考古发现,玉琯岩舜庙遗址尤其值得我们重视。何强说:"玉琯岩古舜帝陵庙遗址的考古发掘证实,早在2000多年前,'舜葬九疑'的传说就已为人们普遍接受,并且在九疑山修建了舜庙加以祭祀。司马迁《史记》中的记载和马王堆出土地图上的绘记都是对当时实际情况的真实记载。"③从目前的研究情况来看,秦汉时期做出的这个结论难以动摇,其他说法难以成立。

虞舜究竟埋葬于九疑山哪个地点?古代文献有不同记载,民间也

---

① (汉)蔡邕.虞舜大典(古文献):蔡中郎集(卷6).岳麓书社,2009:1542.

② 谭其骧.长水集(下):二千一百多年前的一幅地图.人民出版社,2011:253.

③ 何强.印证"舜葬九疑"的考古发掘.光明日报,2005-08-17.

有不同说法，如三分石（又称"三峰石"）、香炉石、舜源峰、女英峰等。这些说法都是推测之词，无法证实。具体埋葬地点目前无法考证，很可能成为不解之谜。《礼记·檀弓上》引孔子语曰："吾闻之，古也墓而不坟。"郑玄注曰："墓，谓兆域，今之封茔也。古，谓殷时也。土之高者曰坟。"① 尚秉和《历代社会风俗事物考·坟墓》曰："自殷以前，不封不树。"又曰："自殷以前，葬皆不起坟。"② 这就是说，商代以前的坟墓既没有坟头，也不在墓前植树，更不用说修建墓碑了。这就没有办法寻找和辨认虞舜的坟墓了。不过，这个问题并非特别重要，并不是非解决不可，因为虞舜葬地的大致范围已经明确，就是九疑山，人们只要在九疑山修建舜帝陵庙就可以了。实际情况也是如此。先秦时期，人们在舜源峰南麓大阳溪修建了舜帝庙。秦汉时期，地方政府在舜源峰南麓玉琯岩修建了舜帝庙，立了墓碑。明朝初年，考虑到交通方面的因素，为了避免翻山越岭，地方政府在舜源峰北麓修建了舜帝庙，③ 立了墓碑。显然，自秦汉以来，历代政府都把舜源峰当作虞舜的陵寝之地，而舜源峰正是"万山朝九疑"这一自然地理景观的核心所在。

三、万民拜圣君

虞舜逝世以后，人们把他的遗体埋葬于湖南宁远九疑山，建庙祭祀。

---

① （宋）邢昺.十三经注疏.上海古籍出版社，1997：1275.
② （民国）尚秉和.历代社会风俗事物考.岳麓书社，1991：232.
③ （清）吴绳祖修（嘉庆）《九疑山志》曰："舜庙在大阳溪，盖三代时祭于此，其遗址在白鹤观前，土人呼为大庙。秦汉以来，立庙在玉琯岩前百步。……明洪武四年，遣编修雷燧致祭，乃迁庙于舜源峰下。"乾隆《宁远县志》卷9《祀典志》和《湖南风物志》所载基本相同。

从此以后，九疑山不仅是一处自然胜景，而且是一处人文胜景，举世闻名。前引《史记·五帝本纪》曰："(虞舜)践帝位三十九年，南巡狩，崩于苍梧之野。葬于江南九疑，是为零陵"，这条材料至少给我们透露了两个重要信息：其一，虞舜是在苍梧地区野外考察时逝世的；其二，人们把虞舜埋葬于湖南省宁远县的九疑山。这就是说，虞舜逝世的地点和埋葬的地点是不同的，人们选择埋葬虞舜的地点是经过慎重考虑的。为什么把虞舜埋葬于九疑山呢？很可能考虑到两个方面的因素：其一，就埋葬地点来说，九疑山有"万山朝九疑"的自然胜景；其二，就被埋葬者来说，虞舜是一位万民景仰的圣君。

为什么说虞舜是一位万民景仰的圣君呢？主要有以下理由：

第一，虞舜的品德非常高尚

据《史记·五帝本纪》记载，虞舜对父亲和后母十分孝顺，对同父异母弟弟也十分友爱，即使他们做了非常对不起自己的事情，他也从不计较。"舜父瞽叟盲，而舜母死，瞽叟更娶妻而生象，象傲。瞽叟爱后妻子，常欲杀舜，舜避逃；及有小过，则受罪。顺事父及后母与弟，日以笃谨，匪有解。"[①]他对父亲和后母的孝顺、对弟弟的友爱始终如一，没有因为自己地位的提高而改变。"舜之践帝位，载天子旗，往朝父瞽叟，夔夔唯谨，如子道。封弟象为诸侯。"他对妻子、下属的管教也很有成效。"舜年二十以孝闻。三十而帝尧问可用者，四岳咸荐虞舜，曰可。于是，尧乃以二女妻舜以观其内，使九男与处以观其外。舜居妫、汭，内行弥谨。尧二女不敢以贵骄事舜亲戚，甚有妇道。尧九男皆益笃。"他与下层人民打成一片，赢得了人民的拥护，威望很高。"舜耕历山，历山之人皆让畔；

---

① (汉)司马迁.史记(卷1)：五帝本纪.中华书局，1959：32.

渔雷泽，雷泽上人皆让居；陶河滨，河滨器皆不苦窳。一年而所居成聚，二年成邑，三年成都。"他大公无私，不是把地位传给自己的儿子，而是传给治水有功的夏禹。"舜子商均亦不肖，舜乃豫荐禹于天。"在选择接班人方面，他比唐尧更加无私。唐尧选择的接班人是自己的女婿，而虞舜选择的接班人是没有任何血缘亲属关系的大臣夏禹。

第二，虞舜的政绩非常突出

据《史记·五帝本纪》记载，虞舜在担任最高统治者以前主要做了两项工作：其一，建立各种规章制度。历法制度、祭祀制度、礼仪制度、巡视制度、朝觐制度、奖惩制度、刑罚制度都是虞舜建立起来的，他还完善了度量衡制度。其二，流放共工、欢兜，贬逐三苗，将治水失败的鲧处以极刑。既清除了影响中原地区社会秩序的不稳定因素，又加强了对边远地区的开发。担任最高统治者以后，他主要做了三项工作：其一，重用八恺、八元，使得政通人和、天下大治。虞舜选贤任能，提倡德治，充分调动了各种积极因素，把国家治理得井井有条，内政、外交都取得了重要成就。其二，流放四凶，维护社会稳定。"四凶"指帝鸿氏、少暤氏、颛顼氏、缙云氏的不肖之子，他们都是唐尧时期遗留下来的影响社会稳定的因素。其三，设官分职，建立考核制度。由于加强了对官员的管理和监督，调动了他们的积极性，这些官员恪尽职守、勤勤恳恳，都取得了不俗的政绩。中原政权的政治影响不断扩大，已经渗透到了边远少数民族地区。在广大的地域范围之内，人们都亲眼看到了虞舜治理国家的成效。"于是，禹乃兴《九招》之乐，致异物，凤皇来翔。天下明德皆自虞帝始。"《九招》即《九韶》《箫韶》。最后一句话的大意是：全国人民认识到德教在治理国家过程中的重要作用是从虞舜开始的。

第三，虞舜强调德治，主张以德服人，反对严刑酷法、穷兵黩武

《史记·五帝本纪》曰："（虞舜摄行天子之政）眚灾过，赦；怙终贼，刑。"这段话的大意是：如果人们的错误行为没有造成严重后果，就赦免他们，不定罪；如果屡教不改，罪行严重，就判刑。这就说明：虞舜用刑很慎重，对于犯错误的人以教育为主，强调德治。当时生活在苍梧地区的居民是南蛮，属于少数民族。虞舜一贯主张对少数民族采取以德服人的办法。《韩非子·五蠹篇》曰："当舜之时，有苗不服，禹将伐之，舜曰：'不可！上德不厚而行武，非道也。'乃修教三年，执干戚舞，有苗乃服。"①《吕氏春秋·上德》曰："三苗不服，禹请攻之。舜曰：'以德可也。'行德三年，而三苗服。"②虞舜巡视苍梧地区，就把德教带到了这里，得到南蛮的拥护，既促进了民族融合，又推动了苍梧地区经济和文化发展。

第四，虞舜因公殉职

《国语·鲁语》载春秋中期鲁国大夫展禽语曰："舜勤民事而野死。"③虞舜勤于政事，日日夜夜为国家大事操劳，虽然年事已高，却丝毫没有懈怠，在苍梧地区考察时不幸逝世，因公殉职。

本来，虞舜就以高尚的品德和卓越的功勋赢得了全国各族人民的爱戴，是一位非常难得的、万民景仰的圣君，加上因公殉职，自然赢得了人们的特别同情和哀悼，人们就要为他寻找一个最好的地方作为他的陵寝之地，这个地方就是湖南省宁远县的九疑山。对于虞舜来说，把九疑

---

① （战国）韩非. 韩非子. 高华平，译注. 中华书局，2010：702.

② （战国）吕不韦. 吕氏春秋（卷19）：离俗览·上德. 岳麓书社，1989：172.

③ （吴）韦昭注，胡文波校点. 国语（卷4）：鲁语上·展禽论祭爰居非政之宜. 上海古籍出版社，2015：109.

山作为他的陵寝之地是最恰当的,因为湖南省宁远县的九疑山地区有"万山朝九疑"这样壮丽的自然地理景观,只有虞舜这位万民景仰的圣君才有资格拥有"万山朝九疑"的自然胜景、享受"万民拜圣君"的崇高礼遇。把虞舜埋葬于湖南宁远的九疑山,既是为了尊崇虞舜,表彰他的德行和功勋,也是为了强调德治的重要意义,激励后人向虞舜学习,加强个人修养,奉行以德治国的政策。这样,舜葬九疑就在中华大地上建立了一座德治的丰碑。不仅如此,舜葬九疑还建立了一座民族团结的丰碑。为了苍梧地区的社会发展,虞舜以百岁高龄,不辞劳苦,千里迢迢来到少数民族地区巡视、考察,客死他乡,令人扼腕叹息、悲伤不已。九疑山位于今湖南省宁远县九疑山瑶族乡境内。该乡目前有汉族、瑶族、壮族等民族。其中,大约有四分之一的人口为瑶族。瑶族、壮族等少数民族与汉族人民一道,世世代代尊崇、敬奉、祭祀虞舜这位中原人士,促进了民族融合,有利于民族团结,在中国这个统一的多民族国家的历史上写下了光辉的一页。从此以后,人们就在湖南省宁远县的九疑山下修建舜帝陵庙,定期祭祀,使九疑山地区出现了一处人文胜景,中国古代的祭祀文化增添了新内容,祖先崇拜也被赋予了新的文化含义,虞舜被人们奉为道德始祖、民族团结的楷模,人文胜景与自然胜景有机地结合起来,二者相得益彰。

(原刊于《湘南学院学报》2015年第3期,收入本书时有补充、修改)

千秋万代仰圣君
——舜庙与舜帝祭祀述评

⊙周甲辰[1]

"天下明德皆自虞帝始",舜帝被尊为中华民族的"文明先祖"与"道德始祖",深受古今华夏子孙尊崇与敬仰。关于舜帝的崩葬之地,《史记·五帝本纪》的记载是:"崩于苍梧之野,葬于江南九疑。"九疑山归属南岭山脉之萌渚岭,在湘、桂、粤、赣接壤地区纵横数百公里,群峰叠嶂,河溪密布,洞幽林深,地域辽阔。舜帝究竟崩葬于山中何处,司马迁没有指明,其他文献中也未见具体记载。由于上古时期"厚衣之以薪,葬之中野,不封不树,丧期无数"的葬俗(《周易·系辞下》),也由于"古不墓祭"的祭俗,舜帝真身葬处应该早就无法找寻了。对此,古人已有过很多慨叹。比如"九疑深翠转巍峨,仙骨寒消不知处"(僧鸾《赠李粲秀才》);"云封舜冢杳难寻,徒取箫韶索九阴"(郭凤《舜庙》)等。相关民间传说中也大都有娥皇、女英追随舜帝的脚步到了九疑山地区,最后也没能找到舜陵的情节。今天,由于年代更为久远,更由于没法找到直接的实物佐证与文字记录,关于舜帝真身的归宿,我们顶多只能确定一个大致区域,而无法做到精准定位。换句话说,我们今天若仍想确认舜

---

[1] 周甲辰为湖南科技学院教授。

帝陵墓的准确坐标，那肯定是极不现实的。

一、全国舜庙知多少

因舜帝陵墓不可寻，后人为表达对舜帝的崇敬与敬仰之情，就在传说舜帝出生与成长的地方，在舜帝执政时的都城及舜帝巡狩过的土地，在舜帝崩殂之地及舜德光辉映照下的多个地方，修建起一座座舜庙，有的称舜皇庙、圣王庙或舜祠。史料记载舜是东夷人，山东省鄄城、诸城、济南等地都留有舜帝遗迹与传说，鄄城县东南四十里的历山、诸城市诸冯村、济南市东南的千佛山及济南南门大街附近历史上均建有舜庙。据专家考证，今山西一带是舜政治活动的中心，舜执政时期的都城蒲坂就在山西。山西舜帝遗迹较多，运城市鸣条岗、临汾市洪洞万安镇、洪洞明姜镇等地历史上都曾建有舜庙。史料中还有舜帝祖籍浙江上虞，或舜年轻时曾到浙江多地避难、游历的记载，上虞市区西南曹娥江畔、绍兴东南王坛镇两溪村等地，历史上都曾建有舜庙，余姚也曾建有舜庙。此外，江苏常州市天宁区舜山主峰的舜庙也颇有名。浙江上虞舜庙传说始建于夏朝，济南舜祠传说周朝时即已存在，绍兴也可能早在六朝梁以前就有舜祠了，运城鸣条岗舜庙始建时间则被认定为唐开元二十六年（738年），可惜，它们多无明确的典籍记载和足够考古材料作为佐证。这些舜庙虽始建时间不一，建筑规模有大有小，但均历史悠久，各具影响。它们在历史上多次因战乱、火灾等原因损毁，又多次修葺重建。现多已修复，成当地著名文化景观。济南千佛山景区与山西运城舜帝陵景区建设规模与文化影响相对还比较大。

湖南省永州市九疑山因是舜晚年巡守与崩殂之地，该地区及其周边区域舜庙修建的时间就相对较早，数量也较多。传说舜帝南巡时，曾在湖南省永州市东安县舜皇山驻跸三年。舜皇山地区最早的舜庙距今至少有1600年。舜峰西南方向曾建天宁寺，寺中供奉舜皇菩萨，传说古时香火甚旺。舜皇山山麓杨江源口也曾建有舜庙，而且规模非常宏大，当地因而得名大庙口。永州市零陵的舜庙在黄田铺镇，祁阳的舜庙在平乐乡，江华的舜庙在县西七里，近浪石寺，江永的舜庙在"县东三里，舜南巡止宿处"。唐朝文学家元结任道州刺史期间，为方便官民祭祀，曾奏报朝廷，立舜祠"于州西之山南"。永州之野除曾建有多座舜庙外，零陵潇湘二水交汇处建有潇湘庙（湘妃祠），道县建有皋陶庙、库亭庙，祁阳建有潇湘庙，蓝山建有夔龙庙。相传舜帝南巡的足迹曾到临近九疑山的广西全州、桂林、梧州等地，因而历史上广西多地建有舜庙。虞山的虞帝庙为桂林地区最早的庙宇，虞山"舜洞薰风"为桂林老八景之一。梧州白云山有多处舜帝遗迹，山麓曾建有舜庙。此外，距离九疑山地区不远的衡阳、邵阳等地，传说历史上也曾建有舜庙。而随着研究工作的进一步深入，笔者认为，应该还会有更多的舜庙或舜庙遗迹会被发掘出来，被世人所了解。

二、九疑舜庙位"至尊"

在所有关于舜帝的纪念性建筑中，最值得关注的应该是湖南省永州市宁远县的九疑山舜庙。该庙位于九疑山核心地区，据学者考证，它"是我国目前发现的始建年代最早的五帝陵庙，也是我国唯一有文献可考的舜帝庙"。唐吕温《论请舜庙议》说："舜陵在九疑之山，……秦汉以来，置庙山下。"清人吴祖传在其所修的《九疑山志》中说："舜庙在大阳溪白鹤观前，盖三代时祀于此，土人呼为大庙，土坛犹存。秦时迁于九疑山中，立于玉琯岩前百步。洪武四年翰林编修雷燧奉旨祭祀，迁入舜源峰下。"明万历《九疑山志》记载说："舜庙在大阳溪白鹤观前，土人呼为大庙，三代时祭祀于此。"《宁远县志》中也有"舜祠在舜峰下，玉琯岩前，秦汉祀舜之处"的记载。1972年，湖南长沙马王堆三号汉墓出土一幅名为《长沙国南部地形图》的帛书地图，图中清楚标明了九疑山舜庙所在地。20世纪末，九疑山玉琯岩遗址经过三次大规模考古发掘，最终确认为秦汉至宋元时期的一座舜庙。遗址总占地面积超过3.2万平方米。正殿和两边厢房为九开间、五进式，符合古代帝陵"九五至尊"的规制。遗址中发现大量来自湖南以外的建筑构件，包括数量众多的标明为"歙州斋遣"的筒瓦在内，说明当时修建舜庙很可能是全国性的官方行为，该舜庙的地位也由此可见一斑。或许正是由于它的地位很特殊，1962年秋，毛泽东写下了"九嶷山上白云飞"的诗句。2004年重阳节，江泽民同志欣然题词："九疑山舜帝陵"。2006年，九疑山舜帝陵被列为全国重点文物保护单位。

　　全国各地舜庙建筑虽然数量众多，但是，无论是它们位于哪里，规模有多大，历史有多悠久，如前所述，我们都不能简单地指认它们为舜陵。即便九疑山舜庙一直是海内外炎黄子孙朝圣祭祖的圣地，我们也无法在那里寻找到舜帝真身。因为那里根本没有舜帝的陵墓，甚至连衣冠冢都没有，有的只是一座祭祀庙罢了。既然舜陵无法找寻，那么，调查、考究与呈现被历史埋没的舜庙，深入研究不同舜庙建筑的历史、故事与风采，以此来促进舜文化的传承与发展，或许就是我们可以尝试也应该要做好的工作。值得注意的是，由于文字记载的缺失与不健全，也由于民众希望拉近与舜帝距离等多方面原因，在长期口耳相传过程中，部分舜庙建筑被误当成舜陵，出现了陵庙不分现象。因而，关于舜陵之所在，历史上曾出现苍梧说、鸣条说、九疑说、岳山说、昆仑东北说、南巳之市说、纪市说等多种说法，可以说众说纷纭，莫衷一是。这种误会与误传长期存在，直到明清乃至民国时期，个别地方的方志中依然可见"传有舜陵"的记载。所谓"传有"，显然并非明确指实语，说明其结论缺少文献与考古支撑，仅仅只是民间传说或百姓误传而已。而基于这种传说与误传，近年来，时有研究者指认某地为舜陵真实所在。其实，他们所依托的证据顶多也只能证明当地曾建有舜庙而已。也正是基于这种传说与误传，现全国数地建了舜帝陵园，树了舜帝塑像，这就方便民众纪念与祭祀舜帝而言，当然是件大好事，也是完全可以理解的，我们可以为其点赞。但若有人刻意误庙为陵，硬要说当地就葬有舜帝真身，还要造出一个大土堆以显示陵墓的真实存在，那就不免要贻笑大方了。还有的地方发现有某座山岭曾以九疑为名，就不管这座山岭得名九疑的原因是什么，九疑究竟是其本名还是雅称，甚至不管山中是否曾有舜庙建筑，当地是否长期存在大型祭舜活动等，就匆匆断定那里葬有舜帝真身，并以此为依托进行文游宣传造势。所有这些，就学术研究而言，肯定是极不严肃的。同时，其行为也可视为对先祖舜帝的大不敬。还有的地方在重建舜庙及辟建舜帝公园过程中，明确提出"打舜帝牌，唱产业戏，走致富路"。这口号看似无大错，但若明知依据不足，理由牵强，仍坚持打舜陵牌，其行为也难免有扭曲历史事实，役使民族先祖之嫌，这显然也是需要警惕的。

三、九疑祭祀冠古今

舜庙建筑的修建是为纪念与祭祀舜帝，而祭舜活动在经过较长时间的完善与积淀后，便会逐渐形成规制并世代相传。山东诸城祭舜活动相传源于秦朝。在当地传说中，秦始皇统一六国后曾三次东巡琅琊台，且每次都曾到舜帝故乡诸冯祭拜。前两次祭拜，秦始皇没设正式场所。第三次祭拜他让人在历山脚下盖了草屋，塑了舜像。因舜帝生于6月11日，秦始皇还下令此后以这一天作为祭舜日。诸城大舜苑近年来已举办多次祭舜大典，可惜时间没有定在6月11日这一天。在山西洪洞县的民间传说中，尧是羊獬人，舜是历山人。每年三月初三，羊獬一带的民众要组织到历山舜庙去迎接娥皇、女英回娘家。四月二十八日为尧帝生日，历山民众要赴羊獬村祝寿并恭迎二妃返回舜庙。山西垣曲祭舜礼俗的形成相传不晚于元代，祭祀时间定在每年3月26日到28日，活动内容包括祭奠、祈福、娱乐、商贸、巡会等。山西运城民间以前每年2月2日和9月13日要为舜王和关帝唱戏，洪洞县明姜镇每年10月6日会举办长达5天的圣王庙会。浙江绍兴确定9月27日为舜王生日并在舜王庙举办庆祝活动，活动继续时间3—5天，集宗教色彩的祭舜、舜王巡游、民间文艺与传统市集为一体，2007年列为浙江省非物质文化遗产。湖南省东安舜皇山地区传说舜帝生日是8月13日，以前当地祭舜活动8月1日开始启动，到舜帝生日当天达到高潮。现在，每年8月13日舜帝生日纪念活动仍是当地最盛大的节日之一。此外，相传浙江上虞、广西梧州、河南濮阳等地也都有举办祭舜大典或舜帝庙会的习俗。

由于舜陵无法找寻，而九疑山又是舜帝崩葬之地，九疑山舜庙地处九疑山核心地区，在历史上长期以庙代陵，成为官方与民间祭舜的重要场所，传承久远，底蕴丰厚，因而，人们习惯于称呼它为舜帝陵。同时，由于舜帝在众多传说中死后成为九疑山神，因而，将整个九疑山视为舜帝陵寝，就文化意义来说也并无不妥。九疑山祭舜是所有祭舜活动中出现时间最早，延续时间最长，官方色彩最浓，文化影响最大的。早在夏代，人们就已经在九疑山修建舜庙并举行祭舜活动，现已发掘出夏时的祭坑。嘉庆《九疑山志》载："舜庙在大阳溪，盖三代时祭于此。其遗址在白鹤观前，土人呼为大庙。"帝王望九疑祭舜则始于大禹。《清一统志》载："禹南巡至衡山，筑紫金台，望九疑山而祭舜。"《史记》《汉书》等典籍中也有秦始皇和汉武帝"望祀虞舜于九疑"的记载。秦汉以后，时有朝官和地方官到九疑祭祀，九疑山舜庙一直香火不绝。朝廷派遣使节来九疑山祭舜最迟在唐代就已出现，唐玄宗曾派遣名相也是著名诗人张九龄祭舜。唐代以后，朝廷遣使祭舜逐渐增多，至明清时期已成定制。除特殊情况外，明清皇帝凡遇大典、大事，都要派遣官员到九疑山祭祀。明朝有12位皇帝遣使前往九疑山。清代官员受命到九疑山祭舜共45次，其中康熙朝9次，乾隆朝达12次。到永州地区任职的官员在上任之初，一般都会到九疑山祭告舜帝。祭祀舜帝的方式从官方到民间多种多样，有望祭、告祭、公祭、例祭、舞祭、乐祭、文祭、燎祭、物祭等。千百年来，屈原、蔡邕、李白、柳宗元等文人骚客或遥望九疑，或途经与亲至九疑，所留下的祭舜题咏也数量众多，内容繁复。2005年，湖南省人民政府在九疑山举办第一届公祭舜帝大典，2009年又举办了第二届。此后，基本上每三年举办一次大典。2010年。九疑山舜帝祭典作为民俗项目入选第三批国家级非物质文化遗产名录。

综上可见，自古以来，祭舜活动就是全国性的，全国各地的舜庙应该都曾举行。但是，各地的祭祀却时间不一，形式多样，其内容也多与当地特定的传说及民俗联系在一起。在此基础上，我们今天若想通过某种形式将各地的祭舜活动统一起来，那应该是非常困难的，即便只是确认舜帝生日的时间也极度不易，因为既缺乏必要的学理依据，也没有明确的现实需要。而就传承与弘扬舜文化而言，或许不同地区与不同舜庙各行其是，百花齐放，就是最好的选择。当然大型的祭舜活动，比如国家与省公祭舜帝活动，国际虞舜后裔寻根祭祖活动等，还是以在九疑山舜庙举办为宜。

　　优秀传统文化是中华民族永远不能离别的精神家园。舜帝孝悌的品性、和谐的理念、爱民的情怀、勤廉的作风等在中国传统文化中具有广泛而深远的影响,清代儒学大师崔述曾称誉尧舜为"道统之祖""治法之祖"和"文章之祖"(《唐虞考信录》)。直至今日,舜文化的影响依然不可低估,中华各民族同胞的舜帝崇拜情结依然十分深厚。现全国各地以舜命名的山岭、河溪、公园、小区、街道、大厦、企业、中小学校等不可胜数；以舜、娥、英等作为人名也很常见；舜帝后裔总人口超过2亿,且名人众多。可以说,舜文化是中华民族最宝贵的精神财富。因此,以更加严肃、恭敬与科学的态度对待舜文化,不断深化舜文化研究,加强舜文化宣传,应该具有重要意义。

永州地区虞舜传说及其文化内涵

⊙ 周亚平　刘小珍[1]

虞舜传说内容丰富，主要包括：虞舜身世与地望、虞舜至孝至德、虞舜南巡与崩葬九疑等。这些传说地域性广，主要集中在晋、豫、鲁、浙、湘等省，于民间口头流传数千年，以后又分别以史学和文学形式流布于世，散见于浩如烟海的古今典籍和文史资料之中，更见证于星罗棋布之虞舜遗迹和纪念地。虞舜传说丰富的内容，是研究当时历史时期政治、经济、文化，乃至自然环境的宝贵资料，它的神话色彩反映了远古时期民间思维方式和艺术特征，是一种不可复制和不可企及的审美艺术；虞舜传说中提倡的孝道德治、任人唯贤、勤政廉洁等思想，则是我们中华民族传统文化中宝贵的精神财富。收集和整理好有关虞舜传说资料，是一项具有重要的历史价值、精神价值、文化价值、学术价值、人文价值、艺术价值和民俗学价值的研究课题，对中华民族起着无可替代的凝聚作用，对传承中华民族历史悠久的传统文化，弘扬虞舜精神，构建社会主义和谐社会，实现中华民族的伟大复兴，具有巨大的现实意义。同时，收集和整理有关的传说资料，以提供人们研究、参考和借鉴，是一项意义重

---

[1] 周亚平系湖南省社会科学院研究员，湖南省舜文化研究会副会长兼秘书长；刘小珍系湘潭大学碧泉书院历史系硕士研究生，湖南省舜文化研究会理事。

大的基础性与研究性并存的文化工程。

具体到湖南永州地区而言，可以说它是虞舜传说的主要集中地，因为在宁远的九疑山有唐代以后舜帝陵的考古遗址，有明代以后舜帝陵的现存建筑物，而自秦代以来，历朝历代的帝王将相几乎都要朝拜九疑山舜帝陵，所以留下了很多关于虞舜的传说故事，并散落在各种文献书籍当中而流传至今。流传在永州地区民间的虞舜传说故事蕴含着丰厚深刻的文化内涵。我们将主要依据《虞舜大典·古文献卷》《舜文化与九疑山民间传说》《舜的传说》《中国民间故事集成·湖南卷》等书籍中所记录的传说，在分类整理传说故事的基础上，对其中所蕴含的历史文化内涵进行发掘。由于传说故事数量较多，在整理中如有疏漏不当之处，祈请方家批评指正。

一、虞舜传说的分类

作为中华民族历史上的伟大人物，以舜为核心的舜文化在漫长的历史过程中发展为中华优秀传统文化的重要组成部分，至今还对我们产生深远影响。湖南永州的九疑山作为舜帝南巡的归葬之地，千百年来一直与舜文化联系紧密，以舜帝陵等遗迹为依托，流传着大量关于舜的传说，形成了以九疑山舜帝陵为中心向周边辐射的湖南舜帝传说圈[1]。传说是人民群众把社会生活内容通过艺术概括，使之成为艺术化的历史，反衬和印证着历史。现代民间口头流传的舜帝传说是由原生态舜帝传说和再生态舜帝传说的情节单元复合而成[2]。

---

[1] 巫瑞书.舜帝传说与道德文化.湖南大学学报（社会科学版），2006（01）：115-120.

[2] 唐曾孝.舜文化与九疑山民间传说.湖南人民出版社，2011.

在湖南永州地区流传的舜帝传说可谓题材多样，包括风俗物产、民间信仰、人性善恶、伦理道德等内容。现将这些内容的传说分类如下：寄托情感愿望的传说，反映社会生活的传说，刻画自然地理的传说。

首先是寄托情感愿望的传说。舜帝传说之所以可以跨越千年时空被人广为传颂，除了人们对舜帝的怀念和敬仰之情，还因为在传说的流传和再加工过程中，注入了民众自身的思想情感，承载着人们对美好生活的祈盼。如"舜帝审案"中舜帝惩治贪官，将其变成石头，承载着民众对公平正义的渴望；"舜帝与白想"中舜帝处罚坏心白想，将其变成风吹日晒的稻草人，体现了百姓的是非善恶观念；"娥皇女英"中二妃因听到舜逝世的消息而悲痛欲绝，血泪将九疑山竹子染成斑竹，表达了人民对忠贞爱情的讴歌；"九疑山白杜鹃的来历"中舜帝听到凄惨往事而泪如雨下，使得红色的杜鹃花都变成了白花，寄托了人们对仁慈和善的赞美。这些传说有些是基于历史的改编，有些是源自百姓的想象，其中都包含了普通大众对真善美的追求，对忠诚、仁慈等美好品格的认可。

再者是反映社会生活的传说。传说中出现的一些现象，可能与当时先民们的生产生活有着密切联系。如"舜帝降九龙""舜帝斩孽龙""斩杀孽龙"等传说，都反复提及了因为恶龙作乱而导致的大洪水事件。南方地势低洼、气候潮湿，传说中的恶龙作乱，很可能是远古时期人们真实经历过的洪水灾祸。"端阳挂菖蒲"中九疑山百姓会在门前悬挂菖蒲艾叶是舜帝为百姓治病后而形成的习俗，其中用艾叶等药草来治疗瘟疫，反映了当时先民在面对疾病时采取的医疗手段。"舜帝见许由"中提及舜帝和许由将耕田种地、纺纱养蚕、挖塘蓄水、垦荒种菜之事教给百姓，反映了当时人们所掌握的一些生存经验和农作技术。还有一些传说结合地域特色，反映的是当地所独有的一些特色物产，如"舜帝制茶""九疑茶"中青山坳的舜皇茶，

"二妃寻夫""斑竹岩"中九疑山一带的斑斑泪竹,"九疑石枞为何有九根针"中九疑山上独有的石枞树。这些传说流传至今,不仅反映了先民的生存经验、生活习俗,还展现了当地的风物特产。

最后是刻画自然地理的传说。"凉伞坳""舜陵""舜峰""斑竹岩""三分石""珍珠墓""石象拜舜""鸡公嘴""万山朝九疑""九疑山红白杜鹃的来历""九疑岩里黄河流"等地名传说,都是人们根据九疑山所特有的一些地貌特征和自然现象而想象并加工出来的。如"舜峰"中二妃为寻找舜帝而跋山涉水,最后化成两座山峰伴在舜帝陵墓旁,其中指出了山峰的位置并且歌颂了二妃对舜帝的至死不渝的忠贞爱情。这些传说在点明当地自然景观特色的基础上,经过不断加工,附会了富含情感的人物故事,被广大民众所接受认同,从而在民间得以长时间流传。

二、虞舜传说的文化内涵

我们知道,传说故事是一定时代的社会生活和主观精神世界的体现。大量舜帝传说在湖南永州地区的流传,其中自然传递了尧舜时代的某些社会历史信息,如生活习俗、思想观念、伦理道德等。在漫长的流传过程中,舜帝传说的原型未变,仍以舜帝为核心,但情节内容的不断丰富也体现了后世社会的一些文化内涵。

首先是体现了远古时代的"英雄崇拜"。"英雄崇拜"是对具有卓越历史地位、功绩品德以及为地区发展做出最重要贡献的人的崇敬,是中国古代传统文化的组成部分[1]。在湖南舜帝传说圈中,多篇传说如"舜帝

---

[1] 闫冬.兰州市榆中地区民间信仰调查研究.西北民族大学硕士论文,2020.

降九龙""舜帝斩孽龙"等都提到了舜帝南巡后,听说九疑因恶龙作怪而陷于水灾之中,舜帝决定为民除害,后与恶龙相斗时,被其毒血所伤,最后崩葬于九疑山的故事情节。舜帝斩龙的传说流传很广,正是因为舜帝消灭了恶龙,击退了洪水,使九疑山重回安宁,为九疑山地区的和平与发展做出了巨大贡献,这体现了民众对舜帝的崇敬之情。

其次是折射了尧舜时代的礼乐文化。舜帝南巡所造成的南北文化大融合,促进了湖南地区礼乐文化的大发展。如"歌仙方回教韶乐""玉琯岩"等传说,都提及了舜帝南巡时所带的乐师队伍。相传他们带着十二支玉琯,和舜帝一起来到九疑山,演奏乐曲,表演歌舞,开化庶民,传授知识。正是舜帝的南巡,使得韶乐和中原文化得以在湖南地区推行并发展。透过现存的韶文化遗迹和有关韶乐传说,可以窥见远古时代的礼乐图景,对我们了解当时的礼乐文化有重要意义。

其三是对"真善美"的追求。"善与恶"的二元对立自古有之,中华民族素有追求真善美的传统,民间也一直有着"善有善报,恶有恶报"的因果报应思想。舜帝传说在民间流传很广,如"舜和后娘""舜帝与白想""石象拜舜""九疑石枞为何有九根针"等内容,故事里善良的舜总是可以躲过灾祸,收获意外之喜,心怀叵测的恶人终会受到处罚,自然也体现了民众对惩恶扬善的期许。

其四是对忠诚、孝顺等品格的认同。传说经过一代代的加工和传承,寄托着民众对幸福生活的向往,承载着对高尚品德的赞扬。"香杉的传说"是对赤诚臣子的称誉,"娥皇女英""斑竹的由来"等传说是对忠贞爱情的讴歌,"舐目复明""落花生"等传说是对孝顺子女的赞颂。这些传说的流传,既是对舜文化的一种弘扬,也是对中华传统美德的一种肯定。

三、虞舜传说的积极意义

湖南永州地区的舜帝传说既反映了当地的地形地貌和风俗物产，还折射出远古先民的社会生活和劳动创造，在千百年的传承中经过人为的加工，被赋予了民众的思想和情感，如对高尚品德的认同、对真善美的追求等，这些又是与舜帝道德文化紧密相关的，舜帝传说故事可以说是舜文化的一个缩影。

湖南舜帝传说圈是以九疑山舜帝陵庙为核心的，舜帝陵也是舜文化传承发展的载体之一，舜帝陵庙的建设与管理对于传承舜帝传说和发扬舜文化有着重要意义。改革开放后，舜帝陵的建设越来越受到重视，20世纪末的抢修舜帝陵工程和21世纪初的扩建工程，使得舜帝陵重新展现了昔日恢宏的雄姿。这给舜文化的弘扬和发展带来了机遇，也给式微的中华传统文化注入了活力。舜帝陵庙及舜帝传说所蕴含的文化内涵，不仅具有历史价值，也有重要的现实意义。

这些流传在永州乃至整个湖南民间的虞舜传说蕴含了丰富的社会历史文化信息，既是探寻早期社会生活面貌的窗口，也是虞舜文化精神内涵的缩影。宣传虞舜传说故事不仅有助于弘扬舜文化及中华传统文化，而且对探索相关的历史文化、地域文化、民族文化具有积极意义。

国家级"非遗"舜帝祭典及其意义

⊙唐太培[①]

中华始祖舜帝（约公元前2277—2178年），名重华，字都君。生于姚墟，故以姚为姓。舜为古部落联盟首领，受尧"禅让"而称帝于天下，其国号为"有虞"，史称"帝舜有虞氏"。《尚书》云"德自舜明。"《史记》载："(舜)南巡狩，崩于苍梧之野，葬于江南九疑。""天下明德，皆自虞帝始。"舜帝不仅是中华道德文化的创始人，而且是华夏文明的重要奠基人。舜崩葬九疑后，自大禹开始，历朝历代在九疑山祭祀舜帝渐成定制，四千多年香火传承，绵延不绝。

一、古今典仪简介

（一）舜帝祭典礼仪的演变

《左传》云："国之大事在祀与戎。"自"禹南巡，至衡山筑紫金台，望九疑而祭舜"开始，四千多年来，祭舜活动传承不辍。纵观历代祭舜，舜帝祭典经历了一个不断发展、不断完善的演变过程，并形成了特有的舜帝祭典祭祀文化。

[①] 唐太培系湖南省舜文化研究基地特聘研究员。

1. 祭祀形式

祭祀，国之大礼，都有其固定的形式与内容。但是，这些形式与内容并非一成不变。随着时代的发展变化，祭祀形式与内容也会进行一些调整，使之更加完善，更适合于当时当地的情况。祭舜也是这样，所有祭舜活动都遵循一定形式，按照一定的内容进行，但又随着时代的发展而有所发展。

三代至两汉时，祭典里没有祭文，只有乐章。

汉代以后，这种情况有所改变，祭舜时增加了读祭文、焚帛书的程序。东汉末，文学家蔡邕游九疑谒舜帝陵，作《九疑山铭》，可以视为祭舜文之尝试与开端。南北朝时，读祭文、焚帛书，已经列入祭舜程序，成为定制。南朝宋代颜延之奉诏代湘州刺史张邵到九疑山祭舜，就已经撰写了祭舜文。颜延之所写的《为张湘州祭虞帝文》，成为有史以来有记载的第一篇祭舜文，也是中国历史上最早的祭祀古代帝王的祭文。

唐宋时期，在祭舜程序中，又增加了歌祭的内容。歌祭的歌词是供祭祀队伍吟唱的。唐文学家、诗人、道州刺史元结所作的《补乐歌·大韶》，则可视为最早的歌祭歌词。南宋理学大家朱熹所作《虞庙乐歌词》，则成为此后祭舜中的通用歌词。

明清之际，祭祀更隆。舜帝出生于音乐世家，对乐律是很有研究的。相传舜帝还创作了韶乐。他组织演奏韶乐，百兽率舞，凤凰来仪。后来，韶乐受到历朝历代的追捧,视《韶乐》为尽善尽美。正因为如此,有人认为,祭舜就应该以乐舞与舜帝的神灵沟通,不仅有乐歌，还应有舞。于是，就在祭舜时加入了祭祀舞蹈。宋代在祭祀中，已经开始随歌曼舞。到清代就把祭祀舞列入了祭祀仪程。

进入21世纪，祭舜不仅恢复了礼乐歌舞祭，而且增添了现代敬献花篮的内容，多了一项花篮祭。

至此，形成了集燎祭（上香、焚帛书）、文祭（宣读祭文）、歌祭、舞祭、花篮祭于一体的完整的祭舜仪式。

2. 祭祀类型

自夏代九疑山舜帝陵有祭祀活动以来，祭祀活动分为两大类：官方祭祀和民间祭祀。

官方祭祀是指由官方举行的祭祀舜帝的礼仪。官方祭祀又分为御祭、例祭、公祭等。

御祭，是由皇帝亲自主持参与或由皇帝遣使到舜帝陵举行的祭祀活动。历史上有记载的帝王亲自主持参加的祭舜活动有三次，即大禹、秦始皇、汉武帝。他们均采取望祀的形式。其中，大禹在衡山望九疑而祭舜，秦始皇在洞庭湖望祀虞帝，汉武帝在盛唐望祀舜帝。历史上有记载的皇帝遣使祭舜始于南朝宋代，即宋武帝刘裕派遣湘州刺史张邵祭舜。唐宋以后，特别是明清时期，御祭舜帝陵均以遣使的方式进行。每逢国家大事，如靖边除患、万寿晋徽、即位亲政、立储册后、抚民禳灾等，朝廷遣官至九疑山舜帝陵致祭，这种祭祀形式称之为告祭。如洪武四年，明代皇帝朱元璋派遣翰林国史编修雷燧于九疑山舜帝陵告祭改朝换代。特别是清乾隆皇帝，在位六十年（1736—1795），曾12次告祭立碑。

例祭，就是依照朝廷规定的时间，由地方官代祭舜帝。一般为每年春秋二祭，并规定祭银数量，到宋代已成定制。《宋史·礼志》载"诏先代帝王载在祀典……其太昊、炎帝、黄帝、高辛、唐尧、虞舜……各置守陵五户，岁春秋祠以太牢"。从宋代开始，春秋例祭一直沿袭下来。

公祭，是由官方举行的并在祭舜典礼前进行公示，有公众参与，官民同祭的祭舜活动。在中华人民共和国成立以前，尚无公祭舜帝陵的记载。有记载的第一次公祭舜帝活动，是 2000 年 4 月 4 日宁远县人民政府举行的各界人士祭舜大典。同年 9 月 9 日，永州市人民政府举行祭舜大典。2005 年 9 月 15 日，湖南省人民政府举行祭舜大典，把新时期的祭舜活动推向了新的高潮。

民间祭祀是由民间自发组织的祭祀活动。从夏禹祭舜以来，"民崇舜德，世代禋祀"的民间祭祀活动，从未间断。大量的祭舜活动，都是以民间形式进行。

3. 明代祭舜大典通用仪程

（1）瘗毛血。牲牢之献，先瘗毛血。（焚香是迎神于阳，瘗毛血，是用阴物迎神于阴。先人以人死之后魄属阴，归于大地，而魂属阳，则无所不在，故祭祀于阴阳皆有所沟通。）

（2）就位。陈设完毕，献官、执事行四拜礼，盥洗，就位。执事焚香。（行礼必著履，履者礼也，饰足以行礼也。）

（3）迎神。奏乐。（乐属阳，也是迎神于阳。所以乐奏半时，神其来格，乃行四拜礼迎神。）四拜：鞠躬，拜兴、拜兴、拜兴、拜兴，平身。

（4）奠帛、初献礼。奏乐。（引赞引献官诣盥洗所。然后诣酒樽所，此时司樽为所有捧爵者斟酒，捧爵者及捧帛者立刻到神位前东侧朝北立，配位在神位南，朝北立。初献官诣神位前，跪奠帛，奠爵，俯伏兴，平身。然后到读祝位，读祝在献官左侧，乐止，众官皆跪，读祝，读毕继续奏乐，众官俯伏兴，平身。帛用素帛，是古人行礼的信物。乐是礼的一部分，所以是在奏乐同时行礼。古代没有单独奏乐的。礼仪当中皆立，唯读祝需跪听。读祝也不需话筒，且面向神位，读与舜帝听，非读与大众。注意上下台阶要聚足：上下台阶先迈外侧脚，上下一级，两脚并拢，还是外侧迈出。但执事不必。

（5）亚献，由亚献官献爵如上，但不献帛。

（6）终献，由终献官献爵如上。

（7）饮福受胙。奏乐。初献官到位，跪饮福酒，受福胙，俯伏兴，平身。复位。执事捧胙出，众官再拜：鞠躬，拜兴、拜兴、平身。众官一起分享酒蔬，其乐也融融。

（8）撤馔。执事象征性移动一下酒爵。

（9）辞神。奏乐，四拜。以上事死如事生，一如现实中迎宾、献酒、共餐、送宾。

（10）望瘗。通过焚祝文、焚帛，上达于天。

（11）礼成，散胙。凡与祭者，皆受福胙。

4. 清代祭舜大典仪程

清代祀典，虽因明代旧制，但显添厚重。《清史稿》云："凡巡幸所莅，皆祭陵庙，有大庆典，祭告亦如之。"如康熙二十一年（1682）平滇乱之后，"遣官致祭，颁册文、香、帛，给黄伞、御仗、龙纛各二，凡成武功，皆祭如典"。遣官诣陵致祭的礼仪十分冗杂。据载，祭前，由钦天监择定宜祭之日，翰林院撰拟祭文，太常寺、工部、户部分别预备祭品、仪仗。由礼部开列侍郎以下，四品以上堂官名单，题请钦派致祭官。致祭官行前一日斋戒，届期赴礼部恭取祭品、祭文、仪仗，如遇皇帝亲阅，则另有程序。告祭官至地方后，各官朝服跪迎，并恭奉御祭文、香帛置龙亭内，供公所中堂，各官行三跪九叩首礼。祭前三日，告祭官斋戒，地方官备鼓乐、仪仗，行一跪三叩首礼，迎龙亭于祭所。祭前一日，告祭官省视祭品、祭器，地方官监视宰牲，然后率礼生演习礼仪。祭日四鼓，陈设祭器、祭品、牲俎、乐工，然后集庙门外恭候。五鼓，告、陪祭官各朝服，入殿。待击鼓三严，告、陪祭官就位。仪式为前后行三跪九叩首礼，中间三献、读祭文。迎神、初献、亚献、终献、受胙、撤馔、送神等均歌乐章。

5. 现代公祭舜帝大典仪程及解说

进入21世纪,省市县各级公祭舜帝已成定例,祭典礼仪逐步规范完善,2011年5月,"舜帝祭典"被国务院公布为"国家非物质文化遗产"。

祭典仪程:

第一项　请主祭人、陪祭人、参祭人就位。

第二项　鸣炮奏乐。

　　　　鸣炮9响

　　　　鸣金9响、击鼓34通

第三项　敬献供品,奏乐。

　　　　首献三牲

　　　　再献五谷

　　　　三献百果

第四项　上香酹酒。

第五项　全体肃立(脱帽),向中华民族始祖舜帝行鞠躬礼:一鞠躬;二鞠躬;三鞠躬。

第六项　恭读祭文。

第七项　焚帛书。

第八项　乐舞告祭。

第九项　向中华圣祖舜帝敬献花篮。

第十项　礼成,鸣炮奏乐,谒陵。

迎宾仪式。

迎宾仪式,主要是民俗龙狮、瑶族长鼓和军鼓、民间腰鼓。当参祭人员到达陵园大门,首先看到的是迎宾仪式。龙狮欢腾,唢呐高奏。瑶家阿哥阿妹，唱着迎客山歌，跳着瑶族长鼓，敬献瓜箪酒。百人腰鼓队敲打着激越的鼓点，迎接前来祭祀的宾客，体现了热情好客的民族风俗、千年祭祀的迎宾礼节传统。

开道仪式及解说。

开道仪式是在古代迎神仪式的基础上，结合现代祭祀组合的一种仪式。古代祭舜的"序幕"主要是"迎神"。在长期的祭祀活动中，舜帝已经由凡人变成了神。道家还把舜帝封为三官大帝之一的"地官"。祭祀时一般是向神像行礼，但古人认为神像和牌位仅仅具有一种象征意义，因此要进行一种礼节将受祭者的魂灵迎来，使其"依附"于神像或牌位之上接受祭祀，由此有了迎神仪式。现在的开道仪式，其意义除了具有古代迎神的含意外，还体现了承接舜德，对以德治国的追求，龙凤呈祥、官民同乐、社会和谐的太平世界；展现迎宾和祭祀队伍的风采，接受主祭团的检阅；开道队伍气势恢宏的场面，增加了祭祀大典的观赏性。

开道仪式表演队伍由迎宾队伍和祭祀舞演员组成。当主祭队伍在明德广场两边站好后，现场总指挥向主祭请示，得到首长"开始"的示意后，总指挥发出开始指令，三声炮响，开道仪式开始。

首先是"龙狮洗路"。九头雄狮伴随着九条金龙，在龙珠的引导下，从碑亭起舞，又从金水桥奔上神道，五头小狮在飞舞的龙阵中穿梭。龙狮伴随着威风锣鼓激烈的鼓声左右滚动，上下翻腾。龙腾飞舞，象征着呼风唤雨，为迎接舜帝神灵来临洗净路上灰尘。九头雄狮奔跑呼啸，像是在驱赶挡道的魑魅魍魉，牛鬼蛇神。

接着鸣锣开道。两差役抬着大锣，鸣锣前行，向观众提示，队伍即将通过。跟随开道大锣的是"肃静""礼让"牌，提示祭舜大典即将开始，参祭人员和旁观者都要养心聚神、修整衣冠，静候祭祀。铜锣开道，肃静、礼让牌引导着仪仗巡游队伍慢慢走来。

乐队奏着古典乐曲，在"肃静""礼让"牌后，步步紧跟。

礼生端举香火，随着丝丝香烟，款款而行！礼生专注的神情，令人肃然起敬。此情此景，让我们仿佛置身于古老的世界。香火香烟向神灵世界通报，向舜帝发出了邀请。舜帝啊，请降临到我们的身旁，请接受我们的祭礼，请看看发扬光大的道德世界！

大凤凰来了！高昂的凤冠，金光闪亮；舒展的翅膀，悠扬大方；多彩的尾羽，绚丽灿烂！舜帝有虞氏部落的图腾，就是凤凰。传说中的舜帝就是凤凰的化身。在这里，大凤凰象征着舜帝神灵的来临，舜帝带着他的大臣来到了我们的身旁。

大凤凰后面，八十只小凤凰翩翩起舞，象征着舜帝的精神代代相传。接着二位仙女，迈着轻盈的步伐，飘飘而来，犹似万里长空舒广袖，帝子乘风下翠微。让人联想到娥皇、女英与舜帝千年不朽的爱情故事。

竹叶舞女走来了！九疑山的竹子有几十种，最著名的是斑竹。二妃寻夫，洒泪成斑，成了千古绝唱。斑竹枝，斑竹枝，泪痕点点寄相思。今朝奏响南风歌，万众齐颂有虞氏。连绵万山朝九疑，巍峨九峰同祭祀。

竹叶舞女后面走来的是小鸟队，她们那婀娜的舞姿，娇柔百态，让人联想到舜帝历山开荒，象耕鸟耘的生产场景；让人联想到舜帝演奏韶乐，百鸟和鸣的欢乐。

傩面队，跳着傩舞，边舞边走，突显出独特的悠闲、庄重、轻盈、洒脱的风格。傩舞由 24 人表演，表演者都必须头戴面具，身穿古代服装。古代傩舞面具均由香樟木精雕而成，并都必须请九疑道观高人进行"开光"，意为傩神招收阴兵、阴将，这样，傩神才灵验，才能驱妖镇邪。傩舞面具的设计极富民族传统色彩，有的目瞪口呆、有的眉清目秀、有的威武雄壮、有的滑稽可笑，给人一种扑朔迷离之美。傩舞的舞蹈动作，简单古拙，边舞边打出各式各样的手势（俗称"拗诀"），让人联想起舜帝南巡队伍中所跳的干戚舞。舜帝以干戚舞震慑三苗，征服人心，避免杀伐，以德服人，为后世赞颂，开道队伍中的傩面舞就有着这方面的象征意义。

百兽队，百兽起舞。我们仿佛听到了，舜帝奏响的韶乐，仿佛看到了随着韶乐歌唱的小鸟，随着旋律舞动的各种野兽。百鸟和鸣，百兽率舞，多么祥和的气氛，多么和谐的世界！

四百人的百官队伍，峨冠博带，手捧笏牌，迈着方步，款款而来。高耸的峨冠，彩绣的官服，舒展的汉袖，平举的笏牌，紧密的方阵，有序的队列，波澜壮阔，气势宏伟，震撼人心。百官队象征着只为苍生不为身，以德治国，勤政为民的舜帝精神代代传承。

导引仪式及解说。

开道仪式过后，紧接着是导引仪式。导引仪式主要是仪仗队引导主祭、陪祭团，进入祭祀广场，启动大典仪式。古代遣官致祭的仪仗队，由朝廷委派和地方人员组成。今天的仪仗队，由宁远县委、县政府在各单位抽调人员组成。有祭旗队、长号队、锣鼓队、旗幡队、武士、民乐队、供品队、花篮队。

导引仪仗队，走在最前面的是三面祭旗。三个高大魁梧身着古装的男子汉，举着公祭帝舜有虞氏的竖幡和凤凰旗，大踏步地走来。

长号队紧随其后，低沉悠长的呜呜长号，增强了祭祀的肃穆气氛。

行进锣鼓，那反复不变的鼓点节奏，使场面显得更加严肃。

旗幡队走来了。披散长发，身着单袖虎皮衣的勇士们迈着矫健的步伐走来了。原始氏族的打扮，象征着从野蛮走向文明。他们高高举起的龙凤旗迎风飘扬。56面龙凤旗，代表56个民族，共同团结进步。

武士队迈着雄壮的步伐走来，他们拿着刀枪剑戟，从坚定的眼神里透出一股威严，使整个祭祀场面更为壮观庄严。

供品队在民乐队的带领下，缓缓走来。供品有猪头、牛头、羊头、五谷百果，很显然，这是最高礼节——太牢之礼。

24名礼兵，抬着花篮走来了。他们沉稳有力的脚步，让人们肃然起敬，使人们真正体会到，祭祀是对人文始祖舜帝最隆重的公祭活动。

走在花篮队后面的是主祭团、陪祭团。主祭团的成员还有省、市、县级领导及社会各界代表。

大典仪式及解说。

祭祀，在古代，是向神灵求福消灾的传统礼俗仪式。现代增添了缅怀、悼念弘扬之意。在长期的祭祀活动中，九疑山祭舜经历了设台望祭、陵前燎祭、庙堂文祭、庙堂歌祭、礼乐歌舞祭，逐步形成了特有的舜陵祭祀文化，具有独特的民族风格，是一个涵盖宗教、文学、美术、音乐、舞蹈等多方面的综合性文化载体，具有特殊的文化、历史、科学价值和国际影响力，是不可替代的非物质文化遗产。

吉时，司仪准时宣布祭祀大典开始。

鸣炮奏乐。鸣炮九响，表示最高礼节。

击鼓34通，象征全国34个省（市）自治区对人文始祖舜帝的敬仰与共祭。鸣金9响象征九疑山九峰同祭。

敬献祭品，用的是古代最高礼节，太牢之礼。三牲为猪头、牛头、羊头。

焚帛书，用的是传统程序，就是焚烧祭文，让祭文的香烟与天相接，以传递祭文内容。

乐舞告祭，自古以来就是九疑山特有的祭祀文化。因为舜帝最早采用乐舞教化民众，所以祭祀舜帝一直采用乐舞。祭祈舞由近千名演员表演，主题是"舜帝颂"。

舜帝颂，共分为三个乐章。

第一乐章《箫韶引凤》。一曲《韶乐》，犹如天籁之音，抑扬顿挫，清雅婉转。《韶乐》，相传为舜帝亲手创作，至周朝以来，定为宫廷雅乐。孔子在齐国听《韶乐》后，"三月不知肉味"。第一乐章所表现的，就是箫韶九成，凤凰来仪，百鸟飞翔，百兽率舞的生动的场面。

第二乐章《卿云歌颂》：

"卿之烂兮，纠缦缦兮。日月光华，旦复旦兮。"

一曲《卿云歌》，洋溢着群臣团结，政治清明，国泰民安，歌舞升平的景象。展示的是舜帝"以德感人，以仁化人"的人格魅力。

第三乐章《南风祈福》：舜帝南巡，驾崩苍梧，葬于九疑山。舜帝的思想和精神，永远留在人间。舜帝忧国忧民，"作五弦琴以歌南风"的情怀，化作了人间佳话，化作了人们心中永远的祭坛。第三乐章，以南风歌为基调，以源于九疑山的"手诀"为舞蹈语言，展示天地合一的远古历史，展示人们对"德圣""孝祖"舜帝的敬仰和崇拜。

告祭乐舞过后就是敬献花篮。……

主祭、陪祭敬献花篮后，陆续进入陵庙，到寝殿墓碑前，拜谒舜帝陵。

二、舜帝祭典的基本特征

九疑山舜帝陵的祭祀活动，有着三个基本特征，即一脉相承的历史性、广泛参与的群众性、载歌载舞的艺术性。

中华民族，最初是由众多氏族融合而成的古华夏族，始于炎帝时代，到虞舜时，得到了巩固和壮大，先秦已基本具备雏形。此后，又经过几次民族大融合，至汉、唐，逐渐孕育为一个以多民族为主要内容，以多元一体文化为主要特征、超越狭义血缘关系的共同实体，统称中华民族。中华民族的成长、壮大、统一，是与舜帝所创造的道德文化分不开的，因而尊舜帝为中华民族始祖，共同崇拜。九疑山舜帝陵的祭祀活动，从夏禹开始，凡是国家统一，相对安定的朝代朝廷祭祀，从未间断过，体现了一脉相承的历史性。

一脉相承主要体现在官方祭祀，从夏禹、秦始皇、汉武帝的望祭到汉、唐的遣官致祭，都把祭祀舜帝作为始兴与统一的象征、凝聚力与认同感的共同标志。这种意蕴，至宋代进一步深化。宋太祖在江山初定，百废待兴的乾德初，即"命李昉、卢多逊等分撰历代帝王碑，遣翰林待诏孙崇望等分诣诸庙，书于石"。"诏三年一享""造祭器，送诸陵庙""各置守陵户五"，并遣官诣陵致祭。元代据《元史·祭祀志》"致和元年（1328）礼部移太常送博士，议舜禹之庙合依尧祠故事：每岁春秋仲月上旬卜日，有司蠲洁致祭，官给祭物"。明太祖亦于洪武四年，即"访先代帝王陵寝"，亲制祝文，遣翰林国史编修雷燧等前往九疑修建祀庙，祭祀舜帝。清代钦定舜帝陵为帝王陵寝祭祀，凡国有大事，皆诣陵告祭。在现存的45篇清代"御祭文"中，告即位、亲政、复储的13篇，告万寿晋徽的15篇，告靖边、军功的6篇，告消灾祈福的1篇，告改元的1篇，其他大事的9篇。

一脉相承还体现在民间和官方祭祀的仪程上，祭祀仪程除了基本的四大项，即"迎神、献爵、辞神、饮福散胙"外，有歌祭（如《虞庙乐歌》）或歌舞祭。官方祭祀程式从简单逐步走向复杂，增加供品、加强仪仗、翻新祭器，祭祀活动越来越隆重。

一脉相承也体现在祭文上，从汉代开始，在历次祭祀中，祭文逐成定式。起初其体例大致为："选言录行，传体而颂文，荣始而哀终。论其人也,暧乎若可觌;道其哀也,凄焉如可伤。"(梁·刘勰《文心雕龙·诔碑》)也就是前列小传,记叙舜帝生平,表示颂扬之意;后写四言诔辞,称誉舜帝荣耀,寄托哀悼之思。前者为散体,后者为韵体,韵散结合。到两晋后逐步定格为前有序言,后有韵语,开头具体点明时间、职务、主祭人、祭品,中间颂扬舜帝,表达祈愿,收尾使用"尚飨"一词。祭文少有凄凉悲哀之词,多为赞颂祝愿之语,读后令人振奋。

舜陵祭祀,千百年来一脉相传。厚重的历史积淀,使祭祀活动含义更为深远,影响更为广阔。

舜帝陵的祭祀活动有着广泛的群众基础。古代告祭、春秋例祭迎来送往都有民间艺人参与,百姓参祭,有如北方赶庙会。

祭祀本来是一项非常庄重、静穆的大事,但是礼与乐却在中国几千年的传统文化中,结下了不解之缘。礼乐相亲,流传至今。礼乐文化推向高潮莫过于舜帝。舜帝组织演奏的《韶乐》在中国文化史上享有经典的地位。孔子评价《韶乐》"尽美矣,又尽善矣"。孔子闻《韶》,"三月不知肉味",可见《韶乐》已到登峰造极的地步。由此可知,舜帝对礼乐文化的贡献是巨大的。舜帝对歌舞造诣颇深,"祭神如神在",祭祀舜帝,当然要把最好的歌舞献给舜帝。舜帝祭祀载歌载舞,也就成了与其他帝王祭祀不同的特点。舜帝祭祀的仪程中,除读祝(宣读祭文)外,从头至尾都有音乐伴奏,随着音乐的旋律,进行着特有韵味的鸣炮、鸣钟、击鼓等祭祀仪程。祭祈歌舞把祭祀的热烈气氛推向高潮。古代,朝廷派来的太常寺乐工的干戚舞,与当地瑶民的长鼓舞竞相辉映,雅俗共赏。现代的祭祈舞也成了独唱、合唱、独舞、群舞、古代舞、民族舞、现代舞展示的大舞台。演职人员达1500人之多。

舜陵祭祀迎宾活动载歌载舞更为突出。从古代迎接朝廷大员来九疑祭舜，到现在迎接主、陪祭队伍的迎宾活动都集中了当地的民间艺人，载歌载舞迎接来宾。民间艺人在这里展示技艺，表现才华，互相切磋，相互竞争，民间文艺的技巧性不断得到加强，民间文艺的艺术性也不断得到提高。

三、舜帝祭典的历史和现实意义

（一）舜帝祭祀在古代社会的主要价值及意义

古代，舜帝祭祀最初的作用是认祖归宗，表达对先祖的尊敬和怀念。跟随舜帝南巡而定居守陵的家族及其后代，是最早最直接的祭祀活动的主体。由于舜帝的特殊地位和影响，舜帝祭祀逐渐超越了传统意义上的血缘认同，在政治、思想方面发挥的作用和体现的价值是无法估量的。

1. 九疑山舜帝陵是集体记忆的历史符号

中华民族是一个历史文化悠久的民族，自古以来有敬天尊祖的文化传统，其精神基础的深层结构应是"历史文化的认同"。所谓历史认同，主要指关于血缘、地理、治统的联系与认识；而文化认同，主要指关于心理、制度、道统的影响与传承。这里说的"治统"，主要指政治统治的继承性；"道统"，主要指思想传承的连续性。中国人的宗教意识相对较淡薄，所以"历史认同"对于维系民族的凝聚力，其作用是无法估计的。"历史文化认同的先决条件是保留历史记忆，一个失忆的民族，也就无从产生历史文化认同。历史文化认同发生错乱，必然会产生对民族或国家的疏离感，逐渐地也就不认为是这个民族或国家的一分子了，可见历史文化认同具有何等重要的地位。"（李国平、张芳《历史认同与民族认可》）舜帝南巡，崩葬九疑是4000多年前的历史史实，随之出现的九疑山舜帝祭祀传承至今。九疑山舜帝陵庙自夏至今有着4000多年的建筑史，尽管多次迁移，连续不断地修建，但九疑山舜帝陵在历史认同中的积极作用始终没有减弱。无论你把舜帝南巡崩葬九疑作为历史事实，还是看作传说故事，九疑山舜帝陵作为中华民族集体记忆的历史符号，已经是不争的事实，促进中华民族历史文化认同的作用至今仍然在发挥。

九疑山舜帝陵最早的祭祀大庙始建于夏代。《宁远县志》载："舜陵在九疑山中，舜庙在大阳溪，盖三代时祀于此，其遗址在白鹤观前，土人呼为大庙。"上古至三代时期，尚未修建驿道，南方的陆路交通非常不方便，主要交通靠水上运输。当时，舜庙只能建在沿河两岸。大阳溪西北流汇入潇水，潇水汇入湘江，湘江入洞庭，进长江。逆水而上，可直达大阳溪。当时，舜帝就是沿着这条水路来到九疑山。舜庙建在大阳溪边，有利于祭舜的朝廷官员远道而来，方便各地人员祭祀舜帝。从夏禹望祭九疑山舜帝陵开始，朝廷上下官员和当地贤达不间断地来陵庙祭祀，使舜陵庙成了集体记忆的历史符号。

春秋战国时期，楚国将九疑山舜帝陵庙由"大阳之溪"迁至九疑山中三分石一带，陵庙宏伟壮丽，楚灵王曾模仿它造章华台，由此史书上也就载入了"楚灵王造章华台以象舜"的历史典故。秦代，秦始皇迁建舜帝陵庙于"玉琯岩前一百步"。楚王和秦始皇在九疑山的建庙与祭舜，凸显了九疑山舜帝陵庙的历史符号作用。

汉武帝不仅进一步扩修舜陵庙，还调整了行政区划加强九疑山舜帝陵管理。元鼎六年（前111年）为使泠道县集中管理好舜帝陵，将泠道县的西南部划出去，单独成立营道县。秦至西汉，九疑山舜庙，在当时已是规模最大的祭祀庙宇。从遗址考古分析，东汉时期，古舜帝陵庙进行了三次大的维修，经历了三个建筑阶段，从而使舜帝陵庙保持了良好的状态。

唐太宗贞观元年，帝王下令：凡天下州县有古帝王陵寝在者，皆加唐字。因此，舜陵所在泠道县更名为唐兴县，后又更名为延唐县（今宁远）。唐僖宗乾符年间（874—879）延唐令奉诏重修舜陵庙。

宋太祖建隆年间（960—963），当时的道州刺史、检校太保王继勋奉诏重修九嶷山舜帝陵庙。知制诰张澹奉敕撰碑。宋代建隆年间九疑山舜帝陵庙重修是在唐代的基础上扩大重修。在管理上，安置五户为守陵户。宋代第二次大修是在开宝元年（968）。据乐史宋本《太平寰宇记》残卷，其中载"皇朝乾德二年，荆湖转运史张永锡奏以户口少，其大历县、春陵场割入延唐县，其延唐县又奉敕改为宁远县。舜庙在县南六十里九疑山，乾德六年敕置"。也就是说，宁远县刚建县第一件大事就是兴建舜帝陵庙。据2002年至2004年的九疑山舜帝陵庙遗址两次考古发掘中已露面的宋代遗址看，当时的舜陵庙总面积约3.2万平方米，舜庙建设规模宏大，主要建筑有后殿（寝殿）、主殿（正殿）、前殿（献殿）、昭穆殿、配享殿、厢房连廊、亭榭。唐宋时期的舜陵庙的建筑规模比现在的陵庙规模要大，正殿要大188平方米，寝殿比现在的寝殿要大出165平方米。

各朝代，朝廷对舜陵庙的管理是很有秩序而又非常严格的。南齐时，在舜陵庙旁敕建无为寺（又名报恩寺），以护卫舜庙。宋太平兴国五年，无为寺改名为永福寺专施护卫舜庙之职。

由此可见，汉至宋代强化了九疑山舜帝陵庙的历史符号作用。

每当国家走向统一，社会走向安定，经济走向发展，舜帝陵庙就有大规模的建设，就有高级别的祭祀活动，就会香火旺盛，钟鼓常鸣。1368年，贫苦农民家庭出身的朱元璋，率军征战，推翻了元朝统治，消灭了割据势力，建立了大明王朝。朱元璋认为，开国之初，必报人文始祖，改朝易代，必敬上古先帝。他对舜帝倍加推崇。舜帝从一介贫民当上天子，朱元璋也有同样经历，从一介贫民当上皇帝。出身微贱，登上帝位，舜帝是朱元璋登上皇帝宝座的强有力的精神支撑。他广聚学者在全国考证舜帝陵，确认舜帝陵在九疑山后，派专人前往九疑山，走访查看舜帝陵，绘制九疑地形图，为重修舜帝陵庙做准备。相传刘伯温在认真审视九疑山地形图后，认为时过境迁，玉琯岩这地方已经不适合建舜帝庙，根据朱元璋所属天象和地理风水，把舜陵庙迁建到陵山舜源峰北面山脚。朱元璋亲自撰写祭文，派遣翰林编修雷燧，于洪武四年（1371）到九疑山祭舜。

明代不仅兴建了舜帝陵庙，而且舜帝陵的祭祀和管理也走上了规范化、制度化轨道。陵庙的管理，除安置守陵户负责日常管理之外，永福寺从本寺香火收入中拨出部分资金用于日常维修。大的维修由朝廷拨专款，派专人负责。明代迁建舜源峰脚下后，从此修修建建，再没有迁移过。由此，明代固化了九疑山舜帝陵庙这一历史符号。

清代不仅扩建了九疑山舜帝陵庙的规模，而且将国家祭祀九疑山舜帝陵庙制度化，进一步固化了这一历史符号。

2. 九疑山舜帝祭祀，连接新旧记忆，推进历史文化认同

九疑山舜帝陵的祭祀活动，自"禹南巡至衡山，筑紫金台，望九疑山而祭舜"开始，4000多年来传承不辍。祭典活动多在舜帝陵庙举行，祭祀礼仪逐步发展，由最初的望祭、燎祭，逐渐有了物祭、文祭、乐祭、歌舞祭、花篮祭，形成了固定的程序。祭祀礼仪不仅规定了仪程，也规定了祭品的陈设。汉代后期开始实行遣官致祭的制度。如南朝宋武帝刘裕遣官张邵、颜延之，唐玄宗李隆基遣官张九龄赴九疑祭舜，并留有祭文。舜帝陵祭祀礼仪活动，在经过唐宋文化鼎盛时期后，逐渐成熟。宋代朱熹所作的《虞庙乐歌》正式成为祭祀礼仪中的歌祭歌词。礼仪仪程中使用的"乐章"也正式规定下来。迎宾、沐浴、省牲、盥手等进入了礼仪

活动中，并成为定制。

明代自洪武四年（1371），太祖朱元璋亲制御祭文，遣翰林院编修雷燧到九疑祭舜后，九疑祭舜逐渐形成固定的制度。据《宁远县志》载："明代洪武四年（137）敕。以春秋仲月上甲，具令具牲帛致祭。凡遇国家庆典，撰祭文赍香遣官致祭，牲用太牢。其祭品祭仪俱与文庙同。唯有正献不用，分献乐章亦缺如也。朱子有《虞庙乐歌》，最渊雅，可以被诸管弦，据为典要矣。"这段文字就是说，明代建立的第四年，朱元璋发布命令，正式规定，每年春季第二个月和秋季的第二个月的上甲日，由县令备齐牲帛祭品到九疑山舜帝陵祭祀。凡是遇到国家庆典，就由朝廷撰写祭文、备齐香火，派遣官员到九嶷山祭祀舜帝。祭礼用最高礼节，即太牢之礼，也就是牛、猪、羊三牲全备。其他祭品和祭祀礼仪均与文庙祭祀相同，乐曲采用朱熹的《虞庙乐歌》。还规定，县令代朝廷致祭为每年二祭，时间为农历二、八月上甲日。"遇国有大事"，遣官专程告祭。

历代帝王为显示其正统，都离不了九疑山舜帝陵祭祀。皇帝举行隆盛的祭礼。既是构成皇权存在合理性、合法性的普遍逻辑性法则和终极依据，又是皇位正统和大一统所必需的文化表征。正统，出自儒教圣经《春秋》一书，又称法统、道统、礼仪之统，意思是以宗周为正，尊先王法五帝，为天下一统。中原王朝为了证明自己是正统，还往往标榜本朝皇帝先祖是五帝感生，以获得政治上的统治合法性。每当王朝大一统，必然祭祀五帝，其中就有九疑山舜帝陵的遣官致祭。祭祀舜帝陵表示继承舜帝的治国思想，发扬最高"道统"，以证明其帝位的正统性。这一点，在祭文的内容中，有着充分的体现。

九疑山舜帝祭典与历史文化认同紧密相关，它是历史符号——九疑山舜帝陵连接历史文化认同的中坚力量。通过凸显文化符号、与历史的勾连能力以及对当前现实的诠释，九疑山祭典既可以复活旧的集体记忆，也可以制造新的集体记忆，而集体记忆又和历史文化认同紧密相关，通过制造共识和辐射话语力量，集体记忆能有力地推进历史文化认同。九疑山舜帝陵通过祭典活动，起到了历史文化认同的传承作用。

3.九疑山舜帝陵祭祀是体现民族认同，凝聚民心的历史符号

加入中华民族大家庭，必须有着历史认同的精神基础。中国历史系统的主干就是：伏羲、神农、黄帝、帝喾、尧、舜、夏、商、周。凡是被融合为中华民族的少数民族或边疆民族，都会在精神上认同这个历史系统，而自认为这一历史系统是"我们的"历史，也会从这一历史系统中找寻自己的祖先。北魏的拓跋氏自认为是黄帝的后裔，宇文氏则自认为是神农氏的后裔，而"鲜卑族"自认为是黄帝少子"昌意"之后。今日的汉族，则大都自认为是"炎黄子孙"或"黄帝子孙"，四川北部的羌族，则坚定地认为自己是大禹的后代。正因为这样，无论哪一个民族称王称帝，都有着祭祀人文初祖的活动，所以三皇五帝的陵寝也就成了体现民族认同、凝聚民心的历史符号。

由蒙古族掌权的元代，蒙古史家托克托编写《辽史》时，为体现历史认同，将华北建立大辽的契丹贵族耶律氏，特别写明是炎帝之后。《辽史》中还有一段话，大意是说，炎帝、黄帝的子孙很多，四方君长大多是他们的子孙，因此建立中原王朝的帝王其实都同出于此根源。这可说是史家以"炎黄子孙"来将辽、元政权正统化，体现民族认同，由此元朝统治者也就有了祭祀舜帝陵庙的活动。据《元史·祭祀志》载："致和元年（1328），礼部移太常送博士，议舜禹之庙合依尧祠故事：每岁春秋仲月上旬卜日，有司蠲洁致祭，官给祭物。"道光八年《永州府志·事纪》："元至治四年（1324），命有司祭舜庙。"元代反复祭舜体现了元代统治者

的中华民族认同。

　　历史上所有外族入侵的王朝，到了中原以后，都得借用延续了数千年的儒家文化来建立整个社会的伦理秩序，以达成中华民族的社会认同。明末农民起义后，吴三桂引来满族入关，建立起清王朝。清初，满族统治者强迫汉人改穿满人服装，按满人习惯蓄发，两种文化发生了激烈的碰撞。满族，无论是文化水平还是社会发展的水平都无法与汉儒文化相比。清王朝统治者为维护统治，只好学习汉儒文化，聘请前朝儒学博士入宫教学，启用汉人参与政治。于是，清朝又走了前朝老路，认同了中国的汉儒文化。康乾盛世之所以能实现，其实也是清统治者完全汉化，认同了儒家文化伦理后的结果。

　　民族凝聚力，它代表着一个民族由于共同的认同和归属感而使其朝着同一方向发展的向心力，是团结和维系整个民族生存与发展的巨大精神力量。在和平时期，凝聚力往往借助于大型活动而得以体现。九疑山舜帝陵的寻根祭祖活动，在历史上体现了民族的历史认同，各族群的同祖同宗，不仅起到了推动历史认同的作用，而且表现了中华民族的凝聚力。

　　（二）舜帝祭祀在现代社会的主要价值及意义

　　九疑山舜帝陵，在20世纪90年代陵庙抢修的基础上，扩建成了具有旅游、祭祀、教育等综合功能的舜帝陵园。省、市、县公祭舜帝轮番不断，各种形式的民间团体祭祀层出不穷。九疑山舜帝祭祀，在现代社会，不仅在中华民族的历史、文化认同中继续发挥积极作用，而且在凝聚民族情感，发扬民族精神，在实现民族复兴方面，有着不可替代的特殊意义。

　　九疑山舜帝陵的祭祀活动，其主要价值和意义表现在社会价值和经济价值两个方面。从社会价值来说，首先舜帝祭祀对于传承舜帝精神，铸造民族之魂有着积极的导向作用。舜帝所表现出来的"自强不息的进取精神、天下为公的献身精神、仁孝和合的团结精神"是中华民族精神的主要源头。

舜帝的一生都在自强不息，不断追求，不断创造。他出生在一个普通家庭。父亲是个瞎子而且愚顽，母亲是后娘，为人狠毒，心术不正，后娘所生弟弟非常傲慢。他们时谋陷害舜。舜帝有如此遭遇，却从未气馁，对家庭不逃避反抗，依旧孝顺友爱。他年轻时，做过农夫，打过鱼，做过陶器，跑过生意，当过苦工，每干一行，都能够干出成绩，受到别人尊重。所以孟子感慨良深地说："舜发于畎亩之中……故天将降大任于斯人也，必先苦其心志，劳其筋骨，饿其体肤，空乏其身，行拂乱其所为"，也就是说，君子要有所作为，一定会遇到常人不能忍受的艰难困苦，而磨炼战胜困难的品德，自强不息的精神是实现理想的保证。后世儒家，从舜帝自强不息的追求中，教育人们逐渐养成"至善至美"的浩然之气。主张圣人可学，圣人也是人。"彼寸去也，我于去也"（《睦文公音包上》），所以"人皆可以为尧舜"。

舜帝"勤民事，苦忧人"，一心为公，把自己的一生献给了他所管理的民众。他所管理的时代被后人称为"大道御世，天下为公"（后魏·温子昇《舜庙碑》）的时代，是一个"谋闭而不兴""次窃乱贼而不作""外户而不闭"的"大同"理想社会。天下为公就意味着以人为本，为国献身，做到"民为贵，社稷次之，君为轻"。他最后将皇位禅让大禹，南巡苍梧，崩葬九疑。他用自己的一生，实践了天下为公的理想。

舜帝认真推行"五典"，创立了社会伦理道德体系；努力和合万邦，成就了安邦定国的统一大业。舜帝创立的社会伦理道德体系，其核心内容是一个"孝"字。舜帝本身就是一个大孝之人，是当时社会孝的楷模。舜执政后把"孝"拓展为"父义、母慈、兄友、弟恭、子孝"等五种伦理道德规范,即所谓"五典"。他起用"八元",推行五典之教,到四方教化万民,收到了良好的效果。后来,舜帝又将仁爱孝道扩展到处理各部族的关系,达到了相互团结,和合万邦的目的,建立起统一、安定、富强的国家。舜帝的仁孝及和合的表现成了后世的道德典范。

舜帝精神作为一种优秀的文化传统,随着中华民族的形成、发展、壮大,其内涵在不断地丰富和扩大,铸造了中华民族的人文品格,升华为中华民族的民族精神,使其成为渗透于中华民族政治、法律、文学和人们的人生观、价值观及道德观等领域的精神元素,并世代流传,积淀成为中华民族的优秀传统和稳定的心理情感,这是中华儿女精神力量和智慧的源泉。舜陵祭祀活动就是反复赞扬舜帝精神,反复宣传舜帝精神,在人们的脑海中深深地打下舜帝精神的烙印,从而引导人们树立起公天下、勤民事、自强不息的民族精神。

其次,舜帝祭祀对于继承和发扬优秀传统文化,构建和谐社会,有着积极的推动作用。舜帝的一生履行了爱亲重教、宽容仁慈的人伦道德,勤劳守信、乐于助人的职业道德,勤政爱民、选贤任能的社会道德,尊崇自然、天人合一的宇宙道德。他二十而以孝闻,被荐给尧帝。他将"父义、母慈、兄友、弟恭、子老"的古代人伦道德推行到全国。舜帝耕于历山,把肥沃的土地让给他人;渔于雷泽,把经营好了的渔场让给他人。在他的感召下,周围的人也纷纷效法,把肥沃的土地和上好的渔场让给他人。在河滨制作陶器,河滨之陶都不粗劣。在寿丘做生活用具,在负夏一带做生意,诚实守信。在他的影响下,邻里和睦,村民友好,大家都愿与他择邻而居。舜执政后,勤政爱民,多次到全国各地巡视,体察民情,处理政务。他举贤任能,"举八恺,用八元",最后以"利天下而不利一人"的胸怀,将江山禅让给治水有功的大禹,表现出了天下为公的崇高思想境界。在政治生活中,舜推行以和为贵的方略,"舞干戚于三苗"以德感化三苗,使他们"弃恶从善"。国家经他治理,出现了"九族亲睦""和合万邦"的政治清明、国家统一、社会安定的局面。汉代史学家司马迁在《史记》中对舜帝的世系、家庭、德行、德政做了较详细的叙述后,赞扬说:"天下明德皆自虞帝始。"一个"始"字,概括了舜帝对后世的深远影响。舜帝所倡导的道德文化,对于当今建设和谐社会,有着积极的现实意义。舜陵祭祀对于继承优秀的道德文化,有着不可低估的推动作用。

第三,舜帝祭祀对于增强民族凝聚力,呼唤民族情感,促进祖国和平统一,有着积极的鼓动作用。中国伦理的基本观念,是仁孝合一,且视孝为根本。孔子说"舜其大孝也""孝弟也者,其为人之本"。中华文化之传统,以宗族之亲情为起点,以社会道德为重心,教忠教孝,立己立人,凝成民族思想。企求民族复兴,必须提倡民族的伦理孝道。谋取国家强盛,更应实践民族伦理。舜帝作为中华民族杰出始祖,深受民族敬仰,舜帝伦理道德是海外华人社会尊崇的伦理道德,赖以自强的有力的精神支柱。百余年来海外华人由普通的苦力,跻身于居住国的上流社会,为居住国的华人争得一席之地,靠的就是舜帝自强不息的精神。海外华人社团的成立,主要有赖舜帝文化及道德精神的感召力。例如全球最大的华人社团之一的世界至孝笃亲舜裔总会,就是以阐扬舜帝孝道和敬亲精神,启迪祖德,建立伦理文化,服务亿万舜裔后代及华人社会为宗旨。他们以至孝复兴中国文化,以笃亲促进世界繁荣。会徽由地球冠以大象图案,寓有执大象而天下王之精神;环以圆形,列以名衔,意在促进世界大同。祭祀舜帝使旅居国外华裔有一个慎终追远访祖寻根的机会,意义深远。近些年,华裔社团回大陆寻根祭祖热潮高涨。世界舜裔宗亲联谊会 2004 年在九疑山举行公祭舜帝大典,参加大典的海外社团及代表,就有近500人之多。在世界各国与地区的舜裔中产生了重大而深远的影响。当时的泰国总理他信给祭舜大典发来了贺电："世界舜裔宗亲暨社会各界公祭舜帝陵大典组织委员会：本人谨以至诚祝愿世界舜裔宗亲公祭舜帝陵大典获得圆满成功，祝泰中文化进一步加强和发展，祝泰中友谊万古长青。"泰国执政党泰爱泰党副主席、泰国舜裔宗亲总会主席陈保焜也发来贺电："世界舜裔宗亲暨社会各界公祭舜帝陵大典组织委员会：值此世界舜裔宗亲暨社会各界公祭舜帝陵大典即将举行之际，本人深表祝贺。"

世界舜裔宗亲联谊会主席陈守仁，在祭典结束时，满怀激情写下了"身在海外，根在九疑"八个大字，号召海外游子，常回九疑，祭祀祖先，不忘根本。国民党元老陈立夫先生96岁高龄时，特为舜帝陵题联："至孝千秋一德，笃亲万里同风。"此联寄寓了陈老倡导舜德，期盼统一的耿耿情怀。此种事例不胜枚举，足见舜陵祭祀，充分表现了舜文化的强大感召力、凝聚力。公祭活动，通过卫星向全世界进行现场直播，产生了广泛而深刻的影响。特别是海外各个国家和地区的舜裔宗亲，通过电视观看祭舜大典庄严、隆重、热烈的场面，深受鼓舞，进一步增强了对人文始祖舜帝的崇敬感，进一步增强了对伟大祖国的认同感。

第四，舜帝祭祀对于继承和发展民族民间文艺，提高地方文化品位和知名度，有着积极的促进作用。舜帝祭祀是一个古老而又富有新意的活动，在使用民族民间艺术的过程中，不断继承、弘扬、创新，寓庄于乐，古曲新意，从而充满不尽的活力，显现出厚重的民间文化积淀。首先，祭祀活动使祭祀古曲得到了继承。如宋至明清的《恢平之章》《靖平之章》等古代祭祀礼乐，民间流传的《大开门》《水落音》等乐曲在祭祀中都得到了使用。其次，祭祀活动挖掘、整理了有关古曲。如为了在祭祀中能演唱舜帝创作的《南风歌》，特别邀请中央音乐学院著名的古典音乐教授挖掘整理了《南风歌》曲谱，使《南风歌》得到演唱和流传。再次，激活了古代失传的《韶乐》。现在演奏的《韶乐》有两个版本：一个是韶山毛家饭店集团出巨资，组织全国一些古曲专家挖掘、创作的《韶乐》；另一个是全国著名的中年作曲家杨天解挖掘整理、创作的。最后，祭祀活动为民族民间文艺表演提供了展示和竞争的舞台。

舜帝祭祀所产生的经济价值也是可观的。九疑山的舜帝陵庙及其他与舜文化的有关景点、庙宇，已成为永州市乃至湘、粤、桂重要的文化旅游景点。以舜文化为主要内涵的九疑山，已成为国家风景名胜区。近十多年来的各种祭祀活动，吸引了数百万游人来九疑寻根祭祖，观光旅游，不仅促进了永州旅游业的发展，而且带动了其他相关产业的发展。

"舜帝南巡"行迹考述

⊙张映华[①]

舜帝南巡是尧舜禹时代具有里程碑意义的重大历史事件。拿4300多年前禅位之后的舜帝做例子，以他的行动轨迹为切入点，探究舜帝跨越黄河长江、沟通中国南北的路线图，丈量作为中华民族道德鼻祖的虞舜的精神高度，作为中华民族道德源头的舜文化的长度和宽度，有利于廓清远古中国的一段模糊历史，有利于让历史的明灯照耀中华民族伟大复兴的现实。

一、南巡线路：起自蒲坂终于九疑

司马迁在《史记·五帝本纪》里说："（舜）践帝位三十九年，南巡狩，崩于苍梧之野，葬于江南九疑，是为零陵。"在这里，太史公对舜帝"南巡狩"的史实叙述非常简略，给历史留下了颇费猜疑的填补空间。

考虑到当时的交通条件，结合典籍的相关描述，陕西省历史博物馆研究员杨东晨等专家潜心研究之后复原了舜帝南巡的大致线路：移交权力之后，舜帝带上自己一干人马奔赴茫茫南国，他们告别帝都蒲坂，选择在山西风陵渡渡过黄河，然后进入陕西潼关，经过商洛，顺着丹江水

[①] 张映华系九疑山舜文化研究会研究员。

道漂流到湖北的汉水，再取道荆州，经过夷陵，横渡长江，来到湖南的洞庭湖一带。安顿好家属，他们溯湘江水而上，途经长沙，踏入韶山，登上衡山，再入湘江复走通往永州的水路，到达了此行的目的地苍梧之野。到达目的地后，他们以重华岩（紫霞岩）为活动中心，长期驻扎在九疑山地区。

借用现代地图，我们可以描绘出舜帝南巡经过的主要站点：山西蒲坂—陕西风陵渡—陕西潼关—陕西商洛—湖北荆州—湖北武汉—湖南岳阳—湖南长沙—湖南湘潭—湖南衡阳—湖南永州。

◎舜帝南巡

看得出来，舜帝的南巡线路以水路为主，陆路为辅，便于借助舟船车马之力。其实，舜帝南巡选择的这一条线路就是早年象封有庳走马上任的线路，也是虞舜朝廷派官员对有庳侯王考绩的线路。尧舜时代，处在三苗腹地的有庳侯国看起来是一块"飞地"，却并非一座孤岛。一是尧舜修好了与三苗的关系，二是当时的中央朝廷重视有庳，与它有常来常往的紧密联系。《尚书·舜典》里如此记载："三载考绩，三考，黜陟幽明。"这就是说，舜帝对"八恺""八元"和十二牧等官吏实行了三年一次的政绩考察制度，以三次考察的结果来确定对官员的提拔或者罢免。《史记》也告诉我们，尧舜时代"五岁一巡狩，群后四朝"——最高领袖每五年一轮巡视地方，地方官员每四年一轮到中央述职。有巡守、考绩和述职制度在，这就加强了中央对各方部落的管控和各方部落对中央权威的认同。考察和述职的常态化，使跨越黄河长江两大水系的蒲坂到九疑之间的道路，成了当时中央与地方之间的畅通的轻车熟路，成了加强民族团结的桥梁纽带，华夏、东夷和三苗之间的融合因此而加速。

二、途径衡山：成就南岳盛大名声

既然舜帝南巡是奔"江南九疑"而去的，那么他们风尘仆仆，在湖南境内会留下难以磨灭的踪迹,这些踪迹往往会打上鲜明的"舜"字记号。

《山海经·中山经》记载："洞庭之山……帝之二女居之。"《水经·湘水注》曰："是山湘君之所游处，故曰君山矣。"君山又名湘山、洞庭山，在今湖南省岳阳市西南的洞庭湖中。古籍告诉后人，舜帝南巡时曾经停留在洞庭湖中的君山岛上，在此安顿了伴行的家眷娥皇、女英等人。《史记·秦始皇本纪》的记录是重要印证：始皇二十八年（公元前219年），"浮江，至湘山祠。逢大风，几不得渡。上问博士曰：'湘君何神？'博士对曰：'闻之，尧女，舜之妻，而葬此。'"这里的"帝之二女"和"湘君"指的就是娥皇、女英。

另外，洞庭湖边的湘阴县北有黄陵庙，庙里祭祀的是娥皇女英，据此可以判定，停留在洞庭湖区域的娥皇女英到过湘阴一带。北魏郦道元在《水经注·湘水》里如是说："湘水又北迳黄陵亭西，右合黄陵水口。其水上承大湖，湖水西流，经二妃庙南，世谓之黄陵庙也。"

湘潭韶山是舜帝南巡的重要登临处。《湖南省志·地理志》引述清朝的《嘉庆一统志》的话这样阐释："韶山,相传舜南巡时奏韶乐于此,因名。"权威工具书《辞海》这样诠释韶山的得名："相传古代虞舜南巡时，奏韶乐于此，故名。"

南巡的队伍一路向南，就来到了南岳衡山。山上的宝露坛即是舜帝南巡的纪念性建筑。东晋王嘉《拾遗记·高辛》里记载：舜"迁宝瓮于衡山之上，故衡山之岳有宝露坛……"在关于宝露坛的民间传说中，舜帝将高辛氏赠送的玛瑙瓮带到了衡山之上，与三苗的头领们共饮瓮中的甘露，彼此情欢意洽。

《衡山县志·古迹》里记载：帝舜将高辛氏盛甘露的玛瑙瓮迁于衡山，故南岳有宝露坛。舜在坛下建望月馆以瞭望月亮。安上峰有舜庙、舜溪、舜井、舜洞，传说舜帝巡狩曾驻跸于此。唐代诗人朱庆馀写有《南岳后山舜井旁有舜洞》诗："碧甃磷磷不记年，青萝锁在小山巅。向来下视千山水，疑是苍梧万里天。"

另外，衡山上的紫金台关涉最早的帝王祭舜之事。《大清一统志》记载："禹南巡，至衡山，筑紫金台，望九疑而祭舜。"大禹祭舜地点紫金台在衡山县西三里处，所筑的祭台为圆形，直径三丈，可见当时礼仪之详备与隆重。除了紫金台，南巡祭舜的大禹在衡山上还留下了"禹王碑"等遗迹。

舜帝巡守留佳话，禹王筑台慰英灵，这是衡山的殊荣。初定"五岳"的时候，衡山是不在其列的，史料中可以查找个中原委——五岳是四岳之变，这可以追溯到尧命羲和氏四子分管四岳的时代，那时的"四岳"是主管方岳的官吏职称。《周礼·大宗伯·大司乐》始言五岳而语焉不详。直到汉宣帝神爵元年（前61年），朝廷才确定以泰山为东岳，华山为西岳，霍山（即安徽天柱山）为南岳，恒山为北岳，嵩山为中岳（参见《汉书·郊祀志》）。隋文帝杨坚开皇九年（589年）诏定湖南衡山为天下南岳，南岳从此易主，"五岳"就此定型。

看得出来，湖南衡山能够跻身"五岳"之列，并以"中华寿岳""五

○禹王碑

岳独秀""文明奥区"等盛名著称于世，这与道教里掌管人间福禄寿的火神祝融被封为衡山山神密切相关，也与南巡的舜帝和大禹倾心眷顾密切相关。

三、进驻九疑：深得有庳侯国支持

过了衡山，舜帝南巡的队伍就来到了永州市东安县境内的舜皇山。这里已经是象的封地有庳古国。东安舜皇山初名红云山，位于五岭之中的越城岭北麓。明朝嘉靖年间修纂的《永州府志》称："永之东安有舜山——因舜巡狩所经也。"东安县除了舜皇山，还有大庙口舜庙，那里流传着"舜皇偷雨""舜皇斗寿佛""舜石桥"等民间传说。

东安往南可达如今的永州市零陵区，零陵区是舜帝南巡的所经之地，后人修建舜帝庙、湘妃庙，通过祭祀活动来怀念舜帝，弘扬舜德，传颂二妃情操。

零陵区黄田铺镇有舜帝庙村，舜庙遗址仍在，有可能是柳宗元在《舜庙祈晴文》里提到的零陵舜庙。

柳宗元在永州期间撰写了《湘源二妃庙碑》，文中显示零陵有二妃庙。宋朝乐史的《太平寰宇记》中记载："零陵县，（有）湘妃庙，尧之二女降于虞舜，舜狩苍梧不返，二妃奔丧泣望九疑，传于湘渚之竹斑皆其泪痕也。今有古庙存焉。"明朝嘉靖年间编修的《湖广通志》、清朝《湖南通志》里记载，"潇湘庙（楼），在（子）城西，潇湘二水合流于前"。专家考证，零陵湘妃庙庙址有两处，一在蘋岛中，一在蘋岛附近的潇湘东岸。

"解吾民之愠阜吾民之财"的舜帝"勤民事而野死"，"崩于苍梧之野，葬于江南九疑"。查证古籍，考察舜帝南巡留下的遗址，我们不难推出今日的永州就是有庳古国的主要地盘，就是最古老的苍梧之野，就是舜帝南巡终点站的结论。

我们不妨把永州市双牌县江村镇象祠、有鼻亭等象王古迹当成九疑山舜帝陵庙的孪生产物看待。

东晋著名史学家王隐在《晋书》里说："泉陵县，北部东五里有鼻圩，象所封也。"

明朝洪武年间修撰的《永州府志》记载："舜封弟象于有庳，即今道州地。州北六十里有象祠，土人水旱必祈。"

清代《道州志》记载："庳亭即庳圩，在道州北六十里，道旁有穹碑敕'古封有鼻圩处'六字，故名。"

打虎不离亲兄弟，上阵须教父子兵。舜帝执政，封其弟象于有庳，可以让改恶从善的弟弟经受世事的历练。舜帝南巡，得有庳侯王的接应，免于禅位之后干政的嫌疑，这也是情理之中的事。

有庳古国的辖区，大体是以古代零陵郡、今天的永州市为核心的湘南地区，治所在今天的双牌县江村镇。"史学家公孙先生"（网名）在他的博文《舜帝逝于弟弟象的封地》中说："象所封地大约应为洞庭湖之南，桂林之北，沅水与湘水之间的土地，也就是今天湖南、广西交界处一带。"据永州市文联主席刘翼平考证，古代有庳"管辖范围大体为今衡山以南，九疑以北，郴州以西，桂林以东"。如此说来，"有庳古封"就是司马迁笔下的"苍梧之野"。

受舜德之感化，封于有庳的象"泽加于其民"，使人们安居乐业。于是百姓感戴他的恩德，修建象王庙、供奉象王神像以示纪念。参考柳宗元撰写的《道州毁鼻亭神记》，1986年版的《零陵要鉴》记载："相传舜……受禅部落联盟首领，其弟象封于有庳，即今双牌县江村一带。唐以前，这里有象祠，唐元和六年，道州刺史薛伯高毁之。"

禅位也好，南巡也罢，绝对不是个体行为，而是集体行动。把舜帝南巡当成深思熟虑的集体行动看，才会接近历史的真实。这就存在南巡的大队人马的给养如何解决的问题。可以推导出来的结论是，那一支南巡的队伍从朝中带来了部分所需物资，来到目的地后就地发展生产，有庳侯国在倾力相助，三苗首领也略表敬意……茫茫南疆，投亲靠友，象王政权当仁不让地予以资助，九疑山地区的古老传说《石象拜舜》便是这方面的佐证。故事里异母所生的弟弟象对哥哥虞舜表态说"我现在愿意分担你的艰苦"，于是一路相伴来到九疑山的箫韶峰下，开荒耕种了九百九十九亩田地。得知哥哥战巨蟒牺牲的消息，劳累和悲痛过度的弟弟倒在路上，化成了石象……

兄弟齐心，其利断金。我们完全可以这样说，有庳侯王的脾性大变离不开孝祖虞舜的示范引领，有庳侯国的臻于郅治离不开德圣舜帝的悉心指导。这就是"五典之教"的魅力所在，尧天舜日的魅力所在。

四、情满九疑：仁君舜帝高山仰止

以萌渚岭余脉三分石和舜源峰为主要地标的"江南九疑"距离双牌江村不到100公里路程，它是爱民情深的仁君舜帝生命的归宿和卒葬之地。

先秦古籍《山海经·海内经》载："南方苍梧之丘，苍梧之渊，其中有九疑山，舜之所葬，在长沙零陵界中。"

魏代刘劭、王象诸臣奉敕撰集的《皇览》中记载："舜冢在零陵营浦县。其山九溪皆相似，故曰九疑。"请大家注意，"舜冢"所在的营浦县是湖南省道县的历史曾用县名，既有"舜冢"又有九疑山舜帝陵的宁远县长期被设在道县的地方政权所管辖，宁远舜帝陵一带才是唐代道州刺史元结所称的"方二千余里"的九疑山的核心区域。

《山海经》和《史记》言及，为了消除九疑山的水旱灾害，解救百姓的困苦，舜帝积劳成疾，"崩于苍梧之野"，藏精于宁远大地。作为"不树不封"时代的舜帝陵墓，专有名称就叫零陵。后世的零陵演变成行政区划名，治所几经变迁，于是有庳侯国的名字被汉武帝时期以及后来王朝设立的零陵郡所取代，而零陵郡的辖区大致还是当年有庳侯国的辖区。

作为古有庳侯国的一部分，宁远的历史文化底蕴深厚，素有"舜帝藏精之所、光武发祥之基、牌祖生卒之地、濂溪汤沐之乡"的雅称，是南岭地区的文献之邦。舜帝的足迹遍及九疑内外，留在宁远的南巡纪念地不胜枚举，主要有大阳洞的白鹤观、汉唐坪古舜帝庙遗址博物馆、九疑山舜帝陵、处于九疑山腹地的舜峰（三分石）以及九疑山九峰里的舜源峰、萧韶峰、娥皇峰、女英峰，还有著名岩洞重华岩（紫霞岩）等等。

《中国历史文献和方志》记载：舜帝陵庙始建于夏代，最早时在九疑山大阳溪白鹤观前，三代（夏商周）时祭祀于此，土人呼为大庙。白鹤观前的舜庙是现在已知的最早的舜庙。

汉唐坪古舜帝庙遗址博物馆在玉琯岩前，占地面积3.2万平方米，是第六批国家重点文物保护单位。从秦汉到元代，此处便是九疑山舜庙之所在。古舜帝庙遗址东西宽80米，南北长120米。有正殿、寝殿及东西配享殿、东西昭穆殿、亭榭、东西厢房等建筑基址。遗址内出土了大量高规格的建筑陶瓷和祭祀陶瓷，比如"舜"字头瓦当。

从明朝到现在的九疑山舜帝陵系明朝洪武四年（1371年）从玉琯岩古舜帝庙搬迁而来，它坐南朝北，位于舜源峰北麓。从20世纪90年代到新世纪初修复之后，九疑山舜帝陵占地5万平方米，分为两个自然院落，九个单体建筑。主体部分有玉带桥、仪门、神道、山门、午门、拜殿、正殿、寝殿、左右厢房、左右碑房和碑廊，它一面与山麓结合，另三面宫墙环绕，结构严谨，气势恢宏，在我国境内始祖陵庙中享有"第一陵"的盛誉。

除了古舜帝陵庙，九疑山地区还有一系列涉及舜帝以及二妃等人名号的山峰岩洞名。宁远的西江曾有一座皋陶庙，为舜帝南巡的随行大臣皋陶而修建。至于宁远县城舜陵镇的古迹，则有游驾巷和迎薰桥（南门桥）。

舜帝的过化之处九疑山在道教中享有尊荣。根据《天地宫府图》和《真诰·稽神枢》等道教典籍，人间仙境被划分"十大洞天""三十六小洞天"和"七十二福地"。这些洞天福地是求福修仙的芸芸众生的深情向往。因为道州延唐县（今湖南宁远）的九疑山"时风嘉雨，浸润下民"，让舜帝"解体而升……托灵神仙"，加上被舜帝封侯的何真元拔宅升天，羽化为仙，萼绿华、鲁妙典、白马三娘等男女道士也在此处修成正果，九疑山洞遂被封为"朝真太虚天"，为"三十六小洞天"里的第二十三小洞天。同理，由于洞庭君山是"湘灵"娥皇女英的洞府，被道教封为天下"七十二福地"中的第十一福地。

在宁远境内，秦始皇时代出土过"赤玉瓮"、东汉出土过十二支"玉琯"，唐代开元年间出土过五件套的乐器"玉磬"，这些国宝级文物集中珍藏在九疑山玉琯岩一带，是舜帝南巡的重要物证。

《访何封侯》《教民制茶》《腰斩孽龙》《石象拜舜》《二妃哭竹》《荆

竹扫墓》《玉带围陵》等故事在九疑山地区流传了数千年，这是口口相传的舜帝南巡的活的历史。

仁君美德高山仰止。就是地方风物"九疑三宝"里的石枞、香杉和斑竹都打上了深深的"舜"字号烙印，更不用提及历代王朝祭舜留下的几十通碑文……

同属于九疑山区，毗邻宁远的蓝山县境内留有许多涉舜的山水名称，比如蓝山的主要河流称舜水，县西30里处有舜岩，舜岩附近有舜庙，此外还有用以纪念娥皇女英的皇英祠。相传蓝山县境内的南风坳（现改名为云冰山）是舜帝演唱《南风歌》的地方。道县县城西面有虞山，虞山下有唐代道州刺史元结所建的舜庙。在郴州市临武县，县城舜峰镇紧靠舜峰山，山边曾建舜帝庙。"虞（舜）帝南巡至九疑，曾驻跸于此。"《临武县志》如是说。

五、涉足两广：巩固德化三苗成果

当然，苍梧之野极其广袤，广义的九疑山范围也不狭窄，几可与苍梧之野等同。《水经注·湘水注》云：九疑山"蟠基苍梧之野，峰秀数郡之间，罗岩九举，各导一溪，岫壑负阻，异岭同势，游者疑焉，故曰'九疑山'"。两度出任道州刺史的元结在《九疑山图记》里称："九疑山方二千余里，四州各近一隅。世称九峰相似，望而疑之，谓之九疑。"

既然苍梧九疑疆域广大，心系万民的南巡舜帝不免要四处走动，足迹便延伸到了属于苍梧之野的两广地区，这样做有利于巩固德化三苗的已有成果。

广西全州古零陵郡治所便有虞帝岭、虞帝庙和二妃庙。"虞帝岭在城西二十八里，官道旁有行宫故址，云是大舜巡行处……虞帝庙在城西十里。"这是 1799 年清代嘉庆版《全州志》的记录。《嘉庆一统志》对此有所补充:"二妃庙在全州城南,祀虞帝二妃。汉初平元年建。唐元和九年修,柳宗元有碑铭。本朝乾隆十二年修,嘉庆四年重修。"

最早的古零陵郡从长沙郡析出,汉武帝元鼎六年(公元前 111 年)所置。彼时的零陵郡境域辽阔,治所在今广西全州县西南,辖区为今天的湖南邵阳以南资水上游、衡阳与道县之间的湘江、潇水流域,以及广西的桂林、永福以东与阳朔以北之地,这个区域足比现今的三分之一个湖南省还要大。广西全州古称洮阳县,直到长沙郡析出零陵郡后方才成为零陵郡的治所。零陵郡治所附近设置舜帝和二妃的祭祀场所,便于举行崇舜祭舜活动,可以免去跋涉数百公里前往九疑山舜帝陵祭舜的舟车劳顿。后世的元结将九疑山舜庙移至道州城西,将道州舜庙旁的山岭命名为虞山,情形与广西全州的做法相类似。

另外,广西桂林有虞山,又叫舜山,相传是舜帝所到之处。山下有虞帝庙,石崖刻有《舜庙碑》《虞帝庙碑》。虞帝庙东有南薰亭。虞山西麓有韶音洞,又名南薰洞。另外,临桂县有舜潭,灵川县有尧山和舜祠,梧州市也有虞帝庙。

广东韶关东北有韶石山,相传是舜帝经过并演奏韶乐的地方。韶石山上有韶台,山边有虞帝祠。

人以地传,地以人传。4300 多年前,舜帝和合万邦,过化苍梧之野,让该地区钟灵毓秀。世世代代的人们将他的故事口口相传,拿他的名号来标记山川,为的是铭记舜帝及其随行人员的恩德,将舜德和舜文化发扬光大,把家乡建设得更加美好。

九疑山：文化意义上的舜帝归葬地

⊙ 胡　娟[①]

舜帝的实际归葬地，在先秦时期便众说纷纭，如《墨子·节葬下》："舜西教乎七戎，道死，葬南己之市。"《吕氏春秋·安死》："舜葬于纪，市不变其肆。"《孟子·离娄下》："（舜帝）生于诸冯，迁于负夏，卒于鸣条。"《山海经·海内经》："南方苍梧之丘，苍梧之渊，其中有九疑山，舜之所葬，在长沙零陵界中。"这些说法至今又衍生出了永济鸣条岗说、定陶鸣条说、连云港市云台山（海州）说、陈留平邱鸣条亭说、宁远九疑山说、道县鬼崽岭说、梧州金鸡岩说等，乃至于最近又出现了一个全州九脊岭说。[②] 在长时间缺乏文字记载的情况下，舜帝的实际归葬地已变得扑朔迷离，从某种程度上说，争论的意义不大。而文化意义上的舜帝归葬地，在司马迁《史记》提出后，意义变得重大起来。

《史记·五帝本纪》载："（舜）践帝位三十九年，南巡狩，崩于苍梧之野。葬于江南九疑，是为零陵。"司马迁想通过舜帝南巡及其归葬九疑来表明"大一统"的历史观，也即衡山以南的广大蛮荒之地，也受舜帝教化，舜还归葬于此，他们是中华文明不可分割的一部分。故讨论舜帝

[①] 胡娟系湖南科技学院图书馆馆员。
[②] 肖献军. 舜帝归葬地考. 湖南行政学院学报，2017(2).

归葬地，一定要摆脱舜帝实际归葬地的迷雾，站在正史的角度来讨论舜帝"文化归葬地"的意义。而舜帝归葬地，又与九疑山分不开，故笔者梳理了历代正史及其权威注家对九疑山与舜帝关系的资料，以证舜帝的"文化归葬地"。

《史记》卷一：践帝位三十九年，南巡狩，崩于苍梧之野。葬于江南九疑，是为零陵。《皇览》曰："舜冢在零陵营浦县。其山九溪皆相似，故曰九疑。"①

《史记》卷六：十一月，行至云梦，望祀虞舜于九疑山。[正义]曰：《括地志》云："九疑山在永州唐兴县东南一百里。《皇览·冢墓记》云舜冢在零陵郡营浦县九疑山。"言始皇至云梦，望祭虞舜于九疑山也。

《史记》卷一一七：历唐尧于崇山兮，过虞舜于九疑。[正义]曰：张云："崇山，狄山也。《海外经》云'狄山，帝尧葬其阳'。九疑山，零陵营道县，舜所葬处。"

《史记》卷一三〇：二十而南游江、淮。上会稽，探禹穴，窥九疑，[索隐]曰：《山海经》云："南方苍梧之丘，苍梧之泉，在营道南，其山九峰皆似，故曰九疑。"张晏云："九疑舜葬，故窥之。"寻上探禹穴，盖以先圣所葬处有古册文，故探窥之，亦搜采远矣。[正义]曰：九疑山在道州。

《汉书》卷六：五年冬，行南巡狩，至于盛唐，望祀虞舜于九疑。应劭曰："舜葬苍梧。九疑，山名，今在零陵营道。"文颖曰："九疑山半在苍梧，半在零陵。"如淳曰："舜葬九疑。九疑在苍梧冯乘县，故或云舜葬苍梧也。"师古曰："文说是也。嶷，音疑，其山九峰，形势相似，故云九疑山。"

《汉书》卷二八：零陵郡，武帝元鼎六年置。……营道，九疑山在南。

---

① 楷体字为正史自注或历代注家作注文字。

《汉书》卷五七：历唐尧于崇山兮，过虞舜于九疑。张揖曰："……九疑山在零陵营道县，舜所葬也。"师古曰："疑，似也。山有九峰，其形相似，故曰九疑。"

《后汉书》卷二九：郅恽……遂系须冬，会赦得出，乃与同郡郑敬南遁苍梧。……《山海经》曰，南方苍梧之丘，苍梧之川，其中有九疑山焉，舜之所葬也。在今永州唐兴县东南。

《后汉书》卷一一二：营道南有九疑山。舜之所葬。郭璞《山海经》注曰："其山九溪皆相似，故曰九疑。"《湘州营阳郡记》曰："山下有舜祠，故老相传，舜登九疑。" 营浦《营阳郡记》曰："县南三里余有舜南巡止宿处，今立庙。"

《隋书》卷三一：营道平陈，并泠道、舂陵二县入。有九疑山、营山。

《旧唐书》卷四○：蓝山，汉南平县，属桂阳郡。隋废。咸亨二年，复置南平县。天宝元年，改为蓝山。九疑山，在县西五十里。

《明史》卷四：蓝山……西南有九疑山，山有杞林峰，岿水出焉，亦名舜水，北流合舂陵水。

《明史》卷四四：宁远……南有九疑山，介衡、永、郴、道之间。山有朱明峰，潇水出焉。又南有舜源水，北流与江华县浥、潇二水合为三江口。南有九疑、鲁观巡检司，在九疑、鲁观二峒口。

《明史》卷四四：江华……东有浥水，源出九疑山之石城、娥皇二峰，下流合于潇水。又东南有砯水，源出九疑山之女英峰，流合浥水。……又西南有锦冈巡检司，又有涛墟市巡检司，后移于宁远县之九疑、鲁观。

《清史稿》卷六八：宁远……南：九疑山，跨道州、江华、蓝山诸县。……水出东南舜源峰，即古泠水也，北流合潇水。

《清史稿》卷六八：蓝山……。西：九疑。南：地风坳，界接广东连州，钟水出焉，西流屈北会归水。水出九疑山，曰九疑水，亦谓之舜水。

从以上正史及其权威注本不难看出，舜帝归葬地之九疑（嶷）山在今天宁远、道县、蓝山之间，此处九疑山之所以能作为文化意义上的舜帝归葬地，在于其"九疑山方二千余里"，极为广阔与高大，其"最高峰畚箕窝海拔1959.2米，是湖南第四高峰"①，故元结在《九疑图记》中说："不知海内之山，如九疑者几焉。或曰：'若然者，兹山何不列于五岳？'对曰：'五帝之前，封疆尚隘，衡山作岳，已出荒服。今九疑之南，万里臣妾，国门东望，不见涯际，西行几万里，未尽边陲。当合以九疑为南岳，以昆仑为西岳，衡阳之辈，听逸者占为山居，封君表作园囿耳。'"也是看中了九疑山的文化意义。如此高大之山，又有舜帝归葬于此，作南岳实不为过。也正因为九疑山文化意义重大，故永州地区多次修订《九疑山志》。

◎张维新《九疑山志》　　◎吴绳祖《九疑山志》

以我的家乡论证一下九脊岭与九疑山的关系。我的家乡在湖南岳阳的南岳庙，绝不能说衡山之南岳庙是假的，我家乡的南岳庙是真的，只

---

① 《湖南永州九疑山——舜帝》：http://www.wutongzi.com/a/292190.html.

能说衡山之南岳庙影响了我家乡的南岳庙，九疑山与九脊岭也应当是此种关系，我们不能颠倒文化的源和流。

结论：文化意义上舜帝归葬地在今天永州地区无疑，广西学者试图以九脊岭代替九疑山，不仅要逐一论证历代正史及其注家是错误的，还要论证九脊岭高大如南岳，比永州九疑山还要广阔，做到这两点相信广西学者比较困难。故广西学者如想弘扬舜文化，不妨多作"苍梧之野"的考证，九疑山在全州的论证空间并不大。

三分石现象新解

⊙胡忠岳[①]

　　三分石又名三峰石，在湖南宁远县九疑山中。传说中华远古舜帝南巡身死就葬于此，故而又叫舜公石。它坐落在九疑山舜帝庙南边20公里的山间，特立独耸在高高的山巅上，海拔高达1822米，是九疑山第二主峰。外形奇特的巨石，在世界各地均有分布。在国外，有被认为诅咒物的，如美国怀俄明州东北部的魔鬼塔；也有被认为崇拜物的，如太平洋复活节岛的巨石像。它们从被发现之日起，人们就从不同角度来研究它、认知它。就人文角度讲，舜帝集中国上古德文化与和政文化于一身，国人崇拜舜帝早已到神化的程度，在其归宿之地三分石，沉积了4000多年的人文意念，已构成天地与人文之间的重重氛围，吸引着一代一代的有心之士，意欲撩开其层层的面纱，探索其形体的神奇和内涵的博大。但目前国人的认知角度大多还停留在"舜帝化身"层面上，其深层的研究并不多。大概是趋于神秘的诱惑，或许还有着更复杂的动因，笔者舍弃现代舟车，几次徒步往返于这片恒久温馨的热土，想用自己的眼光看看三分石，希望能窥见它的真容一斑，领略它的风采一缕，并试图解读它神奇复杂的内涵。

[①] 胡忠岳系湖南省舜文化研究基地特聘研究员。

一、巨石伴着火山而来

出宁远县城南不到 10 公里，就有"磊磊然如布棋石"的山岭，它们峰峰相约都一溜溜地朝着九疑山，就如当年臣民们面对舜帝，有的跪拜，有的作揖，有的倾听，有的仰视。这就是"万里江山朝九疑"的中华一奇。按照现代地质学的说法，这一带曾经是较薄的海相地壳，经造山运动强烈的挤压、坼裂，造成弥漫性的裂隙，地底岩浆成半流状从隙口挤兑而成群落式的浸出岩，堆成这般美妙奔放的山群。至于山山朝向一样，可能是与岩浆在地下按质量沉浮，到地面沉积时与轻重侧向有关。这种唯物新说似乎也解释得过去，但是几十里的大片山峰都朝一个方向倾斜，这在中国乃至世界其他地方倒是独见。那岿然伟岸的三分石是怎么形成的呢？

出城南 30 公里，到舜帝庙循旅游公路登上后山，看到 20 公里远，那像开叉蘑菇瓣似的三分石，很是新鲜。越两河口，溯牛头江，到巨石山脚前 3 公里处，就已清楚地看见那巨大的岩体，拥着高低大小不同的三个玛瑙棒一样的石峰，插在高高的山顶上，特别打眼。巨大的惊奋和狂喜怂恿着我，从羊岩坪山脚爬 6 里路陡坡，扛着步行一天的疲劳，终于身临高大神奇的巨石基部，亲手触摸到了这个神物。它雄姿卓越直搏云天，底部有三四百米高的元古代陆地红壤土石作山基，中部有四五百米高的大块板岩作为托石，上部才是这二三百米高的舜公石。是谁在造山运动时这么精心大作：先有地壳皱褶成管状裂隙，后有炼炉般的岩浆迸裂挤压举岩露石沿裂口冒出地表，形成巨大的立状岩体，然后慢慢冷凝成浩然大气的三分石。它是地底深层岩浆，比基部托岩和围岩都要坚硬，经过若干年水冲冰浸，托岩和围岩渐渐剥落，剩下耐侵蚀的岩体光怪陆离地突兀在这山尖上。在这周围的山间，还藏着更荒远的地质特征：这里既有散落的地幔层的绿纹岩块，又有蜂窝状的熔融石。还有全部砂石组成的山丘（在紫良乡已开采作铺路砂石用），它们均是火山运动的喷出物。其历史应在三分石出现以前，尤其是这三分石状貌特异，其名独一无二，成因不无神秘，当你看到那巨大岩体卓然挺立，就联想起舜帝之灵可能与之同在，就会萌生出一种神秘伟岸、庄严敬畏的感觉来。

二、舜帝看重古湖而来

远古舜帝时代的社会形态究竟怎样，现在还缺乏实物考证和图文支撑，我们无法知道真情。从上古人类演化史里，我们推知舜帝时代大概的状况，应没有传说的那么完美。其实那是一个充满征服和杀伐的时代，先有族（部落）灭式的征服，后有族灭式的复仇，为了切断恶性循环，睿智者首创了向自己势力圈外驱逐其他部落的族迁。族迁比族灭先进，是血与火之后的进步文明。在中国最典型的是黄帝征服炎帝，炎帝之族被迫离开中原之地南迁湖湘。尧传舜得人，故有"尧天舜日"之盛世。舜传禹失人，亦有被迫族迁，比炎帝迁得更远。他越过云梦大泽，溯湘流而上，大概先居在东安湘江边的舜皇山，后居在道州古湖边的九疑山。在地质历史的第三季，印度板块挤压欧亚板块，使得曾经是海域低地的远古道州的四周上耸，围成一个近5000平方公里的盆地。大地冷却，盆地里盛满了水。经过若干年的冰切水冲，水体对山体逐渐切割，峡口渐低，泽水渐少，道州（今道县、宁远、江华等地）古湖逐渐成了今天的盆地模样。但在舜帝时期，单江的流水，还没有完全完成对河床的切割。首先，在当年近40公里长的单江高山大塬的切割，比同期其他的矮岭低梁疏通的时间要长得多。其二，到唐宋时期将这条江特取名叫潇水，意即水深成蓝色，指盆地河湾里的水还比较深。其三，长沙马王堆出土的西汉深平军阵图，是九疑山地区的汉代绘图。从图名上和图例上看，这一带水域深平宽阔，水文标识粗大，表明水面还比较宽，水位还比较深。其四，再往前推，初书于战国的《山海经·海内经》载："南方苍梧之丘，苍梧之渊，其中有九疑山"说的是九疑山北边有一水泽。它不是千里外的云梦泽，应是"苍梧之渊"的道州古湖。凭这些史实可以断定，在距战国2000年以前的舜帝时代，盆泽的水位还相当高，大概逼近今天宁远鲁观一带。舜帝当年的居所大概在九疑山脚玉琯岩附近。距鲁观十里原垒，这里依山傍水，既可凭山安居，又可近湖治水，还能避开洪水倒湖之忧，是上古水稻耕作的天然佳处。在这个盆地西沿的玉蟾岩（今道县寿雁），近年出土了距今已有12000千年的水稻谷种。从考古角度讲，这一带应是全球水稻耕作的最早发祥地。这里山秀水美，景好物丰，是舜帝晚年长治久安的理想治所。当时舜帝为安全着想，还令其弟象带领部众居住在古湖泽出口的锁关要塞——有庳这个地方守关安民，以备（庳）护应。而后才有舜帝在此勤民野死的上古事件，才演绎出他身葬九疑三分石的千古美谈。在这里，先看看我们的祖辈，是怎么积年累代地炼出舜帝和三分石情结的。

三、这里是"太阳"陨落的地方

在中国历史上，都说舜帝葬在三分石一带。早在西汉的司马迁，特地来这里做过详细的考察，后来在他《史记》中千古定论："舜……南巡守，崩于苍梧之野，葬于江南九疑，是为零陵。"说舜帝死在今九疑山南边湘粤桂接壤的山地野外，葬在零陵境内九疑（三分石）山一带。九疑山横亘百里，只有三分石东头的枫木铺，仅有一低梁便道走30公里到南风坳，如今的永（州）连（州）公路正通过这坳口下广东。在舜帝时期，这里可是我国北方先民到岭南最主要的原古通道。这里有南风坳口，古蓝山本叫南平。这里有南粤海洋暖流直入，植被常年葱绿如蓝，古南平才改名蓝山。当年司马氏没有明说这山这路，但实际上说的即是现在的三分石。初编于先秦《山海经》的作者们，先于司马氏早就来过这里："咒在舜葬东、湘水南，其状如牛，苍黑一角。狌狌……在舜葬西。"咒山是现在枫木铺的虎头山，狌狌石是现在三分石西边对面的"叩天石"，他们硬是指定了舜葬的位置。到东汉时的蔡邕也察看过这里，他的《九疑山铭》："岩岩九疑，峻极于天"，说的是这直插云天的三分石，也是蔡氏说的舜帝"解体升天"之地。到了明朝《宁远县志》有这样记载："三分石壁立如玉笋，如珊瑚，……峰上有冢，以铜为碑，字不可识，疑为舜冢。"大致是依照历代说法认为舜帝葬于三分石。虽然我们现在已不大可能找到舜帝葬所而无法定论，但《史记》言之凿凿，《山海经》的舜葬特指，《九疑山铭》"解体"神话，绝不是空穴来风，定有它的渊源依据。尤其是传说中的大阳溪虞夏"祭坑"，于2003年，由湖南省考古所，在九疑山下隔江村的山门脚发掘而得到证实。感谢科学，我们已找到了打开这段信史的第一把钥匙。

　　舜帝当年南巡野死身葬于此，先有他的部从和民众行祭，后有官方定祭。五千年来，无论官方还是民间，其祭舜活动几乎没有间断过。在浩如烟海的历史传记中，有四个字经常提起："尧天舜日。"在先民们的眼里，尧是何等的开明，何等的勇毅，禅让帝位给舜，尧就是人们永世顶戴的光明之天。舜是上古中国"天下为公"的承建者，也是华夏和合政治的远古肇建者，其政绩蒸蒸如日，舜就是人们心中的太阳，能给国人无限的光明和温暖。尧和舜共同奏出了人类早期"良政"的千古绝唱，演绎出中国尧天舜日的高古神话。禹启父子扼杀"禅让"，肇建中国几千年"家天下"。舜帝南行在这里死了，国人心中的太阳在这里陨落了，先民们就在这里历年累代地寻找心中的光明，寻求美好的寄托。我们曾听到屈原诉委屈："济沅、湘以南征兮，就重华而陈词。"看到范仲淹在表寄托："故得兆民就日，万国慕瞻。"掂掂这个情分，在先民的精神世界里，是多么崇尚舜帝。在祖辈的实际生活中，是何等倚重舜帝。中国历代先贤们共同奏出了华夏早期"尧舜良政"的理想高歌，积年累代演绎出中国尧天舜日的亘古神话。神奇的九疑山早已成为国人怀念舜德舜政的圣地热土。神秘的三分石更是人们寄托舜思的神圣殿堂。在这尊巨石周围尚有多重物象异徵，是它们共同渲染出这里天地人文间的异象氛围。

四、斑竹泪染，鸟藏鱼潜

在九疑山一地，尤其是傍三分石东南边的山坡，间或发现一丛小竹，竹身有青褐色斑痕，这就是人们所传说的，由娥皇女英泪水染成的斑竹。最早是南北朝刘鹗在《虞舜庙》的诗里，有"白云生绝壑，斑竹锁疏林"首次提到"斑竹"一词。到唐宋以后，就大量出现二妃泪染斑竹的诗文。从此，这里的斑竹就增加了二妃思念舜帝的悲怜情分。据原九疑山学院有关斑竹的调查资料介绍，斑竹在国内和邦外均有生长，唯独九疑山一地的斑竹的斑痕要深一些。《九疑山记》说，斑竹一族在湖南只九疑山一地先有，譬如，洞庭君山二妃墓前的斑竹，益阳竹林公园的斑竹，均是从这里移植过去的。湖湘之大，为什么单单只有九疑山一地先有，斑竹为何偏偏伴这奇石而生。笔者认为，极有可能包含着很复杂的天地人文因素。个中缘由有待进一步考证。这里要说的是，倘若真的是为悲舜而生，就当年的情况而论，舜帝南巡野死苍梧特葬九疑，先悲的应该是追随舜帝的志士和国人，后悲的才是闻耗而来千里寻夫的娥皇女英。上古优秀的"和合"政治建制不续才是大悲，二妃夫妻情殇应是小悲。与其说二妃泪染斑竹，还不如说是志士仁人泪染斑竹。往深处说，这里的斑竹，主要是由历代良知者追求理想的噩梦眼泪而染成的。我们现在还能听到，李白当年就呼天抢地的大号："苍梧山崩湘水绝，竹上之泪乃可灭。"你看，在这三分石周围的山坡上，青翠苍苍的斑竹为何执着而永恒的生长呢。

中唐时期官居道州刺史的元结，当年就发现另外的一个异象，记在他的《九疑山图记》上。"峰之下，水无鱼鳖，林无鸟兽。时闻声如蝉蝇之类，听之亦无。"他曾多次到九疑山勘察。欲将舜庙迁到道州城边去，后代学者说他有畏难之嫌。其实文出有因，笔者为此到三分石周围反复探寻，其水道溪间确实没甚鱼虾踪迹，仅有水蛭之类的在水面游弋。不过听山民们说，溪水里鱼虾极少见，乌龟甲鱼倒是较多。更叫人纳闷的是，在三分石近处山间看不到野禽窜行，在地上也找不到野兽的脚印，连竹鼠之类挖爬的土洞也极少见。山里也没有什么鸟雀，确实只有鸣蝉之类的叫声。当地人还说，九疑山流域之中，种下的稻谷一般很少伤虫。这究竟是什么原因，是不是这个地方有一种物质抑制鸟兽鱼虾生息以及稻虫的滋生。从现代地质勘探得知，三分石周围地下含有核辐射的铀矿，但在同样情况的郴州许家洞铀矿，其山间表面却没有这现象。这里要说的是，它若不是矿物等自然因素造成，那又是什么因素所致？为什么要出现这类异微物事。难道还表征一种什么意思呢，究竟是什么成因，还有待进一步科学考证。叫人更纠结的是，在这块巨石上面经仔细察看，还有旗帜、拱门和老人头像。

五、三分石上的巨大头像

从四面观看三分石，其状态并不一致。站在三分石东西两侧相互对望，三峰互为遮挡，只看到单个庞大的重叠石峰。从南边往北看，也只能露出单峰石尖，基本没有石分三叉的景观。只有在北边观察，巨石的三分状态才庄严妙态地显露出来。就在这山北对面的山间，我发现了一个惊人奇观：那是一个积雪的傍晚，四周高山白雪皑皑，冬晴的夕阳，照射在巨石体的西厢，泛着若红若紫似黄似白的光芒，像五彩蒸汽一样，弥漫在巨大岩墙前的空间，荡出五花八门的朦胧彩光。隆冬的太阳怎会有这样的奇照，真是蹊跷。下得山来问林场老人，老人说那是三分石的东西两边石头颜色两样，这边和那边日照效果不一样，东边就没有这种现象。西边的石面被太阳一照就会产生彩光，老人的这种说法还是叫人迷惑不解。这尊巨石还现出一种态势：整个石体由西向东倾斜，好像西厢的一块逼着中间的一块，向东边倾轧，给人一种西强东弱的尴尬。在这巨石基部的东西两面托石上，还藏有甚为奇巧的图案。在西边的前上方有个"圆拱门"，门内有一面"旗帜"。在东边前上方也有幅图案，它没有圆拱门只有一面"旗帜"。在旗帜南边，却还有一幅老人"头像"。你看那宽宽的发际，高高的颧骨，寿额饱满突出、鼻梁稍微缩拢。左眉高右眉低、左眼张开成圆右眼眯成一线，只是鼻翼及嘴颌部分，被下面托山遮住还没显露成型。整个"头像"高近两百米，线条明朗比例准确，鲜灵活现叫人叹绝。笔者遍查永州地方资料，只有道县南边祥林铺鬼仔石"鬼俑"的报道，却没有这三分石头像的记载。它究竟是怎么来的呢，为探个究竟，我从巨石西边的后山，沿岩石的裂沟往上爬，终于登上巨石顶部。那上面并没有人工爬凿雕刻的遗迹，纯是大自然风剥雨蚀而成。但其头像造作又怎能如此精到？莫不是谁有意而为的，那么是谁在"主刀"呢，它究竟要表示什么意思？怀着多重好奇，我求问当地一个莫姓的老奶，她说那是一幅他们瑶族老头的头像，老太的头像就在畚箕窝（九疑山最高峰）那边，她还有鼻有眼地说出他俩的风流故事。一位陆姓的中年朋友却说，那是他们瑶族祖先盘古的头像。九疑洞永福寺禅师说得更玄：那是一尊保护舜帝的达摩佛像……总之是众说纷纭。笔者以为这灵峰巨石，一直被人们认定是舜帝的"化身"，莫不是上苍特意绘制的舜帝纪念像？！

东汉蔡邕的诗句云："岩岩九疑，峻极于天。"只有到过九疑山三分石的人，才能真切感受蔡邕描述的准确性。这"峻极于天"的三分石，天造地设，鬼斧神工，绝非人力所能撼动！近期有人说九疑山在全州，除非能用人力将三分石搬去。否则便是痴人说梦！

明清时期永州境内舜庙考论
——以方志为中心

⊙ 尹华君[1]

虞舜崩葬何处,至今尚有争议,但"崩于苍梧之野,葬于江南九疑"最为可信。位于潇湘源头的永州与虞舜有着千丝万缕的联系。除宁远九疑山的舜陵之外,永州诸县也多有或为追忆舜迹、或为景仰舜德、或为敬舜若神而建的舜祠、舜庙。本文以明清方志为中心,分析明清时期永州境内舜庙状况,拘泥于文献,略陈管见,以求就教于方家。

一、明清时期永州诸县舜庙之概况

(一)零陵之舜庙

永州的府治零陵,既是舜帝南巡去苍梧九疑的必经之路,也是永州官民祭舜的集散地,因此,零陵舜庙当多见于永州方志。然查永州府志,零陵之舜庙,虽有记载,但多是语焉不详。

零陵的舜庙,建自明前,洪武时庙已废,只剩遗址,"在县治西,遗址今入县廨"[2]。弘治年间,零陵城内又建有舜庙,"帝舜庙,在城南,世

---

[1] 尹华君为湖南科技学院馆员。
[2] 虞自明,胡琏.永州府志.洪武十六年刻本(卷五),1383:11.

传舜巡狩,曾憩于此"①。隆庆年间,舜庙又废了,仅有舜庙遗址,"在城北,今废,建按察分司"②。降至清代光绪年间,"帝舜庙,在县治南"③。可见,零陵之舜庙,屡经立废。

城中舜庙屡经立废,今不见迹,但城郊潇湘庙虽历多次废立迁址,至今仍存。潇湘庙又称潇湘二川庙,因庙建于潇湘交汇处,故有此名。弘治《永州府志》载:"潇湘二川庙,旧在潇湘滩西岸,贞元九年(793)三月,水至城下,文武官民祷而又感,至于水落,漕运艰阻,未有祷而不应。自是,凡旱干水溢,民辄叩焉。后徙庙于潇湘东岸。至正癸巳(1353),庙遭兵燹,遂移置于潇湘门内。洪武壬戌(1382),知县曹恭增置殿宇。洪武四年(1371),本朝敕封为潇湘二川庙。"此文详言该庙建于唐前,初建地址为潇湘合流处的西岸,后迁徙至潇湘东岸,元朝因遭兵燹,再迁至潇湘门内。因水旱之时,官民祷而有应,甚是灵验,所以多次迁徙增修,至今仍存,现存潇湘东岸,仍名潇湘庙。

据张京华先生考证,庙内"碑刻称庙祠为'潇湘圣庙''潇湘神祠',称帝舜为'皇爷',称湘妃为'二圣'"。立于嘉庆十三年冬的《西岸重装》碑有"二圣皇爷金身新塑"④之文,立于光绪年间的《福主田碑》有"我庙二圣皇爷保障一方"之文,二碑均言祀主为二圣皇爷,那么庙内可能同祀湘妃和帝舜。

---

① 姚昺.弘治永州府志.上海书店,1990(影印本):197.
② 史朝富,陈良珍.永州府志.隆庆五年刻本(卷十),1571:2.
③ 李瀚章,裕禄.湖南通志.光绪十一年刻本(卷七十五),1885:24.
④ 张京华.中国最早的爱情故事——永州潇湘庙初考.湖南科技学院学报,2007(5):16.

庙名"潇湘二川庙"始于洪武四年，来自朝廷敕封。而碑文之所以为"二圣皇爷"，而非"皇爷二圣"，妄猜为是庙二妃是主祀，帝舜仅为从祀。因为该庙今人多称之为"二妃庙"[①]，相传舜崩苍梧，葬于九疑，娥皇女英二妃溯湘寻夫，在潇湘汇合处曾作停留，后人就在此修庙以祭之。

（二）宁远之舜庙：是为舜陵

关于舜陵变迁。洪武《永州府志》详细记载了舜陵的变迁："虞舜庙旧在太阳溪，今不知处。汉以来置庙九疑山，下至唐旧庙湮废。元次山遂建于郡城之西，置庙户，刻石，为表与论舜庙。置庙户敕并刻于庙之南。僖宗时，贡士胡曾权延唐令，始复庙于九疑，有记。宋初，刺史王继勋奉诏修焉。知制张澹奉敕撰碑，岁以春秋，降祝版邑官藏事。太史公云，舜南巡行，死于苍梧之野，葬于江南九疑，是为零陵。《皇览》云，舜冢在零陵营浦县。"是文详言舜庙先秦时期旧在太阳溪，秦汉时建庙于九疑山玉琯岩，唐朝元结迁庙至道州城西，再后来胡曾复庙于九疑山玉琯岩。直到明初，朱元璋迁舜庙于舜源峰下。于是，明清以降，舜帝陵庙就一直定在舜源峰下。

关于舜陵规模。明洪武初建时规模可能不大，后经历代重修，规模渐大："（舜庙）在县南九疑山下。堂三门，中供石，主拜亭三间，仪门三间，左右斋廊各三间。明万历三年靖守蔡光重修。国朝康熙二十九年知县李应期谋及守僧，并给以膳田，资其护守。四十五年知县徐旭旦加修基址、阶砌，益加培固。"[②]再至乾隆年间，舜陵规模更大："虞庙，庙制舜源峰下，正殿三楹，龙亭一座，后殿一楹，拜亭一座，东西朝房各

[①] 杨金砖. 潇湘文学散论. 广西人民出版社，2008：263.
[②] 吕恩湛，宗绩辰. 永州府志. 道光八年刻本（卷六），1828：40.

三间，大门一楹，两旁碑亭各一座，周围墙垣六十丈。"①

关于舜陵的守护。舜陵规模日大，需要专人守护。早在唐朝元结迁庙于道州城西时，元结曾具表奏请朝廷，免去舜祠周围农户赋税，这既有为民请命免赋生民之意，又有要舜祠周围农户兼护舜祠之意。乾隆《宁远县志》详载有"陵户四名，工食银共一十六两。"陵户之外，还有僧道人士居庙敬香护陵。《祁阳县志》云："祁邑神庙皆招僧道住持。"②祠庙招僧道守护，一来是僧道之人吃斋念佛，以修身养性行善渡人为己任，这与祠庙布道弘德之旨吻合；二来是僧道之人可以脱离俗务，不事生产，有充足的时间去敬香护陵。祁阳如此，毗邻的宁远大抵也是如此。

守护舜陵，无论是陵户，还是僧道，都得开销。虽有朝廷工食银，但总是不够。于是，以田养陵的模式应运而生。"国朝康熙二十九年，知县李应期置祭田。"祭田多达28亩多，乾隆《宁远县志》详载了这些田地的方位和数目："瞻守陵僧田，洪君爵门口田六亩七分，大小十五坵；鸭婆洞田七亩七分，内一大坵；沈家门口四亩；九疑营门口塘脚二亩三分，大小二坵；大塘头一担二亩五分，大小九坵；大塘头田一亩三分，大小三坵。以上共田二十八亩八分，前令李君应期捐买。永福寺僧善初田给赡同善庵居僧守护陵宫树木公馆、契载九疑志。"

时间久了，护陵僧道也生懈怠之意，"文（按，指宁远知县钟人文）莅任后，祭甲时见庵情坍塌、盖瓦破败、佛像雨淋、亟捐资修葺。查庵僧德茂师徒，嗜酒怠惰，不守清规。旋即驱逐，另招僧持"。这就需要调整原有的以田养陵的护陵模式。乾隆年间宁远县令钟人文将"原有膳田

---

① 胡奠域，于缵周．宁远县志．乾隆二十七年刻本（卷九），1762：2．
② 陈玉祥，刘希关．祁阳县志．同治八年刻本（卷七），1869：1．

二十八亩八分，内将鸭婆洞十亩七分作每年完饷、检盖之资，余以给僧养赡。庶庵院永存，而舜陵宫殿可以长保无虞矣"。

（三）道州之舜庙：明清已废，只有遗址

道州舜庙，建自唐朝元结为道州刺史时。元结在《舜祠表》中奏报朝廷，为何要在道州立舜庙，一是"以虞舜葬于苍梧之九疑山，在我封内"，二是"是故申明前诏"，在州中立舜庙也是方便官民祭舜，以推行朝廷仁政。并言明奏报朝廷前已经"立祠于州西之山南"。元结的《舜祠表》作于永泰元年（765），而元结始为道州刺史是在广德元年（763），那么，道州舜庙当建于广德元年至永泰元年之间。

然而，约百年后僖宗朝，时任延唐令胡曾奏报朝廷，复迁舜庙于九疑山。大概由此之后，道州舜庙逐渐荒废。明清方志中，关于道州舜庙的记载，洪武府志称之为虞帝庙，弘治、隆庆府志中均为虞舜庙，清代方志多为舜祠。名虽不一，其实庙宇早废，只剩遗址。洪武府志中仅记为"在县之西北"，不言庙之存废；弘治、隆庆二志均记为"古有'虞山'二字，刻尚存，庙废"，明言弘治年间，道州舜庙已废，只有"虞山"二字石刻尚存。降至清代，方志中直言"（舜祠）州西门外儒学旁，元次山立，今废"，想必"虞山"二字石刻也不见了。

关于道州舜庙遗址的方位，明清方志中基本一致，洪武时"在县之西北"，弘治时在"西门外儒学旁"，这与元结《舜祠表》中记载"立祠于州西之山南"吻合。

（四）东安之舜庙：从都舜岭到大庙口

1. 东安舜庙之方位

洪武年间，东安境内有舜庙留存，府志言"都舜岭下，建自前代，今存"。弘治年间，东安境内舜庙仍然存在，"舜庙，在都舜岭下，建自前代，今存"。

隆庆年间，东安境内仍然有舜庙存在，"在都舜岭下，建自前代"。可见，明朝时，东安舜庙在都舜岭下。都舜岭又名舜岭，弘治《永州府志》卷之二《山川志》曰："舜岭，在县西三十里。其脉于九疑，高接青天。云雾冠其巅，则雨；间之，则霁。下有舜庙在焉，取舜峰环翠。为一景。"其言舜庙在舜岭下，舜岭为九疑之余脉，舜庙依山而建，舜峰环翠。这里山岭高耸，时雨时晴，景色宜人。既是县内人们拜祭舜帝之近地，又是一处山水胜地。之所以立舜庙于都舜岭下，因为永之东安有舜山、玉陛源，皆祀有虞氏。东安近九疑，固舜巡狩所经也。由此可见，明朝的东安境内的舜庙不在县治，而是在县西三十里外的都舜岭下。

降至清代，光绪《湖南通志》载："帝舜庙，在县西阳江源。"可见清朝时东安舜庙在阳江源。阳江源又叫杨江源。现在的舜皇山又叫舜岭、舜峰山，《湖南通志》记载："舜峰山在县西四十里，即玉陛源清溪水出此"，那么玉陛源出自舜峰山。其实，杨江源也出自舜峰山。据后人考证，"舜峰山麓的玉陛源口及其右侧的杨江源口均建有舜庙，杨江源口舜庙规模尤为壮观。清嘉庆六年爆发的特大山洪将舜庙冲到了下游三百米处，后人便在此又建大庙，据说庙内原有大型尧舜塑像，并有戏台、游亭、石狮，石碑甚多，大庙口得名于此。"[①] 由此可见，清朝东安境内的舜庙在阳江源，也叫杨江源，就是现在的大庙口镇。

2. 东安舜庙之变迁

东安的都舜岭下舜庙建于明前，至洪武、弘治年间，该庙尚存。至隆庆年间，都舜岭山麓玉陛源也出现了祭祀虞舜的祠庙，"永之东安有舜山、玉陛源，皆祀有虞氏。"但隆庆府志秩祀志中只记舜山舜庙，大概是

---

① 陈泳超. 永州之野觅舜迹. 中国典籍文化，1999（3）：119.

它比玉陛源舜庙要年代久远和规模宏大而已。当地人认为八月十三日为舜皇生日，故每年的八月十三前后十数天，都有相当隆重的民间庙会活动，直到新中国成立前夕庙宇被毁，庙会活动也因此湮灭。

（五）祁阳之舜庙：从虞帝庙到潇湘庙

1. 虞帝庙

明洪武年间祁阳有座舜庙，名为"虞帝庙，在平乐乡"。建自何代，规模如何，不得而知。自弘治《永州府志》始以后的明清方志中，未见该庙记载，估计该庙在弘治年前已毁。

2. 潇湘庙

祁阳县城内有座潇湘庙，既祀虞舜，又祀虞舜二妃，这是永州境内确知的"家庭团圆版"虞舜庙。

关于祁阳潇湘庙的方位。道光《永州府志》载："在县治东潇湘门内。泮水从此入湘。"此处泮水当指流经学宫前的祁水。徐霞客《楚游日记》载："祁江从北至此，南向入湘；而甘泉活水，又绕学前，透出南胁，而东向入湘。乃三交会之中，故桥曰潇湘桥，亭曰潇湘亭，庙曰潇湘庙，谓似潇湘之合流也。庙祀大舜像，谓巡守由此，然隘陋不称。"由此可知，潇湘庙位于祁阳县城东潇湘门内、祁水与湘江的交汇处。

关于祁阳潇湘庙的祀主。道光《永州府志》言"上祀虞舜暨二妃"，祀主为虞舜和舜之二妃，二妃当是娥皇、女英。光绪《湖南通志》言"祀帝舜及湘君湘夫人"，祀主为虞舜和湘君、湘夫人。二志都肯定虞舜是潇湘庙之祀主，至于另外两个祀主湘君、湘夫人是否就是娥皇、女英，留待后考。

关于潇湘庙的变迁。潇湘庙初建最迟于明隆庆年间，隆庆《永州府志》中祁阳首次出现潇湘庙，"在城外小江口"。该庙旁风景秀美："突起石岗，约五亩许。石多玲珑，嶙峋若画家斧劈。马齿诸皴、嘉木竹箭从石罅生出，掩映于睥睨之间。"然而有如此美景的潇湘庙明时曾因"扩城废之"，入清后它历经多次重修，顺治十四年总戎陈德重修之，乾隆十年僧力峄又募众于庙右叠石建亭。如今，潇湘庙仍存于祁阳县城外，为清代建筑，现为省级文物保护单位。

二、明清时期永州诸县舜庙庙名及方位表

		洪武《永州府志》	弘治《永州府志》	隆庆《永州府志》	道光《永州府志》	光绪《湖南通志》
零陵	庙名	虞帝庙	帝舜庙	帝舜庙	无记载	帝舜庙
	方位	在县治西，遗址今入县廨	在城南，世传舜巡守，曾憩于此	在城北，今废，建按察分司	无记载	在县治南
宁远	庙名	虞帝庙	虞舜庙	虞舜庙	虞帝祠	帝舜祠
	方位	在九疑山下	在九疑山下	在九疑山下	在县南九疑山下	在县东南九疑山萧韶峰下
道州	庙名	虞帝庙	虞舜庙	虞舜庙	舜祠	帝舜祠
	方位	在县之西北	在西门外儒学旁，古有虞山二字，刻尚存，庙废	在西门外儒学旁，古有虞山二字，刻尚存，庙废	在州西门外儒学旁，元次山立，今废	在州西半里儒学后，唐元结建
东安	庙名	舜庙	舜庙	舜庙	无记载	帝舜庙
	方位	都舜岭下，建自前代今存	都舜岭下，建自前代今存	在都舜岭下，建自前代	无记载	在县西阳江源
祁阳	庙名	虞帝庙	无记载	潇湘庙	潇湘庙	潇湘庙
	方位	在平乐乡	无记载	在城外小江口	在县治东潇湘门内	在县东门内，祀帝舜及湘君湘夫人
永明	庙名	舜帝庙	无记载	无记载	虞帝庙	虞舜庙
	方位	在县西十五里允山乡	无记载	无记载	在县东三里	在县东三里，舜南巡止宿处
江华	庙名	虞帝庙	无记载	无记载	无记载	无记载
	方位	在县西七里，近浪石寺	无记载	无记载	无记载	无记载

三、结论

其一，宁远九疑山之舜庙为舜帝陵，建庙历史久远，规模宏大，明清时期庙宇处所最为固定，是官民祭舜之首选地。据光绪《宁远县志》载，明清两朝钦差代表皇上来九疑山祭舜次数多达48次，有明一代12次，清初至光绪二年就有36次。

其二，九疑山舜陵建庙由来为舜葬九疑，而永州境内其他各县舜庙建庙由来多是舜帝巡狩的止宿处。如道光年间永明县之虞舜庙，"在县东三里，舜南巡止宿处，后人建庙祀之"。

其三，以永州为中心的湖湘人士多有建庙祭祀虞舜之举。明清之际，衡州府、宝庆府、桂林府也有舜庙留存。光绪年间，衡阳有帝舜庙，"在县西仙山上峰"，邵阳县也有舜庙，"在县北十里"。洪武年间，灌阳县就有舜祠，"在华山上"，还有一个禹祠，在"湘江滨"。

其四，永州之民建庙祭舜的同时，也为虞舜周围的人建庙祭祀。全州"城南江外"有二妃庙，祀主为舜之二妃；营道有个皋陶庙，"在县北四十五里，名曰士师庙"，祀主是皋陶。皋陶，相传是虞舜的司法官。弘治府志曰："皋陶庙，旧名士师庙。在营乐乡。昔随大舜南巡至此。民感其德，立祠祀之。遇岁旱，祷之即应。"皋陶又名咎陶，是虞舜的左膀右臂，舜帝南巡，皋陶陪行，其言可信。就连多次谋害虞舜的象，也有祠庙在永州。洪武年间，营道还有一个庳亭庙，"在县北六十里，旧传为象祠。柳子厚记，薛伯高尝斥之舟，度泷险过者必祷之"。

九疑山舜庙沿革考

⊙张泽槐[①]

原始社会末期，上古五帝之一舜帝禅位于大禹后，"南巡狩，崩于苍梧之野，葬于江南九疑，是为零陵"。这是大史学家司马迁在《史记·五帝本纪》中写下的千古定论。舜帝逝世后，舜帝出生地、活动地、南巡地采取各种形式怀念舜帝，祭祀舜帝，传承舜帝文化。其中，修建舜庙祭祀舜帝是重要的形式。古往今来，全国各地修建的舜庙数以百计，以湖南、山西居多。广西桂林、灌阳、灵川等地也建有舜庙。湖南永州的舜庙更加密集，除宁远外，零陵、祁阳、东安、蓝山、江永等县均建有舜庙。宁远九疑山是舜帝崩葬之地，也是修建时间最早的舜庙。其他地方的舜庙多为唐代以后修建，其中绝大多数为明代以后修建。

九疑山舜庙始建于夏代，为全国最早的舜庙，其具体地点在九疑山北麓的大阳溪白鹤观前。唐代道州刺史元结《舜庙状》："谨按地图，舜陵在九疑之中，舜庙在大阳之溪。"民国《宁远县志》载："舜陵在九疑山中，舜庙在大阳溪，盖三代时祀于此，其中遗址在白鹤观前，土人呼为大庙。"大阳溪指潇水一级支流九疑河流经今宁远县天堂镇

[①] 张泽槐为湖南省《舜帝陵志》主编。

大阳洞一带的河段，白鹤观在今大阳洞村望岗寨。望岗寨又名望岗石，相传是娥皇、女英寻舜伫立的地方，因此又叫望帝台。1993年，当地人在此取土制砖，曾挖出双孔石钺等祭祀用器。三代时，九疑山舜庙规模宏大。楚国的著名建筑章华台，就是按照九疑山舜庙规制建造的。《左传·昭公七年》载："楚子（指楚灵王，前540—前529年在位）成章华之台，愿与诸侯落之。"《水经·沔水注》："台高十丈，基广五十丈。"可见规模之大。《国语·吴语》载："昔楚灵王……筑台于章华之上，阙为石廊，陂汉，以象帝舜。""以象帝舜"，即章华台是按照九疑山舜庙的式样规划和建造的，以彰显楚国不是蛮夷，而是传承正统的舜帝文化，从而提高楚国在诸侯国中的地位与声望。

秦汉之际，九疑山舜庙由大阳溪迁建于玉琯岩前。清吴绳祖《九疑山志》云："舜庙……秦时迁于九疑山中，立于玉琯岩前百步。"长沙马王堆西汉古墓出土的帛书地图，明确标注舜帝陵庙在九疑山中。从2002年到2004年，湖南省考古研究所在玉琯岩进行考古发掘，发现了秦汉至宋元时期的舜庙遗址，其遗址与出土的西汉帛书地图所标位置、《九疑山志》所记位置完全吻合。李学勤、张忠培、黄景略等著名先秦史专家、考古学家认定，这一大型古代建筑遗址为秦汉至宋元时期的舜庙遗址。新莽时期，王莽下令在九疑山修建"虞帝园"，将舜庙的规模扩大，并置守陵户管护舜庙。东汉时，曾三次修葺舜帝陵庙。魏晋南北朝时期，玉琯岩舜庙依然存在。南北朝时，战乱频仍，舜帝陵庙遭到破坏，但宋武帝刘裕仍命湘州刺史张邵前往九疑山祭舜。唐僖宗时，延唐（今宁远）令胡曾奉诏在玉琯岩重修舜庙。北宋建隆年间（960—963），宋太祖命道州刺史王继勋重修九疑山舜庙。从2002—2004年考古发掘情况看，宋代舜庙总面积约3.2万平方米，主要建筑有后殿（寝殿）、主殿（正殿）、前殿（献殿）、昭穆殿、配享殿、厢房夹室、亭（木射）等。

明初，明太祖朱元璋遣翰林学士雷燧前往九疑山，将舜帝陵庙由玉琯岩迁至舜源峰北麓。明代舜帝陵庙坐南朝北，面积较宋代大大缩小，占地仅2.1万平方米，有献殿、正殿、寝殿。明正德十六年（1521），永州推官王端之重修舜庙正殿，增设香亭3间、仪门3间、左右斋廊各3间。明末，九疑山舜庙颓败。徐霞客游九疑时，特地拜谒舜庙，记下当时舜庙情况。清康熙、雍正时期，均曾对舜庙进行修缮。乾隆年间，清廷拨巨款对舜庙进行扩建。扩建后的舜庙为正殿三楹、后殿一楹、龙亭一座、拜亭一座、东西朝房各三间、大门一楹，两旁碑亭各一座。民国时，舜庙发生一次火灾，仅存午门、修复后的狭小正殿及部分祭舜碑刻。

20世纪80年代初，萧克将军和著名农林科学家乐天宇倡修舜帝陵庙。1989年，宁远县委、县政府在湖南省文物局的支持下，修复舜庙寝殿（碑亭）。1992年8月，零陵地委、行署决定抢修舜帝陵庙。是年，国家文物局批准对九疑山舜帝陵庙进行抢救性修复。1999年，舜帝陵庙修复一新。2004年4月，湖南省人民政府决定扩建舜帝陵园，并决定成立了湖南省九疑山舜帝陵基金会，筹措扩建工程及陵庙维修所需资金。2009年8月，舜帝陵园一、二期扩建工程竣工。湖南省舜帝陵基金会决定在舜庙东南侧修建舜帝陵碑林园，2015年9月28日，时任湖南省人民政府省长徐守盛举行奠基仪式，2018年8月竣工。当年9月24日，时任湖南省人民政府省长杜家毫揭牌。2018年6月—2022年8月，宁远县委、县政府扩建了游客接待中心，并拓展为舜文化展示中心。通过多年不懈努力，九疑山舜帝陵园最终形成现在的规模。

2019年10月16日,九疑山舜帝陵经国务院核定并公布为第八批全国重点文物保护单位批准,并入第六批全国重点文物保护单位舜帝庙遗址。

(原刊于《永州日报》2022年9月6日)

宁远九疑：千古舜陵朝圣地

第三编 "九疑"真伪辨

舜帝葬地九疑地望考辨
——兼与蒋咸喜先生商榷

⊙蒋政平　张泽槐[①]

九疑又作九嶷，也叫九疑山或九嶷山，是一个古老地名和山名。4000多年前，中华民族人文始祖舜帝在禅位大禹后"南巡狩"，在今湖南、桂北、粤北地区留下大量活动遗迹与传说，其如湖南湘潭韶山、永州宁远九疑山，广西桂林虞山，广东韶关韶石山等。最后，舜帝"崩于苍梧之野，葬于江南九疑，是为零陵"。那么，舜帝葬地九疑的地望在哪里？就在湖南永州宁远县南。这既是古往今来史学界的共识，也是客观现实存在。然而近年来，广西全州文史学者蒋咸喜撰写《楚南全州：舜帝葬地九疑山新考》一文（以下简称"蒋文"），对九疑地望提出质疑，声称舜帝葬地九疑在广西全州而非湖南宁远。本文试从古代文献记载与客观现实的结合上，对舜帝葬地九疑之地望及其相关问题进行考辨，并以此求教于大方。

一、"零陵"这一地名的由来及演变历程

蒋文说"全州因舜帝葬于九疑山而有以舜陵命名的最古老地名'零陵'"，并以此推断全州为零陵故地，舜帝葬地就在全州，九疑山也必然

[①] 蒋政平、张泽槐均系湖南省舜文化研究基地特聘研究员。

在全州。这种推断是完全不能成立的，完全是一种误解或曲解。导致这一误解或曲解的原因，在于蒋文不了解"零陵"这一地名的由来，将"零陵"这一地名与零陵县这一行政区划名混为一谈，对全州的历史沿革不甚了解，并将全州与古零陵县画等号。

零陵确实为舜帝陵之名，司马迁已有定论。古代帝王陵墓多有命名。其中，有的以地名，如汉高祖刘邦墓因近长安而名长陵，汉武帝刘彻墓因位于槐里县茂乡而名茂陵；有的以水名，如汉惠帝刘盈墓因靠近霸河而名霸（灞）陵；有的以山名，如黄帝陵因位于桥山而名桥陵；有的以谥号名，如唐太宗陵墓名昭陵，与唐太宗尊号"文武大圣大广孝皇帝"相吻合，因谥法解释说"圣文周达曰昭、明德有功曰昭"。舜帝陵墓之名零陵是以水名，因其位于泠水流域。泠水源出九疑山。古代"泠""零"通假，故"泠水"即"零水"，以"泠（零）水"命名的"泠陵"即"零陵"。秦汉之际在泠水流域设泠道县（县名延续至隋初），县治在今宁远县冷水滩镇下胡家村。《后汉书卷十四·宗室四王三列侯传·城阳恭王祉》则将"泠道之春陵乡（今宁远县柏家坪镇）"记为"零道之春陵乡"。因此，作为舜帝陵墓名的零陵，其原生地望在湖南宁远（泠道），这是毫无疑义的。

古代帝王陵墓所冠之名，后世多演变为地名，其如茂陵、霸（灞）陵等。舜帝陵墓之名零陵也是如此。作为帝王陵墓之名演变而成的地名，其原生地望与帝王陵墓地望相同，系一地二名。舜帝崩葬九疑后，零陵这一地名相继出现，成为中国古代重要地名之一。舜帝陵在湖南宁远九疑山，零陵这一地名的原生地望当然也在宁远。正因为如此，北京大学《中国古代史教学参考地图集》明确将这一古地名标注在今宁远境内。《辞海》释"零陵"："①地名……在今湖南宁远县东南。"这表明，零陵这一地名的原生地望与全州无关。蒋文说"全州因舜帝葬于九疑山而有以舜陵命名的最古老地名'零陵'"，这是没有任何依据的。

　　历史上，诸多地名演变成为县、郡等行政区划名。舜帝陵墓之名零陵也是如此。在舜帝去世2000多年后的秦汉之际，零陵由地名演变为行政区划名称——零陵县，西汉元鼎六年（前111）又置零陵郡。将零陵作为县名、郡名，当然有纪念舜帝之意，但并不表明该县治、郡治所在地就是舜帝陵墓所在地，因地名原生地望是固定不变的，而行政区划名是可移动的。其如广西桂林，其作为地名的原生地望在广西桂平（一说贵港或百色）；其作为郡治名则经历多次变迁，秦时在今桂平，三国时在武安（晋改武熙，今广西象州西北），南朝宋代移治中溜今广西武宣南，齐又还治武熙。又如苍梧（仓吾）为商周时期的部落名，该部落长期活动于以九疑山为中心的潇湘流域，故九疑山又称苍梧山，苍梧的原生地望当然也在宁远。但作为楚国苍梧郡治，则在今湖南江华瑶族自治县桥头铺镇老屋地城址；作为秦苍梧郡治，在今湖南长沙；作为汉苍梧郡治，则在今广西梧州。而零陵县始置的具体时间尚无定论，有楚县说、秦县说、汉县说等。西汉元鼎六年（前111）始置零陵郡时辖有零陵县，表明零陵县始置时间早于西汉元鼎六年。当时零陵县治位于何处也有多种说法。2002年版《兴安县志》载，古零陵县城遗址在界首镇城东村，该遗址于1991年公布为兴安县文物保护单位。广西博物馆原馆长蒋廷瑜则认为，西汉零陵县由景帝时的观阳县改名而成，零陵县城应在观阳（今灌阳）。无论零陵县治在兴安界首还是灌阳，都是将舜帝陵墓名用于县名，并不表明舜帝陵墓就在兴安或灌阳。

　　同时应当看到，全州古为洮阳县地，其建置沿革与零陵县没有直接关系。洮阳是一个古县邑，也被视为"广西第一县"。战国时期，楚已经置有洮阳邑，在今全州黄沙河镇一带。长沙马王堆西汉古墓出土的帛书地图上标有洮阳县治。西汉元鼎六年（前111）置零陵郡，辖有7县4侯国，零陵、洮阳二县同属零陵郡。洮阳县治在今全州西北（谭其骧《中国历史地图集》），一说在今全州永岁镇，其境域大致为今全州县大部、资源县全部及湖南东安县部分地。零陵县治位于兴安县北湘江西岸，辖境大致为今兴安县地及全州、灌阳部分地。自西汉元鼎六年（前111）至隋开皇九年（589）前的700年间，零陵、洮阳二县同为零陵郡属县。隋开皇九年废零陵郡，置永州总管府，改泉陵县（治今零陵区）为零陵县，改洮阳县为湘源县。从此，零陵县从今广西范围消失，成为今永州辖区。从这一历史沿革看，隋以前，零陵县在洮阳（今全州）县南，隋以后零陵县位于湘源（今全州）县北，与洮阳（全州）完全没有隶属关系。正因为如此，康熙《全州志》、嘉庆《全州志》在历史沿革中，只讲洮阳县，而不提及零陵县。蒋文将零陵这一地名和行政区划名说成是全州最古老的地名，确实有点张冠李戴了。

二、遍查全州旧志与全州境内无九疑之山

蒋文说："《全州县志》记载在全州西北山岭的大西江境内有九疑山。"《全州县志》果真是这样记载的吗？全州大西江境内果真有九疑山吗？非也！

为搞清广西地方志中是否有关于全州大西江境内有九疑山的记载，笔者到广西桂林图书馆查阅了《（雍正）广西通志》《（康熙）桂林府志》、今编《桂林市志》《桂林图志》等志书，志中均无所谓全州九疑山的记载。九疑山为舜帝崩葬之地，系天下名山。如果全州真有九疑山，这些志书焉有不载之理！特别是2010年版《桂林市志》才编辑出版10余年，志中记载了桂林市内诸多名山，唯独没有所谓的全州九疑山，这绝非编修者的疏忽。

那么，全州旧志是否载有舜帝葬地在全州九疑山呢？明初，全州隶属湖广永州府。洪武十六年（1383）编修的《永州府志》收录境内名山90座，其中全州名山入志者9座，即湘山、柳山、三华山、隆城山、凤凰山、覆釜山、黄华山、永福山、倚石山，根本没有九疑山。洪武二十七年（1394），全州划归广西桂林府。此后，全州曾9次编修《全州（县）志》。其中明代成化、嘉靖、万历年间编修的3部《全州志》均已散佚，志中是否载有全州九疑山，笔者不敢妄断。清康熙《全州志·方舆》载有柳山、湘山、完山、笔架山、覆釜山、金峰岭等38座山，但没有九疑山。乾隆《全州志》所载山岭与康熙《全州志》稍有不同，亦无九疑山。嘉庆《全州志·舆地》载有51座山，也没有九疑山，只在"覆釜山"下面加了一条案语："覆釜，郡境第一大山。远近诸峰，视若培嵝。脉连九疑、祝融，横界夷夏。"所谓"脉连"，意即全州覆釜山与湖南宁远九疑、南岳祝融地脉（灵脉、龙脉）相通相连，仅此而已。而民国《全县志·地理》，则采取移花接木手法，将嘉庆《全州志》中与覆釜山"脉连"的九疑、祝融，直接记为全州境内的主要高峰之一，亦即蒋文所说"《全县志》：全州西北山地有九疑山"。这样的神操作，确实令人叹为观止。改革开放后，全州先后于1998年、2018年两次编修出版《全州县志》。1998年版《全州县志》在第二章第二节《山脉山峰》中，列有县境山脉山峰78座，但未列九疑山。2018年《全州县志》亦未列九疑山。纵观9部《全州（县）志》，只有民国《全县志》列有九疑山、祝融山，属于孤证。考据学上，孤证不立，因而不能作为九疑山在全州或全州有九疑山的证据。

　　全州旧志上没有记载，蒋文所称的大西江境内到底有没有九疑山呢？笔者于2021年10月下旬和11月上旬，先后两次专程到大西江镇考察。大西江镇位于全州北部，西、北、东三面均为崇山峻岭，属越城岭山脉。

笔者在该镇政府机关、街道上、西美村等地以及镇西面山岭下的矿山进行访谈，访谈对象有当地教师、街道摊贩、休闲老者、村民及矿工。对于大西江境内的众多山脉山峰，受访者均比较了解。但当问及大西江境内有没有九疑山时，受访者异口同声地说没有。一名当地女教师与两名蒋姓老者又说，在大西江境内没有九疑山，只有一座山叫九条脊。当被问及九条脊是否叫九疑山时，受访者均表示不知道。当被问及九条脊下面有没有二妃望夫岭、太极山、祀山时，被访者均表示没有听说过。在九条脊下采矿的一名矿工说，我们从来没有听说过这里有九疑山！当问及蒋文所称的"零陵屋""大屋坛"时，一位伍姓老者说，在村边一株大树旁有一座房子叫"林邻屋"，是与林为邻的意思；在"林邻屋"下面有个"函函"（方言：低洼地），就叫大屋坛。当问及当地有没有"天子屋场"时，伍姓老者表示没听说过。对于蒋文所称的归崇坪，另一位老者说有个归崇庙，庙里还供了神，但供什么神就不清楚了。

　　九疑山是舜帝崩葬之地，是天下名山。在蒋文所称的九疑山所在地大西江镇，当地百姓竟然不知道这里有九疑山，也不知道与舜葬九疑相关的一些地名，那么大西江境内有无九疑山，也就不言自明了。至于蒋文所称九条脊就是九疑山，当地百姓不知道，县志中也没有任何这方面的记载，只是蒋先生个人所言，不足为凭。据此可以推断，全州（大西江镇）根本没有九疑山，蒋文所称大西江境内有九疑山纯属虚拟炒作而已。

三、《山海经》等古代文献没有关于舜帝葬于全州九疑山的记载

　　蒋文说："我国最早的地理志《山海经》记载舜帝葬于全州大西江境内的九疑山。"又说："从先秦古籍《山海经》《尚书》，至秦汉时期的《淮南子》《史记》及全州旧志等，都记载舜帝崩于苍梧之野，葬于全州的九

疑山。"古代文献果真都记载舜帝"葬于全州的九疑山"吗？

实际上，蒋文所列多部古代文献典籍之语，没有哪一部说舜帝"葬于全州九疑山"。如蒋文说"《山海经》有四部都讲到舜帝葬于全州九疑山"，现摘录于下：《海内南经》说"苍梧之山，帝舜葬于阳，帝丹朱葬于阴"；《海内东经》说"湘水出舜葬东南陬，西环之，入洞庭下"；《大荒南经》说"赤水之东，有苍梧之野，舜与叔均之所葬也"；《海内经》说"南方苍梧之丘，苍梧之渊，其中有九疑山，舜之所葬，在长沙零陵界中"。这四段话，哪一段说了舜帝葬于全州九疑山？没有。至于蒋文所列其他古代文献典籍，也没有任何一部说舜帝葬于全州九疑山。如《尚书》：舜帝"五十载，陟方乃死"。《淮南子·修务训》："舜……南征三苗，道死苍梧。"《史记·五帝本纪》：舜"崩于苍梧之野，葬于江南九疑，是为零陵"。蒋文所说的先秦两汉古籍都记载舜帝"葬于全州九疑山"，这是没有任何依据的，仅仅是个人臆想推测演绎而已。

相反，历代曾有诸多著名历史地理学家注释过《山海经》，其中主要有晋代郭璞，清代郝懿行、吴任臣等。他们不仅没有说舜帝葬于全州九疑山，而且均认定舜帝葬于营道（今宁远）九疑山。郭璞在注《海内南经》时说："（苍梧之山）即九疑山也。"在注《大荒南经》时说："叔均，商均也。舜巡狩，死于苍梧而葬之，商均因留，死亦葬焉。基（墓）在今九疑之中。"在注《海内经》时："（九疑）山今在零陵营道县南，其山九溪皆相似，故云九疑。古者总名其地为苍梧也。"营道县设立于西汉元鼎六年（前111），县治在今宁远县天堂镇大阳洞村，位于九疑山北麓、大阳溪（今九疑河）畔。汉代以来，除注释《山海经》者外，还有诸多历史地理学家认定九疑山在营道（今宁远）。其如《前汉书·地理志》："零陵郡……营道，九疑山在南。"东汉许慎《说文解字》释"嶷"："嶷……九疑山也，舜所葬,在零陵营道。"晋皇甫谧《帝王世纪》:"(舜)葬于苍梧九疑山之阳,是为零陵,谓之纪市,在今营道。"晋罗含《湘中记》载:"九疑山在营道县,九山相似,行者疑惑,因名九疑。"北魏郦道元《水经注·湘水》:"营水(今潇水)出营阳郡泠道县(今宁远县)南山,西流经九疑山下,蟠基苍梧之野,峰秀数郡之间,罗岩九举,各导一溪,岫壑负阻,异岭同势,游者疑焉,故曰九疑山。大舜窆其阳,商均窆其阴。山南有舜庙,前有石碑。"唐《元和郡县志》卷三十《江南道五》载:"永州……《史记》舜葬九疑,即此地也。"宋元明清时期,文献典籍对于舜帝葬地九疑地望的记载更多更明确,不再赘述。值得一提的是,20世纪70年代初,长沙马王堆西汉古墓出土的帛书地图《长沙国南部地形图》《长沙国南部驻军图》。墓主利豨下葬于汉文帝十二年(前168),地图主绘区为深水(今潇水)流域。图中标有舜帝陵庙的具体位置,在今宁远县九疑山玉琯岩一带。著名历史学家谭其骧在《两千多年前的一幅地图》一文中,肯定《地形图》图标中的建筑物为舜庙,"九条柱状物当系庙前的九块石碑"。该墓下葬年代为汉文帝十二年(前168)。2002—2004年,经考古发掘,在宁远九疑山玉琯岩前发现西汉至宋元时期的舜庙建筑遗址,与出土帛书地图所标位置一致。该遗址已被列为全国重点文物保护单位。这两幅地图及考古发掘充分印证,汉代以来关于舜帝葬地九疑地望在湖南宁远的记载是准确可信的。

综上所述,笔者认为,舜帝葬地九疑山的地望在湖南宁远毋庸置疑。蒋文置诸多历史文献记载于不顾,预设舜帝葬地九疑山在广西全州而不在湖南九疑的结论,然后采取断章取义、移花接木、张冠李戴等手法,对《山海经》等历史文献进行曲解、误导,这种研究利用历史文化的方法是不可取的。

用三重证据法看九疑山舜帝陵的原生地望

⊙潘雁飞[1]

《史记·五帝本纪》对虞舜的记载，有几句众所周知："践帝位三十九年，南巡狩，崩于苍梧之野。葬于江南九疑，是为零陵。"一般认为这是不刊之论：零陵就是舜帝陵墓，陵墓就在九疑山中。

然而，当零陵演变为地名、县名、郡名之后，零陵地望就有了变化，有原生地望，也有迁移后的地望。山，本来是屹立不动的，但地名有了变迁，九疑山的地理位置于是也出现了"疑惑"。

其实要说清楚舜陵原生地望，就要从"陵"的起源说起。

《易·系辞传下》："古之葬者，厚衣之以薪，葬之中野，不封不树，丧期无数。后世圣人易之以棺椁。"唐孔颖达疏曰"不封不树者，不积土为坟，是不封也；不种树以标其处，是不树也。丧期无数者，哀除则止，无日月限数也。"这个"古"即是上古，无论是"厚衣之以薪"，还是"易之以棺椁"，都是有"墓"无"坟"。[2]

春秋末年孔子把父母亲合葬在防的时候，曾说："古也墓而不坟。"为了便于识别，于是"封之，崇四尺"，就是说筑了四尺高的坟丘[3]。《墨子·

---

[1] 潘雁飞为湖南科技学院教授，湖南省舜文化研究基地首席专家。
[2] （汉）许慎《说文解字》："墓为平处。坟为高处。"
[3] 见《礼记·檀弓上》。

节葬下》也可佐证当时王公大人的墓葬是"棺椁必重,葬埋必厚,衣衾必多,丘垄必巨"。

到战国中期才把君王的坟墓称"陵",杨宽先生认为:"古人推崇威权而把君王的坟墓比作崇高的山陵,战国时代人们已用山陵比作最高统治者,把最高统治者的去世隐讳地称为"山陵崩"。因此当国王活着预先建筑坟墓的时候,为了避免不吉利,也就隐讳地称为'陵'了。"又说:"《史记·赵世家》肃侯十五年起寿陵,《秦本纪》惠文王葬公陵,悼武王葬永陵,孝文王葬寿陵,始有称陵者。至汉则无帝不称陵矣。"①

注意"陵"命名,初期与君王的名、号均无关系。如公陵、永陵、寿陵均是。"零陵"这一陵墓名称最初也与"虞舜"名号无关,最有可能是根据舜帝驾崩附近的水名来命名。《水经注》:"泠水,南出九疑山,北流经泠道县"(新莽时期"泠道"曾改"泠陵")。又,古"泠"同"零",故以"泠水"命名"零陵"(《后汉书卷十四诗·宗室四王三侯列传·城阳恭王祉》称之为"零道之春陵乡",此"零道"当即"泠道"),这是符合君王陵墓早期命名惯例的。如西汉的长陵、安陵,因位于长安而得名;阳陵因位于弋阳县而得名;平陵因位于平原乡而得名,茂陵因位于茂乡而得名等等。霸陵的命名,形式上几乎是零陵的翻版再现,汉文帝霸陵因临近霸水而得名,原霸水的"霸"并无三点水,霸与"灞"之变反映了古代命名的习惯,很多河流的名字原来都不带三点水的,后来为强调这是河流的名称就带三点水了。"零水"向"泠水"的演变抑或是如此(上下结构的"雨令"变成左右结构的"水令")。可见,古代帝王陵墓得名,一是因为地名而得名,一是因为水名而得名,二者后来又演变成新的地名。

―――――――――――

① 杨宽.中国古代陵寝制度史研究.上海人民出版社,2016.

霸陵、茂陵等后来都成为新地名。

至于舜陵或舜帝陵，则是后人所起，就如炎陵、黄帝陵、秦始皇陵等一样。到了后世，陵的命名则与谥号有关了。如唐太宗昭陵中的"昭"字就与唐太宗的尊号"文武大圣大广孝皇帝"相吻合。据谥法解释说："圣文周达曰昭、明德有功曰昭"。

所以从这个意义上来讲，司马迁所说的："葬于江南九疑，是为零陵。""零陵"是指一座帝王陵墓，而非"零陵"地名，更非县名、郡名。

因为有了"零陵"这一帝王陵墓，再加上后起的舜庙，由于祭祀常规化，人群聚集而为聚落、村落、鄙邑，自然由墓名逐渐演变为地名。因而"零陵"成了我国夏以来古代最早的地名之一。北京大学《中国古代史教学参考地图集》明确"零陵"这一地名古代（先秦时期）即在今天的宁远县境内西南。零陵县治，秦到隋初在今天广西全州咸水，零陵郡治西汉时期在今天广西全州咸水[1]，零陵郡治东汉至隋在今天永州市零陵区[2]，这些认定可以说已是今天的共识。

可见，"零陵"一词，应有一个从墓名到地名再到县名再到郡名的演变过程。而并非可以用零陵县名（郡名）来指代"零陵"墓名的，司马迁的意思也正是坟墓之名，而非县名（郡名）之意。

那么，"零陵"这一小地名又是如何演变成县名郡名的呢？这就要涉

---

[1] 一说在兴安县界首镇。如《兴安县志》（广西人民出版社2002年版）记载："秦始皇二十六年……置零陵县，治今兴安县界首城子山。令秦军在县治筑秦城。"其实界首离全州咸水不远，只不过一南一北而已。当时应该都在零陵县范围。

[2] 张传玺，杨济安.中国古代史教学参考地图集.北京大学出版社，1984：176.

及郡县制的起源。顾颉刚、史念海二先生指出："郡县制度虽在春秋已见萌芽，然尚非推行普遍之地方制度，郡县间亦不甚相统属。时至战国，郡始辖县。秦始皇统一天下后，乃分天下为若干郡县，以为地方之行政区划。"①周振鹤先生在《县治起源三阶段说》也认为："县的意义在春秋战国时期有三个阶段的发展，即县鄙之县，县邑之县与郡县之县。"②不同时代这些著名学者的论断至少说明了两个问题：一是郡县萌芽于春秋，出现于战国，二是郡县之前是县鄙、县邑。则"零陵"作为古地名，在秦以前当为鄙、邑，其地望正如《中国古代史教学参考地图集》所认为的在今宁远县境内西南，也有可能在战国末期出现了零陵县，只不过这里的零陵县仍然在今宁远县境内。

有文献记载的"零陵县"始于秦，《汉书·艺文志》纵横家有《秦零陵令信》一篇，"难秦相李斯"。是秦有零陵县，且是大县的证据，县大到什么地步，县治何处？这里语焉不详。县治最初可能就在今宁远县境内西南，也有可能迁县治于今广西全州地。无论如何，今广西全州不是最早的零陵古地名（县鄙、县邑）之所在，而是后来作为大县零陵县治之所在。零陵县迁治的原因应是沟通湘漓后，当时楚国南境通往岭南，西线成了主要通道。

之所以说是大县，其辖地应包括了今宁远九疑山核心区域及周围的广大地区。2002年龙山里耶秦简公布于世，根据这一出土文献，学者们通过深入研究，现已基本弄清，秦并未设置长沙郡，当时楚国南境，也就是今天湖南广大地区，设置的是洞庭、苍梧二郡。周振鹤先生在《秦

---

① 顾颉刚，史念海.中国疆域沿革史.商务印书馆，2015：64.
② 周振鹤.县治起源三阶段说.中国历史地理论丛，1997（3）.

代洞庭、苍梧两郡悬想》认为："据出土资料与传世文献重新思考，推测原定的长沙与黔中二郡实际上并不存在，应以洞庭、苍梧两郡取代之，并适当调整郡界"①。同时，学界周宏伟、陈伟、赵炳清、王焕林、徐少华、辛德勇、凡国栋、晏昌贵、郭涛、郑威等先生亦先后撰有论著发表，虽然细节尚有分歧，但对两郡客观存在及空间划分已基本达成一致。张伟然先生综合诸家，对此明确认为："秦代分为两郡，沅澧流域属洞庭郡，湘资流域属苍梧郡。汉代改秦洞庭郡置武陵郡，将苍梧郡分置长沙国及桂阳零陵二郡。"②如下图③：

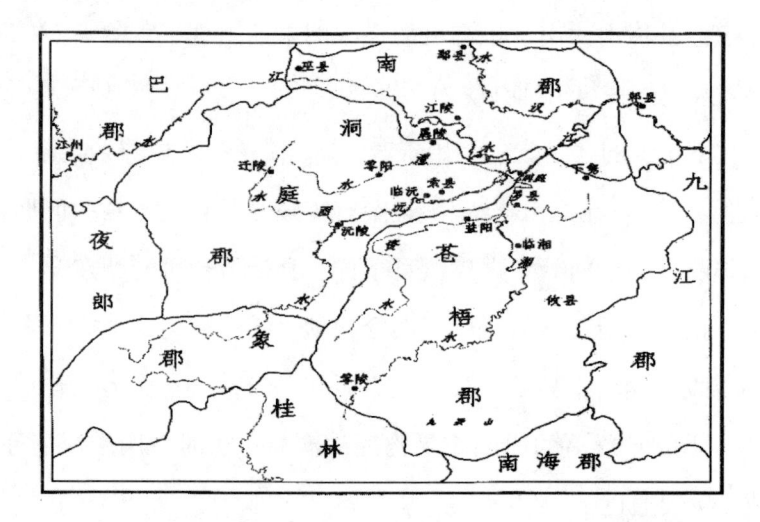

据上图分析，苍梧郡的广大地区在今益阳以南的湘资流域，而核心地带则在今宁远九疑山一带。实际上苍梧郡名也是来自苍梧古地名，苍

---

① 周振鹤.秦代洞庭、苍梧两郡悬想.复旦学报，2005（5）.
② 张伟然.湖南历史文化地理研究：修订本.杭州：浙江古籍出版社，2021：7.
③ 转引自周振鹤《秦代洞庭、苍梧两郡悬想》一文。

梧古地名来自古苍梧山，古苍梧山即九疑山，亦为舜所葬地。徐少华、李海勇在《从出土文献析楚秦洞庭黔中苍梧诸郡县的建置与地望》一文中有很好的推论[①]：

关于苍梧的地望，司马贞《史记索隐》曰："苍梧，地名。《地理志》有苍梧郡。"认为楚苍梧在岭南的汉苍梧郡（今广西梧州）一带。张守节《史记正义》说："苍梧山在道州南。"认为楚苍梧在唐代道州（今湖南道县西）南的苍梧山一带。两说互异。据《山海经·海内南经》："苍梧之山，帝舜葬于阳，帝丹朱葬于阴"，郭璞注："即九疑山也。"又同书《海内经》说："南方苍梧之丘，苍梧之渊，其中有九疑山，舜之所葬，在长沙零陵界中。"郭璞注曰："山今在零陵营道县南，其山九溪皆相似，故云九疑，古者总名其地为苍梧也。"古苍梧山即今湖南宁远县南六十里之九疑山。而此山所在的今湘南一带即古苍梧之地，上述文献记载中，每与"洞庭"并称的楚之"苍梧"，当在这一地域。这里作为楚之南境，又与"洞庭"相去不远，正好和当时的形势符合，而位于岭南的今梧州一带，战国中晚期并非楚疆，且与洞庭相去较远，不可能是楚之苍梧所在，司马贞之说当有疏误。

据《汉书地理志》记载，西汉的苍梧郡为汉武帝平南越后置，治广信，包含的县有：广信、谢沐、高要、封阳、临贺、端溪、冯乘、富川、荔浦、猛陵。西汉的桂阳郡，治今郴州，包含的县有：郴、临武、便、南平、耒阳、桂阳、阳山、曲江、含洭、浈阳、阴山。西汉的零陵郡，治今全州，包含的县及侯国有：零陵、营道、始安、夫夷、营浦、都梁、泠道、泉陵、洮阳、钟武。可见西汉苍梧郡已然南移，与秦苍梧郡基本无重叠。亦可

---

① 徐少华，李海勇.从出土文献析楚秦洞庭黔中苍梧诸郡县的建置与地望.考古，2005（11）.

以推想，秦及西汉零陵县亦有西移的可能性。也就是说作为县鄙、县邑的零陵仍在今宁远西南，而作为县名、郡名的零陵在秦或西汉已西移至今广西全州，东汉光武时（25年），零陵郡治又北移至今永州（泉陵），隋时（589年）零陵县治亦北迁今永州了。

所以，后世的县名、郡名由于治所迁移变化，已与古地名并不一致。有论者认为今全州曾作为零陵郡县治所，就以为零陵地名于此便是最古最早，甚至舜帝也葬在县治郡治所在地，这实在是不了解地名有一个缘起及不断演变过程的缘故，换句话说，古地名是有原生地的。"零陵"有一个由坟墓之名发展为地名（原生地），再发展而为郡县名的过程，"零陵"这一墓名发展到秦代设县的时候，再发展到武帝元鼎六年（公元前111年）置零陵郡之时，离开舜帝崩葬已过去2400余年，沧海桑田，什么变化都有可能发生，因为县名"零陵"是纪念舜帝（原生地是纪念舜帝的意思，郡县名则更多是借用了），就推定葬地也在县治附近，不亦惑夫！

那么，一个坟墓名，何以能演变成一个最古老的地名呢？古人慎终追远，对逝去的祖宗必然要以一定的外在形式表达内在的怀念、追思，以及期盼祖先对后人祝福与庇佑，这就是祭祀。祭祀何以重要？《礼仪·郊特》说："万物本乎天，人本乎祖。"《礼记·曲礼》说："法施于民则祀之，以死勤事则祀之，以劳定国则祀之，能御大灾则祀之，能捍大患则祀之。"《礼记·祭法》说：有"舜勤众事而野死"的记述，说明帝舜原在"五祀"之列。祭祀的地点一般在"陵庙"。

但古代"陵"与"庙"实际上并不是一回事。《吕氏春秋·季春纪》高诱注："前曰庙，后曰寝，《诗》云'寝庙奕奕'，言相连也。"《周礼·夏官·隶仆》郑玄注："《诗》云'寝庙绎绎'，相连貌也，前曰庙，后曰寝。"东汉蔡邕《独断》也对此做了详尽的解释："宗庙之制，古者以为人君之居，前有"朝",后有"寝",终则前"庙"以象（像）朝,后制"寝"以象寝。"庙"以藏主,列昭穆；"寝"有衣冠、几杖、象生（日常生活）之具,总谓之宫。……古不墓祭,至秦始皇出寝,起之于墓侧,汉因而不改,故今陵上称寝殿,有起居、衣冠、象生之备,皆古寝之意也。"杨宽先生认为："从楚、秦等国已经把先王庙造在王陵附近来看,可知秦代和西汉陵旁立庙的制度是沿袭战国时代的。"他又进一步申述说："从文献记载来看,西汉实行陵旁立庙的制度。例如武帝（公元前141—前87）的庙叫龙渊,龙渊庙就造在武帝的茂陵之东。又如宣帝（公元前73—前49）的庙叫乐游,乐游庙就造在宣帝的杜陵西北。"又说"从目前已有的考古资料来看,西汉诸帝的'庙'大体上造在离陵墓300到400米处,方向位置依地势而定,并不固定"。

从宁远有关舜陵的文献看,舜帝"陵"与"庙"基本与古代"陵旁立庙"制度相当。唐代元结《论舜庙状》说："谨按地图,舜陵在九疑之山,舜庙在太阳之溪。舜陵古老已失,太阳溪今不知处。秦汉已来,置庙山下,年代寝远,祠宇不存。"太阳之溪、舜庙虽然不知具体地址,但在今宁远一带却确凿无疑。清《九疑山志》更是做了详细的论证："舜庙在大（太）阳溪,盖三代时祭于此,其遗址在白鹤观前,土人呼为大庙。秦汉以来,立庙在玉琯岩前百步。至唐,旧庙湮废。刺史元结奏立营道城西。僖宗时,长沙胡曾权延唐令,请复立于玉琯岩下,有敕建舜庙碑记。宋建隆初,刺史王继勋奉诏重修,知制诰张炎奉敕撰碑,皆湮灭无存。明洪武四年,遣编修雷燧致祭,乃迁庙于舜源峰下。"[①]《湖南通志》《永州府志》《宁远县志》均有同样记载。这里的"玉琯岩"是能确证的地名,秦汉迄唐陵与庙一直相近分设,到明代时则"迁庙于舜源峰下"（今址）,陵庙合一。

[①]（清）吴绳祖.九疑山志.刻本.京都：退思斋,1883（清光绪九年）.

再从考古遗址看也可证明"陵旁立庙"制度的真实性。《马王堆汉墓地形图》在表现区域内重大名胜古迹时,所用写实手法特别夸张。图上最醒目的地标,有着9个东西向排列的柱状物、九柱之间有5个或7个屋宇状图形,旁注"帝舜"二字的纪念性建筑物。谭其骧先生推断为迄今所知之最早舜庙。宋代舜帝陵庙基址之下直接叠压着唐代的建筑基址。唐代建筑基址大体与宋代陵庙基址重合。在遗址西南部的唐代陵庙基址之下,进一步发现了汉代的建筑基址。目前所揭露的汉代建筑基址仅175平方米。东汉《风俗通义》记载:"昔章帝时,零陵文学奚景于泠道舜祠下得笙,白玉管。"奚景得玉笙的地点即今天的玉琯岩,由此,可认为今天在玉琯岩发现的汉代建筑遗址应该即是《风俗通义》中所说的"泠道舜祠"[①]。这也说明民间传说也具有一定的真实性。

那么,舜帝南巡"崩葬"之地,是否在宁远九疑山呢?大量的文献指向了这一事实:

《孟子》:"舜生于诸冯,迁于负夏,卒于鸣条,东夷之人也。"

《墨子》:"舜西教乎七戎,道死,葬南己之市。"

《礼记》:"舜葬苍梧之野。"

《淮南子》:"南征三苗。道死苍梧。"

《竹书记年》:"有苍梧之山,帝崩遂葬焉。"

《帝王世纪》:"有苗氏叛,南征,崩于鸣条,殡以瓦棺,葬苍梧九疑山之阳,是为零陵,谓之纪市,在今营道。"

《水经注》:"九疑山,大舜窆其阳,商均窆其阴,山南有舜庙。"

《帝王世纪》更是认为"鸣条"也在苍梧之野,且明确九疑山之阳就

---

① 何强.印证"舜葬九疑"的考古发掘.光明日报,2005-08-17.

是舜帝零陵墓。也叫纪市,就在当时的营道境,既今宁远境内。

而对舜帝葬地记载最多的是《山海经》(成书于战国,但有上古传说的材料,掺杂有后世窜入文字),均指向宁远九疑山(苍梧山)。

《海内南经》:"苍梧之山,帝舜葬于阳,帝丹朱葬于阴。"

《海内南经》:"狌狌,知人名,其为兽如豕而人面,在舜葬西。"

《海内南经》:"兕在舜葬东,湘水南,其状如牛,苍黑,一角。"

《大荒南经》:"赤水之东,有苍梧之野,舜与叔均之所葬也。"

《海内经》:"南方苍梧之丘,苍梧之渊,其中有九疑山,舜之所葬,在长沙零陵界中。"

《海内东经》:"湘水出舜葬东南陬,西环之。"

苍梧之山,懿行案:高诱注《淮南子》云:"苍梧之山,在苍梧冯乘县东北,零陵之南。"帝舜葬于阳,即九疑山也。《礼记》亦曰"舜葬苍梧之野"。高诱为东汉人,此时"零陵之南"的零陵,已是今天的永州零陵。《海内经》:"在长沙零陵界中"的"零陵"应属楚国时苍梧郡之大零陵,零陵属长沙国,为楚之南境,亦含有指九疑山就在今宁远县境内之意。"赤水之东,有苍梧之野"的苍梧之野,其方位正与楚秦苍梧郡地望相当。

郝懿行案:《史记·五帝纪》注引《皇览》云:"舜冢在零陵营浦县,其山九溪皆相似,故曰九疑。"《吕氏春秋·安死篇》云"舜葬于纪市",高诱注云:"传曰'舜葬苍梧九疑之山',此云'于纪市',九疑山下亦有纪邑。"《太平御览》五百五十五卷引《尸子》曰:"舜西教乎七戎,道死,葬于南己之中。""己"即"纪"矣[1]。如果进一步申述,在《汉书·王莽传》里记载:王莽曾改零陵郡为九疑郡,改泠道县为泠陵县(按:县域相当

---

[1] 郝懿行.山海经笺疏.栾保群,点校.中华书局,2019:204.

于今宁远县中部、东部及蓝山县西北小部分。泠道城作为县治长达1100余年，为《马王堆汉墓出土地形图》所标城邑之一），改营道县为九疑亭。《汉书·地理志》："营道，九疑山在南，莽曰九疑亭。"按县治为大阳溪，即今宁远县天堂镇大阳洞村，县域是以现宁远县西南部、南部，道县东部、东南部为主的九疑山地区。

有论者认为，《山海经·海内东经》"湘水出舜葬东南陬，西环之，入洞庭下"的记载说明舜葬地在今湘江源以东一带（今广西全州），这种说法有一定的迷惑性。事实上，《海内东经》涉及26条水道，部分是《海内东经》的附篇。周振鹤先生在《被忽视了的秦代水经——略伦〈山海经·海内东经·附篇〉的写作年代》一文指出："《附篇》之作则稍迟，应在秦始皇三十三年北取河南地，南取陆梁地之后，或者正因与《山经》《海经》成书年代相去不远，后人遂将其并置于一书之中。"[1]所以，这里"湘水出舜葬东南陬"的看法是秦人对楚国南境的水系认识。这里的"湘水"实是后世之"潇水"上源。张伟然先生在其所著《湘江》中也指出："所谓西环之，一定有'环'之意。正确的理解是当时的深水（《马王堆出土地形图》标注为深水）为湘江上源。今日的潇水正是从舜陵前南流，再折而西流、西北流、北流然后注入湘江。从秦代水经（"湘水出东南陬"）到《汉书·地理志》对湘水记载的变化（"阳海山，湘水所出"），包含了一个对湘江上源重新认识的过程。"[2]

事实上，湘水是一条河，也是一个流域范围，另外也可能潇水原本

---

[1] 周振鹤.被忽视了的秦代水经——略论《山海经·海内东经·附篇》的写作年代.自然科学史研究，1986（1）.

[2] 张伟然.湘江.江苏教育出版社，2010：19.

就是湘水。潇者,水清深也。《说文解字》没有"潇"字,但却有一个"瀟"字:"瀟,深清也。潇水上游中游自古以来水名称呼不定,上游有泠水、深水、冯水之名,中游有沱水、营水之名,今日还有涔天河之名。实际上真正称潇水的是流经零陵县汇入今湘江以前之一段。所以多以清湘,潇湘称呼。很明显,"清""潇"都是修饰"湘"的。唐宋以前文人亦多称潇水为湘水。如柳宗元《西岩》的"渔翁夜傍西岩宿,晓汲清湘燃楚竹"的"清湘"便是潇水,"西岩"就是今"潇水"岸边的"朝阳岩",柳宗元另一首《初秋夜坐赠吴武陵》诗也说:"美人隔湘浦,一夕生秋风。"这儿所说的"湘",也应是潇水,此时的柳宗元被贬居潇水之东城内,而吴武陵住潇水之西,两人是隔潇水而居,所以说"美人隔湘浦"。

《山海经·中山经》已经出现了"潇"字,说:"澧沅之风,交潇湘之渊。"《水经注·湘水》:"二妃出入潇湘之浦。潇者,水清深也。"但这里的"潇"都是修饰"湘水"的,而这"湘水"实质即后世的"潇水"。所以我们可以大胆推测,楚国或秦设置零陵县后,原本在宁远一带的"零陵"县邑、县鄙地名,以及"湘水"水名在西汉时都随迁至新县治所在地。所以《马王堆汉墓地形图》出现的是深水水名了。用的是它的意义,因为无论"湘",原本也是"清深"的意思。不仅水名,一些县名、乡里之名也反映的是西汉时境况了[①]。

要之,从古代文献、祭祀考古实证、山水形势三者而言,零陵(舜陵)、九疑山地望均在今宁远境内。

[①] 可参阅谭其骧《马王堆汉墓出土地图所说明的几个历史地理问题》(《文物》1976年6期)《二千二百多年前的一幅地图》(《文物》1975年2期)二文。

九疑地望考辨

⊙张泽槐[1]

九疑又作九嶷，也叫九疑山或九嶷山，是一个古老地名和山名。中华民族人文始祖舜帝崩葬于苍梧九疑，是古今史学界的共识。九疑（九嶷）地望在今湖南宁远，既是史学界的共识，也是客观现实存在。特别是毛泽东《七律·答友人》诗中有"九嶷山上白云飞"之句，宁远九疑山更是家喻户晓。然而近年来，广西全州学者蒋咸喜先生撰写《楚南全州：舜帝葬地九疑山新考》一文（以下简称"蒋文"），在《纵横》《文史春秋》等刊物和《今日头条》上广为刊发传播。蒋文置历史定论和客观现实于不顾，声称舜帝葬地九疑在广西全州而非湖南宁远。本文试从古代文献记载与客观现实的结合上，对舜帝葬地九疑之地望进行考辨，以正视听，并求教于大方。

一、九疑地望在湖南宁远系历史定论

任何地名、山名都有其历史渊源，绝不会凭空出现。九疑作为舜帝崩葬之地更是如此。自先秦以来，历代对九疑地望进行记载的文献典籍数以百计，且代有传承，从未间断。其中主要有《山海经》《史记》《前

---

[1] 张泽槐为湖南省舜文化研究基地特聘研究员。

汉书》《水经注》《元和郡县志》《元丰九域志》《方舆胜览》《太平寰宇记》《徐霞客游记》《（乾隆）大清一统志》，以及《湖南通志》《永州府志》《宁远县志》《九疑山志》等。笔者将古代文献典籍记载九疑（九嶷）地望的情况梳理如下：

九疑这一地名和山名最早见于屈原《九歌·湘夫人》："九疑缤兮并迎，灵之来兮如云。"最早记载九疑地望的是《山海经》。《海内南经》："苍梧之山，帝舜葬于阳，帝丹朱葬于阴。赤水之东有苍梧之野，舜与叔均之所葬也。"晋郭璞注云："即九疑山也。"《大荒南经》："赤水之东，有苍梧之野，舜与叔均之所葬也。"郭璞注云："叔均，商均也。舜巡狩，死于苍梧而葬之，商均因留，死亦葬焉。基在今九疑之中。"宋《太平御览》五百五十五卷引此注作"墓今在九疑山中"。《海内经》："南方苍梧之丘，苍梧之渊，其中有九疑山，舜之所葬，在长沙零陵界中。"郭璞注云："山今在零陵营道县南，其山九溪皆相似，故云九疑。古者总名其地为苍梧也。"营道县设立于西汉元鼎六年（前111），县治在今宁远县天堂镇大阳洞村，位于九疑山北麓、大阳溪（今九疑河）畔。

汉代对九疑地望记载更加明确。1972—1974年，长沙马王堆西汉古墓出土两幅帛书地图，分别为《长沙国南部地形图》《长沙国南部驻军图》。图中所绘主区域为深水（今潇水）流域。著名历史学家谭其骧在《两千多年前的一幅地图》一文中，肯定《地形图》图标中的建筑物为舜庙，"九条柱状物当系庙前的九块石碑"。该墓下葬年代为汉文帝十二年（前168）。2002—2004年，经考古发掘，在宁远九疑山玉琯岩前发现西汉至宋元时期的舜庙建筑遗址，与出土帛书地图所标位置一致。该遗址已被列为全国重点文物保护单位。司马迁在《史记·五帝本纪》中说："（舜）南巡狩，崩于苍梧之野，葬于江南九疑，是为零陵。"此处之"苍梧""江南九疑""零陵",即今之湖南永州宁远县九疑山。新莽王朝时,王莽下令建"虞帝园于零陵九疑……使者四时致祠其庙"(《前汉书·王莽传》)。东汉许慎《说文解字》对"嶷"字的解释是:"嶷……九疑山也,舜所葬,在零陵营道。"这些载述清楚表明,九疑山的地望在今湖南宁远。

魏晋以后,历代文献典籍对九疑地望均记载为零陵营道、泠道或道州延唐、永州宁远。晋皇甫谧在《帝王世纪》中说:"有苗氏叛,(舜)南征。崩于鸣条,殡以瓦棺,葬于苍梧九疑山之阳,是为零陵,谓之纪市,在今营道。"晋罗含《湘中记》载:"九疑山在营道县,九山相似,行者疑惑,因名九疑。"北魏郦道元《水经注·湘水》载:"营水(今潇水)出营阳郡泠道县(今宁远县)南山,西流经九疑山下,蟠基苍梧之野,峰秀数郡之间,罗岩九举,各导一溪,岫壑负阻,异岭同势,游者疑焉,故曰九疑山。大舜窆其阳,商均窆其阴。山南有舜庙,前有石碑。"唐《元和郡县志》卷三十《江南道五》载:"永州……《史记》舜葬九疑,即此地也。"宋《元丰九域志》卷六《荆湖路南路·道州》载:"古迹:……舜陵在九疑山女英峰下。"

明清以降,对宁远九疑地望的记载进一步增加。《明史·志第二十六·礼四·吉礼》载:"四年,礼部定议合祀帝王三十五……在湖广者二,酃祀神农,宁远祀虞舜。"明徐宏祖于崇祯十二年(1639)三月到宁远九疑山考察7天,他在《徐霞客游记·西南游日记二(湖广)》中写道:"二十四日,西五里为太平营……如是十里至圣殿。圣殿者,舜陵也。"《(乾隆)大清一统志》卷二百八十三《永州府二·陵墓》载:"虞帝舜陵在宁远县东南……本朝顺治九年,康熙七年、二十一年、四十二年,雍正元年、二年,乾隆元年、九年、十四年、十七年俱遣官致祭。"历代《永州府志》《道州志》《宁远县志》《九疑山志》《舜帝陵志》均对舜帝葬地九疑山的地望有详尽系统记载,在此一概从略。

上述记载表明,九疑地望在湖南宁远是历史定论,是史学界共识。历代文献对九疑地望的记载是一条非常完整的证据链。同时,今九疑山也是一个现实客观存在,不容否定。

二、全州九疑山既无古代文献记载,亦非现实存在,纯属虚拟

蒋文《楚南全州:舜帝葬地九疑山新考·导语》说:"从先秦古籍《山海经》《尚书》,至秦汉时期的《淮南子》《史记》及全州旧志等,都记载舜帝崩于苍梧之野,葬于全州的九疑山。"又说:"《全州县志》记载在全州西北山岭的大西江境内有九疑山。"古代文献果真都记载舜帝"葬于全州的九疑山"吗?全州大西江境内果真有九疑山吗?非也!

(一)古代文献典籍没有记载

笔者前文所引用《山海经》语,也是蒋文《舜帝葬地九疑山新考》中所反复引用的几段话。这几段话,没有哪一段说舜帝"葬于全州九疑山",没有哪一部《山海经注》中说舜帝"葬于全州九疑山"。《尚书》说:舜帝"五十载,陟方乃死",此语没有半点舜帝"葬于全州九疑山"的意思。《淮南子·修务训》"舜……南征三苗,道死苍梧"之语亦是如此。《史记·五帝本纪》:舜帝"崩于苍梧之野,葬于江南九疑,是为零陵"。这里的"零陵"是舜帝陵的别称或美称,亦非专指所谓全州九疑山。至于其他文献典籍,均未见记载九疑山在全州或全州有九疑山。蒋文所说的先秦两汉古籍都记载舜帝"葬于全州九疑山",不过是个人臆想推测演绎而已。难怪蒋先生还在另外一篇文章中,将"沅湘"理解成一个全州地名,认为屈原在《离骚》中所说"济沅湘以南征兮,就重华而陈词",就是屈原渡过全州的湘江,到全州九疑山面陈舜帝。如此理解,只能让人无语。

（二）地方志中仅有孤证

古代文献没有全州九疑山的记载，那么官修地方志书是否有此记载？笔者查阅了《（雍正）广西通志》《（康熙）桂林府志》、今编《桂林市志》《桂林图志》等志书，志中均无所谓全州九疑山的记载。九疑山为舜帝崩葬之地，系天下名山。如果全州真有九疑山，这些志书焉有不载之理！这些志书无载，只能说明全州根本没有九疑山。特别是2010年版《桂林市志》才编辑出版十余年，志中记载了桂林市内诸多名山，唯独没有所谓的全州九疑山，绝非编修者的疏忽。

全州旧志是否载有舜帝葬地在全州九疑山呢？明初，全州隶属湖广永州府。洪武十六年（1383）编修的《永州府志》收录境内名山90座，其中全州名山入志者9座，即湘山、柳山、三华山、隆城山、凤凰山、覆釜山、黄华山、永福山、倚石山。洪武二十七年（1394），全州划归广西桂林府。此后，全州曾9次编修《全州（县）志》。其中明代成化、嘉靖、万历年间编修的3部《全州志》均已散佚，志中是否载有全州九疑山，笔者不敢妄断。清康熙《全州志·方舆》载有柳山、湘山、完山、笔架山、覆釜山、金峰岭等38座山，但没有九疑山。乾隆《全州志》所载山岭与康熙《全州志》稍有不同，亦无九疑山。嘉庆《全州志·舆地》载有51山、39岭，也没有九疑山，只在"覆釜山"下面加了一条案语："覆釜，郡境第一大山。远近诸峰，视若峪嵝。脉连九疑、祝融，横界夷夏。"所谓"脉连"，意即覆釜山与湖南宁远九疑、南岳祝融地脉（灵脉、龙脉）相通相连，仅此而已。如果当时全州有九疑、祝融，那就用不着"脉连"，直接录入志中即可。而民国《全县志·地理》，则采取移花接木手法，将嘉庆《全州志》中与覆釜山"脉连"的九疑、祝融，直接记为全州境内的主要高峰之一，亦即蒋文所说《全县志》：全州西北山地有九疑山"。这样的神操作，确实令人叹为观止。改革开放后，全州先后于1998年、2018年两次编修出版《全州县志》。1988年版《全州县志》并不认同《民国全县志》的观点，在第二章第二节《山脉山峰》中，列有县境山脉山峰78座，但未列九疑山。2018年《全州县志》亦未列九疑山。纵观9部《全州(县)志》，只有民国《全县志》列有九疑山、祝融山，属于孤证。考据学上，孤证不立，因而不能作为九疑山在全州或全州有九疑山的证据。

（三）大西江镇境内没有九疑山

蒋文称全州九疑山就在大西江镇境内："这座九疑山是由九条山脊共一山顶的一座大山，山势因东有'九龙归位'地相而名。……相传，此山因是舜帝葬地，又叫天子岭。"那么真实情况如何？

笔者于2021年10月下旬和11月上旬，先后两次专程到大西江镇考察。大西江镇西、北、东三面均为崇山峻岭。1998年版《全州县志》载录大西江境内山峰19座。笔者在该镇政府机关、街道上、西美村等地以及镇西面山岭下的矿山进行访谈，访谈对象有当地教师、街道摊贩、休闲老者、村民及矿工。对于大西江境内的众多山脉山峰，受访者均比较了解。但当问及大西江境内有没有九疑山时，受访者异口同声地说没有。一名来自湖南郴州的矿工说，九疑山在永州宁远县；我们到这里几年了，从来没有听说过这里有九疑山！一名当地女教师与两名蒋姓老者则说，在大西江西面有一座山叫九条脊。当被问及九条脊是否叫九疑山、天子岭，受访者均表示不知道。当被问及九条脊下面有没有二妃望夫岭、太极山、祀山时，被访者均表示没有听说过。当问及蒋文所称的"零陵屋""大屋坛"时，一位伍姓老者说，在村边一株大树旁有一座房子叫"林邻屋"，是与林为邻的意思；在"林邻屋"下面有个"凼凼"（方言：低洼地），就叫大屋坛。当问及当地有没有"天子屋场"时，伍姓老者表示没听说过。

对于蒋文所称的归崇坪，另一位老者说有个归崇庙，庙里还供了神，但供什么神就不清楚了。

九疑山是舜帝崩葬之地，是天下名山。在蒋文所称的九疑山所在地大西江镇，当地百姓竟然不知道这里有九疑山，也不知道与舜葬九疑相关的一些地名，那么大西江境内有无九疑山，也就不言自明了。至于蒋文所称九条脊就是九疑山，当地百姓不知道，县志中也没有任何这方面的记载，只是蒋先生个人所言，不足为凭。据此可以推断，全州（大西江镇）根本没有九疑山，蒋文所称大西江境内有九疑山纯属虚拟炒作而已。

三、全州与零陵县无关

蒋文以零陵即舜陵，推断全州为零陵故地，舜帝葬地就在全州，九疑山也必然在全州。笔者认为，无论从零陵这一地名来源、零陵县的设立还是全州历史沿革来看，全州与零陵无关，以零陵即舜陵来推断舜帝葬在全州、九疑山也在全州是完全不能成立的。

从地名角度看，零陵与今全州无关。零陵是一个产生于夏代以前的古老地名，源于舜帝崩葬于九疑山。这一点，司马迁在《史记·五帝本纪》中已经定论：舜帝"崩于苍梧之野，葬于江南九疑，是为零陵"。至于舜帝陵为什么叫零陵，其得名由来有多种说法。其中之一是说舜帝南巡去世后，二妃千里寻夫，泪洒荆竹成斑，后人感其诚，称舜陵为零陵。零，掉泪的意思。舜帝崩葬于九疑，九疑在湖南宁远而非广西全州。那么，从地名这个层面来讲，宁远才是理所当然的零陵故地，全州不可能是零陵故地。正因为如此，《辞海》释"零陵"："①地名……在今湖南宁远县东南。"

从行政区划角度看，零陵县与今全州无关。将地名零陵用作行政区划名称零陵县，当然有纪念舜帝之义。零陵县始设时间，史学界有不同看法。谭其骧、周振鹤等史学家认为零陵县为秦县，谭其骧主编的《中国历史地图集》、周振鹤主编的《中国行政区划通史》均持这一观点。广西博物馆原馆长蒋廷瑜、广西方志馆馆长若谷等则认为零陵县为汉县，始置于西汉景帝时期。长沙马王堆西汉古墓出土的帛书地图亦未标有零陵县。西汉元鼎六年（前111）置零陵郡时，零陵县已经存在则是不争的事实。对此，《汉书·地理志》对此有明确记载：零陵郡辖零陵、营道（治今宁远天堂镇大阳洞村）、始安（治今桂林）、夫夷（治今邵阳县西）、营浦（治今道县）、都梁（治今武冈）、泠道（治今宁远冷水镇东城）、泉陵（治今永州零陵区）、洮阳（治今全州永岁镇）、钟武（治今衡阳县西）等县（侯国）。对于零陵县治的位置，史学界也有不同看法，至今未能形成一致意见。2002年版《兴安县志》载，古零陵县城遗址在界首镇城东村，该遗址于1991年公布为兴安县文物保护单位。蒋廷瑜则认为，西汉零陵县由景帝时的观阳县改名而成，零陵县城应在观阳（今灌阳）。无论零陵县治在兴安界首还是灌阳，都与全州无关。因此，蒋文认为全州为零陵故地是没有道理的。当然，历史上的零陵郡自西汉元鼎六年（前111）至隋开皇九年（589），存续700年。期间，洮阳县（今全州）隶属零陵郡。如果因此就认为全州为零陵故地，那么零陵故地就不仅仅是全州，其他如营浦、夫夷、都梁、钟武、泠道等都是零陵故地。这样，也就不能因全州为零陵故地而得出舜葬全州、九疑山在全州的结论。

从全州历史沿革看，零陵县与全州无关，洮阳才是全州故地。全州在隋朝以前为洮阳县地。洮阳又作桃阳、逃阳、（左兆右邑）阳，其建县始于何时尚不确定，有楚县、秦县、汉县等不同说法。但长沙马王堆西汉古墓出土的帛书地图中已经标有洮阳县。县治在今全州西北（谭其骧

《中国历史地图集》），一说在今全州永岁镇，其境域大致为今全州县大部、资源县全部及湖南东安县部分地。西汉元鼎六年（前111）置零陵郡，洮阳、零陵二县为并列关系，同属零陵郡。东汉时，零陵郡治移至泉陵（今永州零陵区），零陵县改称"小零陵"，仍与洮阳县隶属零陵郡。三国两晋南北朝因之。隋开皇九年（589）废零陵郡，置永州总管府，改泉陵县为零陵县，将原零陵、洮阳、灌阳3县合并为湘源县，"零陵"从今广西境内消失。因此，在建置沿革上，全州与历史上的零陵县没有任何关系。康熙《全州志·沿革》只说洮阳县而不提及零陵县："《禹贡》全为荆州之域，春秋楚南境，秦属长沙郡；汉元帝（应为汉武帝）元鼎六年置零陵郡，统洮阳县；新莽以零陵为九疑，洮阳为洮治，东汉复为洮阳，晋宋齐皆因之；隋平陈，改洮阳为湘源。"嘉庆《全州志·沿革》大同小异，亦只讲洮阳县而不说零陵县。这种情况，正是全州为洮阳县故地而非零陵县故地的真实写照。因此，蒋文说全州为零陵县故地的说法是不能成立的。

四、与九疑地望相关的几个问题

（一）九疑与九嶷

现在有一种误解，就是认为在毛泽东发表《七律·答友人》后，因为诗中有"九嶷山上白云飞"之句，九疑才被改成了九嶷。蒋文也以"疑"字带不带"山"字头，来区分全州九疑山与宁远九疑山。实际上，先秦两汉时期"九疑"与"九嶷"不仅义同，而且通用混用。其如屈原《九歌·湘夫人》有"九疑缤兮并迎"，"疑"无山字头；《山海经·海内经》"苍梧之丘，苍梧之渊，其中有九嶷山"，则带山字头（见清光绪《二十二子》之《山海经·海内经》）。司马迁《史记·五帝本纪》"（舜帝）葬于江南九疑"，"疑"不带山；班固《前汉书·武帝纪》载汉武帝"（元封）五年冬……

望祀虞帝于九嶷"，则为带山之"嶷"（见乾隆四年武英殿本《二十四史》之《汉书》）。许慎《说文解字》释"嶷"，则直接这样解释："嶷，九疑山，在零陵营道（今湖南宁远县）。"也可以说，"嶷"专指九疑山。这些说明，先秦两汉时期，九疑与九嶷不仅同音同义，而且通用。魏晋以后，史家多用九疑山，但在引用《山海经》《前汉书》时则用九嶷山。毛泽东《七律·答友人》发表后，约定俗成，均用"九嶷山"；但在引用古代文献时，则用"九疑山"（原文为"九嶷"者除外）。因此，九疑与九嶷是同一个地名和山名。蒋文把九疑与九嶷分割开来是不了解二者之间的关系，以"九疑"作为舜帝葬地九疑在全州的证据更是完全不能成立的。

（二）九疑与帝王祭舜

在古代，"国之大事，在祀与戎"。舜帝为人文始祖，为历代帝王所祭祀。九疑为舜帝崩葬之地，亦为先秦以来帝王祭舜圣地。见诸记载最先祭祀舜帝的是大禹，稍后有秦始皇、汉武帝等。《大清一统志》（上海涵芬楼影印本）载："禹南巡至衡山，筑紫金台，望九疑而祭舜。"《史记·秦始皇纪》载：三十七年十一月，始皇"行至云梦，望祀虞帝于九疑山"。《汉书·武帝纪》云："（元封）五年冬……望祀虞帝于九疑。"南朝宋代永初三年（422），宋武帝刘裕命湘州刺史张邵赴嶷祭舜，并留下最早的祭舜帝文。唐开元六年（718），玄宗遣大臣张九龄至九疑山舜帝陵祭祀舜帝。明清时期，皇帝派遣大臣到九疑山祭祀舜帝成为定制。其中，明代派遣大臣到九疑山祭舜17次，清代更是多达45次，其中康熙9次、乾隆12次。祭舜是非常神圣的大事，有着严格复杂的礼仪。历代帝王遣官祭舜，这些都在《国史》中有明确记载，在《湖南通志》《永州府志》《宁远县志》《九疑山志》中也有详细记载。这些祭舜记载也表明，舜帝葬地九疑山在宁远。而《广西通志》《桂林府志》《全州（县）志》

均没有这方面的记载。这表明全州不是舜帝葬地，也没有所谓的九疑山。

（三）九疑与名人游历

九疑不仅是舜帝崩葬之地，也是风光秀丽的天下名山。先秦以来，无数名人慕名前来九疑谒陵观光，并留下数以千计的诗文。战国时，屈原流放江北作《离骚》，他虽不能亲身前往九疑，却在诗篇中留下"济沅湘以南征兮，就重华而陈词"的向往。东汉蔡邕亡命江湖期间，前往九疑拜谒舜帝陵，写下《九疑山铭》，歌颂舜德之浩荡与九疑之壮丽。唐李白曾两次前往九疑，写下《悲清秋赋》《远别离》的悲壮诗篇。刘禹锡也留下了《潇湘神》《斑竹岩》等千古名篇。唐以降，前往九疑谒陵观光的名人纷至沓来，在九疑吟诗刻碑，形成碑林诗海。元结、张谓、戴叔伦、刘长卿、元稹、寇准、苏轼、黄庭坚、胡宏、元好问、方孝孺、李梦阳、汪辉祖、何绍基等，都在九疑山留下过名篇佳作。今人万里、刘范弟辑录点校的《虞舜大典（古文献卷）·诗歌韵语》中，共收录230余名古代名家咏舜、咏娥皇女英、咏九疑山的诗文400余首（篇）。这种历代名人集聚九疑并留下名篇佳作的盛况，从另一个侧面印证了舜帝崩葬于九疑、九疑地望在宁远的客观事实。反观全州，有古代名人在全州留下咏颂所谓九疑山的诗文吗？难道这些历史名人明知九疑山在全州，却硬要跟全州过不去，偏偏跑到宁远九疑山？对此，我们丝毫不要怀疑古代名人的心胸与智商，而是确信广西全州不是舜帝崩葬之地，也没有所谓九疑山。

"九疑之塞"考释

⊙杨增和[①]

岭南在历史上常常是兵家必争之地,战国时期的楚国就把军事力量推进到了五岭,这里,五岭指的是大庾岭、萌渚岭、都庞岭、越城岭和骑田岭。秦始皇时,兵分五军大规模进入五岭,开始构建其庞大的帝国体系,《淮南子·人间训》中就有秦"五岭之戍"之说。公元前218年,秦尉屠睢率五十万大军,分为五军:"一军塞镡城之岭,一军守九疑之塞,一军处番禺之都,一军守南野之界,一军结余干之水,三年不解甲驰弩。"这里所说的"五军"之地于今天的地名分别对应的是:湖南靖县境内的镡城、宁远南部的九疑山,广东的番禺,江西南康境内的南野、余干境内的余干。九疑山在南岭山地的中段,属于南岭山脉萌渚岭北支的湘粤桂交界处,纵横百余里,紧邻都庞岭,即今蓝山南风坳一带,南至桂阳,即今连州附近。"九疑之塞"在九疑山南至今连州北一带,设置有南平、泠道、龁道、营道、春陵等城邑和沿湟溪设置的湟溪关、阳山关。

一、"九疑之塞"在今湖南宁远南的九疑山一带

关于九疑山,古代典籍文献多有提及。楚国曾在这里设置楚苍梧郡,

[①] 杨增和为湖南科技学院教授。

《楚策》载："楚地西有黔中、巫郡，东有夏州、海阳，南有洞庭、苍梧。"根据其方位推测，苍梧的辖地应在湘南宁远九疑山周边的湘粤桂交界一带，表明楚国的南部疆域已到达五岭地区。秦时在湖南设置长沙、黔中二郡。汉代设置长沙国和武陵、桂阳、零陵、苍梧郡。元鼎六年（公元前111年），汉设立苍梧郡，这里与苍梧郡相邻的桂阳是今连州，连州在《禹贡》中属荆州之域，春秋战国时属楚，秦时属长沙郡。九疑山与苍梧山同为一山，多种典籍清晰记载了九疑山的具体位置。《山海经·海内经》载："南方苍梧之丘，苍梧之渊，其中有九疑山"，《汉书·诸侯王表》提到汉初长沙国的南北界线，当时长沙"波汉之阳，亘九疑"。《汉书·地理志》载："营道，九疑山在南。"《史记·汉兴以来诸侯王年表》所谓"南至九疑"，也是指长沙国南界。《汉志》中的九疑就是零陵郡营道县南的九疑山。明代蒋鐄纂的《九疑山志》明确指出了九疑山的具体位置，以及九疑山与苍梧山一地两名："九疑山，《汉书》作'嶷'音'疑'，在县南六十里，亦曰苍梧山"。郭璞注："山今在零陵营道县南，其山九黔皆相似，故云九疑。古者总名其地为苍梧也"，零陵营道县就是今天的宁远县。

九疑山与舜帝有着密切的关联，宁远九疑山一带有大量的舜帝传说和遗迹。据文献记载，华夏先民与南方越人的交往远及岭南。《大戴礼记·少间篇》记有："虞舜以天德嗣尧，……南抚交趾。"司马迁的《史记》说："禹定九州，一至于荒服，南抚交趾。"舜帝"南巡狩，崩于苍梧之野。葬于江南九疑，是为零陵"。《礼记》曰，"舜葬苍梧之野"，《淮南子》中记载了舜帝"南征三苗，道死苍梧"。长沙马王堆汉墓出土的《地形图》标示的九疑山"帝舜"二字，说明汉时已有苍梧。舜葬之地已具有特殊的历史文化符号，专指苍梧之野，也就是湖南宁远九疑山一带。有对九疑山名的阐述，康熙《永州府志》引晋郭璞，把九疑山名的来历也阐述得很清楚:"其山九溪皆相似,差互相隐映,望而疑之,故名九疑山。"《九疑山志》记载了九疑山附近的古城遗址,"汉武帝元鼎六年始置,为泠道县,在箫韶峰下,旧城尚存"。长沙马王堆三号墓出土的古地图中绘记了泠道城址,有专家考察,九疑山的箫韶峰下古城遗址,今叫东城盐坛罐,这里曾出土大量汉代陶器器物及残片。

二、"九疑之塞"是沟通岭南的天然水陆通道

山岭与道路交通密不可分。"山岭"的原始本义是指山上的道路,《说文解字》云:"岭,山道也。"《后汉书·郑弘传》注:"峤,岭也。"秦军翻越南岭的隘口称为"五岭峤道",《晋书·地理志》载,秦始皇"以谪戍卒五十万人守五岭。自北徂南,入越之道,必由岭峤,时有五处,故曰五岭"。五岭山脉是横亘于南方的屏障,也是长江和珠江两大水系的分水岭,这里各岭之间有低谷或断裂盆地,形成了沟通南北的大通道。九疑山附近正当桂阳岭道,在今蓝山东北的南平市和今连州的桂阳县西北交界处,处于九疑山地东段的古都庞岭,距九疑山主峰畚箕窝十余公里,岭上的南风坳隘口,曾建有薰风亭,相传舜在此作《南风歌》,这里有一条古驿道穿越隘口,连接古时春陵水与连江航道。《后汉书》载:"弘奏开零陵、桂阳峤道,于是夷通,至今遂为常路。"郑弘奏请朝廷开辟通往岭南地区的山路,这一通道地势相对低平,湘粤之间相对容易通行,与原有的沿江通道互为利用。

宋人周去非在《岭外代答》中认为,"乃入岭之途五耳,非必山也"。五岭为"入岭之途",不一定只是山岭,除山岭陆路外还有水路。当时,人们穿越岭南也大多选择水路,水路是主要的交通方式,从湘江水系上溯到南岭北麓,后弃船从陆路越过分水岭后进入珠江水系,抵达岭南各地。

《淮南子·原道训》认为，"九疑之南，陆事寡而水事众"。九疑山有丰富的水资源，《水经注·湘水注》："九疑山下蟠基苍梧之野，峰秀数郡之间，罗岩九举，各导一溪，岫壑负阻，异岭同势，游者疑焉，故曰九疑山。"《九疑山志》记载，九疑山"有九峰，峰下各出一水，四水南流，会于南海；五水北注，会于洞庭"。徐霞客《楚游日记》载："三分石俱称其下水一出广东，一出广西，一下九疑为潇水，出湖广。至其下，乃知为石分三岐耳。"九疑山东麓是重要的过岭通道，从九疑山东麓过岭，溯春陵水南下，经春陵、泠道、南平以及舂道等县，顺连江直抵汉桂阳县。湟水，也称洭水，今连江，《读史方舆纪要》记："湟水，出湖广宁远县九疑山，流入广州府界，经连州，阳山县东南流入连州城东。"又折而东南入韶州府英德县界，又南流入广州府清远县境，至县东南与浈水合，这是通往岭南路途最短和最便捷的路线。汉元鼎五年，伏波将军路博德引兵出桂阳，就是下湟水而伐南越的。

　　人们还可以从湖南湘江和潇水到萌渚岭，越岭沿贺江抵岭南西部越人腹地。马王堆地图上的舜陵，正画在九疑山的南面，旁注深水源，古称深水就是今潇水，唐以前多称潇湘或湘水，发源于九疑山，是湘水上游的大支流。谭其骧先生根据长沙马王堆出土的"西汉初期长沙国深平防区图"认为，九疑山西麓，深水岸边的深平应是驻防的大本营所在，九疑山西麓筑塞设防，深水流域就应该看作南北交通要道之一。沿深水支流西南行，可由今湖南道县北的营浦过萌渚岭，上游沱江的西河与广西富川江之间的通航，沿富川江和贺江顺流而下至广东西江。春秋战国时期中原与南越密切的商业贸易关系，奠定了秦始皇统一岭南的基础，这些通道也成为秦军队进军岭南的通道。

三、"九疑之塞"一带置郡戍邑防守

秦统一中国后，秦始皇为了解除能与秦抗衡的越人势力，大规模进军岭南，派重兵长期戍守五岭，构筑"北有长城之役，南有五岭之戍"的防御格局。《史记·王翦列传》记载，公元前222年，秦令军挥师"南征百越之君"，进攻越人，击败了聚居在五岭以北的越人势力，把岭南地区收纳版图，并置郡戍邑。在《通典》中，唐人杜佑说："秦始皇略定扬越，谪戍五方，南守五岭。"在这里构筑南岭山脉的五大军事要塞，其中就有九疑山要塞。秦军要进军岭南，就要翻越南岭走廊的"五岭峤道"这个重要隘口，居高临下，扼住古时南北交通的咽喉，正如《读史方舆纪要》所说的"控郴永之咽喉，为广州之肩背"。驻扎在这个天然屏障，可进退自如地控制越人，进能遏制越人，退能防守待援，如此重要的位置，秦军自然会设军队戍守，在险要之地修关道以关防，其军事作用非常明显。

秦在九疑之塞设置郡县、关隘、驿站等管理机构等，在岭南设置横浦、阳山、湟溪"三关"，固守广州外围。在九疑之塞设置湟溪关及其阳山关，处在入岭南腹地的湟水，是沟通中原与岭南的重要通道，历代驻军防守。湟溪关在湟水上。按照《史记·索隐》引《汉书·地理志》载："桂阳（郡），有阳山县"，阳山关处在湟水中段的阳山。在九疑山及附近的桂阳交通要道上的一些险要位置修筑城堡和关隘，重兵设防，目的在于政治分区、军事防守和航运咽喉。《史记·南越列传》记载："佗即移檄告横浦、阳山、湟溪关曰：盗兵且至，急绝道聚兵自守。"其中在九疑一带的湟溪关沿线密集设置南平、泠道、龁道、营道、春陵等城邑，重点防守，尤其是九疑附近的龁道县城，留下来的资料虽少，但长沙马王堆出土的古《地形图》上，却标示了龁道县城，出土的驻军图把该处标为龁障，表明这里是控

制古道的军事要塞，在沿古道几十公里的地方设置了几个县城，这是极不寻常的，说明了以九疑山一带在军事与政治上的重要地位。

秦始皇征服岭南推行郡县制，采用了"犬牙相入"的郡界划分，在岭南地区行使管辖权，把岭南纳入其中原政治治理的郡县体系之中。秦始皇派数十万大军攻取岭南后，把将士留在岭南，戍越将士落籍岭南，《汉书·严助传》中所说的"谪戍以备之"，有效地牵制着岭南各郡。以至在汉王朝仍然如《史记》所记的管理模式，"汉郡八十，形错诸侯间，犬牙相临"，以防地方势力利用山川自然形势割据自立，这加强了中原政治力量对岭南的控制，又促进了中原与海外的经济文化交流。

苍梧之野江南九疑　楚越地图唯指宁远

⊙孙吉升[1]

广西全州蒋咸喜、蒋京生先生在《纵横》等杂志、今日头条、百度等媒体上相继发文说"舜帝葬于广西全州的九疑山"。为发展全州旅游事业巧用心思，二位蒋先生罔顾千载笃定的历史，否定历代朝廷的钦定，极大损害了富有历史沉淀的中华民族对舜帝德孝文化的信仰。他们的说法虽对略有历史知识的人影响不大，但对缺乏这方面知识的人特别是青少年容易产生误导。为了维护神圣的舜帝德孝文化，筑牢华夏子孙对德孝文化的忠诚信仰，止谬论，护正声，学术界很有必要澄清两蒋"舜帝葬于广西全州九疑山"的错误言论。

一、战国楚越地图权威证明九疑在湖南宁远而不在广西全州

战国时期的时间跨度是公元前 476—221 年，西汉时期的时间跨度是公元前 202 年—公元 8 年。古地图显示，九疑山地名早在战国时期的楚国就出现了，零陵郡是在西汉时期才设置的，也就是说九疑山的地名比零陵郡名至少要早 274 年。图中的九疑塞就是现在的宁远县九疑山；当时的全州根本不与九疑这个名号沾边，它叫郴阳（即洮阳）。

---

[1] 孙吉升为湖南省舜文化研究基地特聘研究员。

《中国历史地图集》第一册第 45 页到第 46 页收录的一张楚越地图显示的是战国时期的状貌。《中国历史地图集》编撰始于 1954 年冬，编委会设在中国科学院，主持人有范文澜、吴晗等泰斗级人物，编绘工作由复旦大学谭其骧教授负责。《中国历史地图集》的编撰工程浩大，先后有中国科学院、复旦大学、南京大学、云南大学、历史研究所、考古研究所、国家测绘总局、武汉测绘学院等十多所院校、研究所参与，熔铸了 100 多位专家教授 30 多年的心血，他们参阅了中国 2000 多年封建社会时期历史地理的全部著作，考证了 7 万多个地名。谭其骧教授在该套图集的前言中说："这套图集毕竟是中国历史上的空前巨著。"

该图集暴露了广西全州二蒋的五个错误观点。

一是蒋京生先生说"宁远九疑山的地理位置不符合赤水之东苍梧之野"。图集标明苍梧之野的核心区域就是今天宁远县的九疑山，而全州可能不在苍梧之野区域之内，即使在苍梧之野区域之内也只不过是边缘地区。苍梧郡属于楚国地域。在秦统一前，楚国有洞庭、苍梧二郡，苍梧地域大致在长沙郡南、桂林郡北的地区。无论是《中国历史地图集》还是苍梧郡地域里的九疑指的都是宁远的九疑山。

二是《中国历史地图集》中的九疑之塞就是现在的宁远九疑山。蒋咸喜先生说"《淮南子·人间训》一军守九疑之塞的九疑之塞就是位于越城岭下的湘漓走廊之上"，把九疑之塞平白无故移到几百公里外的越城岭下的湘漓走廊上去，只能说明蒋咸喜先生读图缺乏理性和科学。《中国历史地图集》地图上的九疑之塞是宁远县的九疑山，此处距全州几百公里。凭胡乱猜想就把九疑之塞"搬运"到全州越城岭下的湘漓走廊上去，岂不是滑天下之大稽？

三是《山海经·海内经》里记述："南方苍梧之丘，苍梧之渊，其中有九疑山，舜之所葬，在长沙零陵界中。"蒋京生先生判定宁远县不在"长沙零陵界中"，而《中国历史地图集》显示的宁远县就在"长沙零陵界中"。战国时期的九疑山属于楚国的长沙郡，秦朝所辖的今天的湖南境内只有长沙郡和黔中郡，零陵郡是西汉时才设置的，《山海经》成书时间是战国至汉代初期，当时的宁远九疑山属于长沙郡地域，《山海经》说舜葬长沙零陵界中是非常精准的。

四是《中国历史地图集》显示，持舜帝葬在全州说的蒋咸喜先生犯下了因果倒置的逻辑错误，根本站不住脚。《史记》载舜帝"崩于苍梧之野，葬于江南九疑，是为零陵"，此时的"零陵"是舜帝的陵墓名，还不是行政区划里的郡县名。直到西汉时设零陵郡，零陵郡零陵县的县治才定在全州。此时离舜帝"崩于苍梧之野"已有2000余年。事实摆在那里，公元前476年的战国时期就有了九疑山，公元前202年西汉时期才设置零陵郡，地名九疑山的出现比零陵郡至少早了274年。舜葬九疑山是因，设零陵郡是果。零陵郡因舜葬九疑而设，是舜葬九疑决定零陵郡，怎么能倒转是零陵郡决定舜葬零陵县的县治呢？且战国时期全州不叫零陵，而叫洮阳（洮阳）。假如蒋咸喜先生的说法站得住脚，舜帝就不是葬在零陵而葬在洮阳了。

五是《中国历史地图集》支持《山海经》"湘水出舜葬东南陬"的说法。蒋京生先生说："《山海经·海内东经》载：湘水出舜葬东南陬。此湘水显然指的是发源于兴安的湘江，并非潇水。宁远、道县均不符合这一地理位置的描述。"湘江是指零陵（永州零陵区）萍岛至洞庭湖这一段。湘江上游灵渠至萍岛的一段叫江水，蓝山至萍岛的一段叫潇水。两条支流都是湘江的源头。2011年以前，湘江以广西兴安江水为干流，以发源于湖南蓝山的潇水为支流。2011年以后，发源于湖南蓝山的潇水改为干流，发源于广西灵渠的江水改为支流。确定一条河流的干流有三个条件：

河源长、水量大、与主流方向一致。2011年，受水利部水文局委托，南京水利科学院用现代科学技术手段复核，潇水比江水多84公里，流域宽2886平方公里，流量多97.5亿立方米。据此，国务院水利普查办和水利部认定，蓝山县至永州萍岛河段（潇水）为湘江干流，湘江源头在蓝山县；广西兴安县至永州萍岛河段（江水）为湘江支流。中唐诗僧清江在《湘川怀古》诗中云："潇湘连汨罗，复对九疑河"，说的就是潇湘出自"九疑"山下之河。无论古代当代，也无论干流支流是否变更，潇水在东，江水在西，方位并未更改。宁远县九疑山最符合《山海经》："湘水出舜葬东南陬"的描述。如果说舜葬在全州，《山海经》里应该将"东"字改成"西"字，描述成"湘水出舜葬西南陬"才对。

二、《长沙国南部地形图》权威证明舜帝陵在湖南宁远而不在广西全州

1972年长沙马王堆考古挖掘的汉墓帛书地图《长沙国南部地形图》，地图中画有长沙国南部的山川、县治及居民点等内容。靠近"深水"的地方，画有一处建筑物，建筑物前画有九条柱状物，中间画有五个"∧"形屋脊，建筑物旁注"帝舜"二字。经复旦大学著名教授谭其骧考证，该图标记的就是秦汉时期的舜帝陵庙遗址，这与九疑山玉琯岩舜帝陵庙遗址吻合一致。史料、文物吻合一致证明舜帝陵就在宁远九疑山。

另外我们还知道，舜帝曾经封异母所生之弟象于有庳，有庳古封就在现在的湖南双牌一带，相距百十里路的宁远九疑山应该就是古有庳的辖区，当时的广西全州远在古有庳辖区之外。从亲缘关系看，舜帝南巡到苍梧之野，以宁远九疑山为活动中心，可以得到弟弟和子侄的大力支持。

三、九疑山舜帝陵的"抚瑶颂碑"与舜帝晚年南巡怀柔德服"三苗"目的一脉相承

《淮南子·修务训》云:"(舜)南征三苗,道死苍梧。"大禹摄政后,三苗又为乱南境。大禹主张镇压,舜帝主张德化。禅位大禹之后,舜帝便带队伍,踏上南巡之途,深入三苗腹地,推行以德教化,化解潜在的民族危机。宁远境内,舜帝南巡留下大量遗址。"抚瑶颂碑"是隆庆五年朝廷祭舜陵钦差给事中张楚城会同州县官员,彰显朝廷威德,招抚九疑瑶民一事。碑文招抚之意与舜帝南巡"以德教化"一脉相承。历朝历代,武力、招抚都是朝廷的两大法宝。湖南的宁远、江华、江永,相邻的广西的富川,广东的连南、连山,都是瑶族的群住地。舜帝南巡来到宁远既达目的又选准了地点。

推出史证新说必须让"文献史料、实物史料、口述史料、风俗习惯"四者高度吻合。蒋咸喜、蒋京生先生之舜葬全州说既没有国家权威的史料和皇权认定作依据,也没有民族风俗习惯相印证,仅凭近现代全州县志上几个以讹传讹的文字,就想撼动舜葬宁远九疑山的千古定论,这只能是蚍蜉撼树,不自量力。

"零陵故里"与"九疑故地"辨析

⊙唐柏荣[①]

零陵、永州，一地两名，在2000多年的历史长河中，同一个地方，时而为零陵郡，时而为永州或永州府，又时而为零陵地区或永州市。因此，从行政区域名的演变轨迹来看，的确是一地二名。至于九疑山，这是永州宁远境内的圣山，历史上从未有第二个九疑山。这两个地名的所在地，本来已是千古定论，不存在"故里""故地"之说。但近年蒋咸喜突然提出"零陵最早在全州""九疑山在全州"的说法，于是便有了"零陵故里"与"九疑故地"的争论。本文拟对此做出详细的辨析，以便去伪存真，以正视听。

一、"零陵故里"在永州

《永州府志》《零陵县志》不同历史时期的版本，对零陵建制的变迁脉络记述清晰，轨迹分明。随着漫长岁月的斗转星移，改朝换代，零陵在2000多年来历史的进程中，有过7次大的变迁。[②]

---

① 唐柏荣为湖南省舜文化研究基地特聘研究员。
② 陈仲庚.古城印迹——零陵古城昔与今.中国书籍出版社，2021：5-9.

根据曾武清先生主编的《永州文化与故事》中所载雷运福的《零陵地名与零陵建置的变迁》一文所说：零陵这一地名最初就是指九疑山。随着大量文物和研究成果的出现，已表明郡县制并非秦始皇首创，秦始皇实行天下郡县制是仿照春秋战国时期的楚国而为。考古出土的大量秦汉竹简充分表明，秦国兼并楚国之前，楚国其下有黔中、苍梧等郡级机构。也就是说，春秋战国时期的楚国就有了黔中、苍梧郡。黔中郡之下有鄙阳县，而苍梧郡之下有零陵县。这时的零陵县治所应在今永州市宁远县大阳溪，这就是零陵县的建制之初。零陵由山名变为行政区域名，这是零陵地名的第一次变迁，也是零陵建制的发端，其辖地为衡山以南的五岭地区，大致相当于现在的湖南衡阳市、郴州市、永州市、邵阳市，广西的梧州市、贺州市、桂林市，广东的清远市、韶关市北部等地，辖区十分广袤辽阔。

关于春秋战国时期楚国在湖南地区建立了郡县制，《湖南通史》提出："楚国在湖南最重要的统治措施就是建立郡县制。关于楚国在湖南建立郡县制的情况，文献记载简略不详，使我们无法窥其原貌。不过，楚国在湖南建制过郡县则是可以肯定的。"《战国策·楚策一》也提道："苏秦为赵合从，说楚威王曰'楚，天下之强国也。大王，天下之贤王也。楚地西有黔中、巫郡，东有夏州、海阳，南有洞庭、苍梧，北有汾径之塞、郇阳。"战国时期就记载了楚国建有苍梧郡。司马迁《史记·五帝本纪》中提道："舜……南巡狩，崩于苍梧之野，葬于江南九疑，是为零陵。"文中"苍梧"二字指的是大区域名，用今天的话说就是行政区域名，也可以理解为楚国古苍梧郡行政区域名，与柳宗元的"永州之野产异蛇"中的"永州"二字指的是永州行政区域名同义。"是为零陵"中的"零陵"二字是指九疑山，当然也隐含着零陵县行政名。司马迁所言苍梧、零陵行政名指的是秦汉之前的古苍梧郡、古零陵县。

零陵的第二次变迁是在秦始皇时期。公元前221年，秦始皇兼并六国，统一天下，建立起我国第一个统一的中央集权王朝——秦朝。众所周知，秦始皇在全国范围内实行郡县制，划天下为36郡。考虑交通方便、防范南越、征服南越、统一全国的需要，派遣王翦率50万大军戍五岭，又将零陵县的县治设在当时的零陵境地——今广西兴安县界首城子山。其辖地相当于今永州市、邵阳市西南部、衡阳市西南部，以及广西的梧州市、贺州市、桂林市，辖域十分广袤。

零陵的第三次变迁是在东汉初光武帝刘秀建武年间（公元25—55年）。汉武帝元鼎六年，即公元前111年，汉武帝在征服南越地区后，撤长沙国南部，在零陵县治所置零陵郡。这是零陵这一地名第一次成为郡级行政区域名，即零陵郡的建制之初。之后，西汉王莽新政改零陵郡为九疑郡。东汉光武帝推翻王莽政权后（公元25年）复称零陵郡。光武帝建武年间，零陵郡治迁至泉陵县，即今址永州市零陵区。当时，零陵郡治所在泉陵县，而零陵县治所仍在广西兴安县界首城子山，史有大零陵（郡）与小零陵（县）之称。零陵郡治与零陵县治不在一地一城一域。这次变迁，使零陵这一地名和行政区域名一分为二，即今兴安处当时有零陵地名和零陵县区域名，今永州处当时有零陵郡区域名和零陵地名。当时的泉陵县前身为泉陵侯国（诸侯封地小国），其辖区地域大致包括今零陵区、冷水滩区、祁阳县、祁东县、东安县及双牌县一部分，县治设今永州市零陵区，县城在今零陵区泉陵街一带。其时县域经济已相当发达，加上县治南峙九疑，北镇衡岳，潇湘二水在这里汇合，水陆交通十分便捷，军事地位日益重要。于是，东汉王朝决定将零陵郡治由广西兴安的零陵县迁到了泉陵县，这也是零陵古城作为零陵郡城的开端。

第四次变迁是在隋开皇九年（公元589年）。隋文帝开皇九年，零陵县迁至今永州市零陵区，开启了零陵郡治所与零陵县治所同地同城的历史。同时这一年，改零陵郡为永州，这也是永州、零陵一地二名的起始时间，县隶属于州。此后，隋王朝对地方行政区划按照"存要去闲，并小为大"的原则，进行了较大幅度的调整。隋开皇九年（公元589年），将零陵郡（治所处今永州市零陵区）与营阳郡（治所处今永州市道县）合并改置永州总管府。同时，废原零陵、兆阳、观阳（即灌阳）3县，置湘源县（治所在今广西全州县）。此时，治所在兴安县界首城子山的零陵县存在了810年（公元前211—公元589年）的历史终结，永州之名始用为行政区域之名。同时，将泉陵、永昌、祁阳、应阳（即今东安）4县合并，更名零陵县（治所在今永州市零陵区）。隋大业三年（公元608年），永州总管府复称零陵郡。唐宋时期，永州分为永州和道州，其时州郡并提，永州全称永州零陵郡。元代以后，永州改称永州路、永州府，零陵郡之行政区域名不复存在，只保留零陵县这一地名和行政区域名称。

第五次变迁是中华人民共和国成立后的1949年。1949年10月，永州专区成立。1950年5月，永州专区改称为零陵专区，零陵重新成为州郡级行政区域名称。1982年1月，国务院批准将芝城镇（原属零陵县）升格为县级永州市，零陵县治所由芝城镇（原零陵地区零陵县驻地即今零陵区）迁至冷水滩镇，零陵这一地名和行政区域名称都重新一分为二，即今零陵区当时有零陵地名和零陵地区这一州郡级行政区域名。今冷水滩区当时有零陵县行政区域名及其零陵县地名。1984年6月，国务院批准撤销零陵县设立县级冷水滩市。至此，延续了

2200多年（按习惯从秦始皇时期算起）的县级行政区域名称零陵消失了一段时间。

第六次变迁是1995年。1995年11月21日，国务院批准撤销零陵地区设立地级永州市，撤销原县级永州市设永州市芝山区，撤销原县级冷水滩市设永州市冷水滩区。这样，作为地州级行政区域名称的零陵，在延续了2106年（前111—1995）之后消失。同时，作为一般地名的"零陵"，在延续了4000多年并六易其地后也消失了。1997年永州市治所迁至冷水滩区。

第七次变迁是2005年。2005年5月，经国务院批准，永州市芝山区更名为永州市零陵区，至此，县级零陵区域名和零陵地名又得以恢复[①]。

从"零陵"之名的发展轨迹、历史变迁过程，可一目了然地看出"零陵故里"的来龙去脉。全州有人总认为"零陵故里"首先存在于今天的广西全州县，这是一种偏见。"零陵故里"最早在湖南宁远，这是因为自舜帝崩葬宁远九疑山就有了"零陵"之名。舜帝陵为什么叫"零陵"？《永州史话》的作者张泽槐先生在其《零陵考》中广征博引，论证充分。他认为，把舜陵称为零陵，源于舜帝两个妃子娥皇与女英千里寻夫的动人历史故事。"零"是涕零，就是掉眼泪的意思。舜帝南巡，崩葬于九疑，娥皇、女英千里寻夫而不见，最后泪洒斑竹，双双殉情。因此，将舜帝陵称之为"零陵"，包含有娥皇、女英的相思寄托，其内涵更深广，情感更丰富。而"零陵"从一开始作为"舜帝陵"名再到用作地名或

[①] 雷运福．永州文化故事——零陵地名于零陵建制的变迁．大众文艺出版社，2009：45-46．

行政区划名,都首先出现在宁远,因而永州宁远才是真正的"零陵故里"。

再者,广西考古权威也是中国著名的考古学家蒋廷瑜先生发文称,新中国成立后广西多次组织考古队对全州、兴安、灌阳三地进行考古发掘,均未见有秦朝零陵遗址存在,考古发现的瓷壁断瓦均为汉代遗物。这充分说明,零陵县存在于广西,不管是在兴安也好,在灌阳也罢,均为汉初之后的零陵县。广西方志馆研究员若谷先生也认为广西的零陵县为汉县,始置于西汉景帝时期。长沙马王堆西汉古墓出土的帛书地图亦未标有零陵县。

值得注意的是,此时全州属于洮阳县,洮阳县是全州第一个县名。全州无"秦零陵县"。全州的历史是从汉初设洮阳县开始的,"零陵县"在兴安(包括灌阳)也是汉初始;西汉长沙马王堆帛书地图上只有"洮阳"而无"零陵"二字,就说明当时"洮阳"比"零陵"人口(户数)多、名气大,而且"洮阳"二字是加了方框的,说明至少是个县级机构。洮阳县县治在今全州西北(谭其骧《中国历史地图集》),一说在今全州永岁镇,其境域大致为今全州县大部、资源县全部及湖南东安县部分地。西汉元鼎六年(前111年)置零陵郡,洮阳、零陵二县为并列关系,同属零陵郡。东汉时,零陵郡治移至泉陵(今永州零陵区),零陵县改称"小零陵",仍与洮阳县隶属零陵郡。三国两晋南北朝因之。

因此,在建置沿革上,全州与历史上的零陵县没有任何关系。康熙《全州志沿革》只说洮阳县而不提及零陵县:"《禹贡》全为荆州之域,春秋楚南境,秦属长沙郡;汉元帝(应为汉武帝)元鼎六年置零陵郡,统洮阳县;新莽以零陵为九疑,洮阳为洮治,东汉复为洮阳,晋宋齐皆因之;隋平陈,改洮阳为湘源。"嘉庆《全州志·沿革》大同小异,亦只讲洮阳县而不说零陵县。这种情况,正是全州为洮阳故地而非零陵故地的真实写照。因此,全州一些民间"学者"炒作全州为"零陵故地"是不能成立的。

二、"九疑故地"在宁远

争"零陵故里"的目的是为了争"九疑故地"。九疑山到底在哪里?当然不能仅凭蒋咸喜的一篇文章,更不能仅凭某某人的一句话。这要看史书怎么说,众多史学权威们怎么说!

中国近代最著名的历史学家、考古学家、中国科学院前院长郭沫若先生,1964年5月16日在《人民日报》上发表《读毛主席新发表的诗词:七律·答友人》,开篇就说:"'九嶷山上白云飞'这首七律,形象极其壮丽,声调极其和谐,令人百读不厌。这首诗,把有关湖南的神话传说,利用得很巧妙。前四句是利用了虞舜和二妃的故事。《史记五帝本纪》:'(舜)践帝位三十九年,南巡狩,崩于苍梧之野,葬于江南九疑。'九疑即九嶷山,在湖南宁远县南六十里。"

谭其骧,浙江嘉善人,中国历史学家、历史地理学家,中国历史地理学科主要奠基人和开拓者。谭其骧先生通过对长沙马王堆帛书地图的研究,于1995年公开发表《二千一百多年前的一幅地图》研究成果,权威认定地图中的"九条柱状地物,柱后画有建筑物,旁注'帝舜'二字为宁远九疑山舜帝陵庙"。

清华大学教授、中国社会科学院历史研究所原所长、中国先秦史学会理事长、国际欧亚科学院院士、"夏商周断代工程"首席科学家李学勤,在《人民日报·海外版》2005年8月20日第八版和《光明日报》2005年8月17日第十一版登载《舜庙遗址与尧舜传说》,文章强调"九疑山舜庙之所以源远流长,并非偶然。这一方面反映了我国历史的绵延悠久，后世对先代的仰溯追忆，另一方面也寄托着传统文化关于盛世治世的期待和理想。

2004年8月13日，湖南省文物局、永州市人民政府在长沙联合举行"九疑山古舜帝陵庙遗址考古新发现新闻发布会"，李学勤在新闻发布会上回答了记者的提问。山东卫视记者问：这次发掘说明舜葬于九疑，舜是怎么来的，不知道怎么解释？李学勤答：舜帝陵庙遗址考古发掘对研究中国古代祭祀活动有重要价值。帝舜即帝位后，四方巡狩，南巡到了南方，死在路上，"崩于苍梧之野"，苍梧是个很大的地方，但"葬于江南九疑"，九疑山只有宁远这个地方有，这是没有争论的。

国家文物局原副局长、考古专家组组长、中国文物研究所研究员黄景略，在《人民日报》(海外版)2005年8月20日第八版和《光明日报》2005年8月17日第十一版载文：玉琯岩舜庙遗址的发现，是我国历史上五帝祠庙考古上的首次发现，是目前已知时代最早的舜帝祠庙。它为古代祭祀的历史和祠庙建筑的研究提供了新的考古资料。随着该遗址的进一步发掘，必将有助于我国考古学、历史学、建筑学研究的深入。

北京故宫博物院原院长、研究员张忠培指出：玉琯岩遗址的发掘，与马王堆汉墓出土地图和《史记》的记载能相互印证，应该可以肯定这里就是舜帝陵庙。舜帝陵庙对促进国家统一起到了很好的作用。玉琯岩遗址的发掘，有利于九疑山舜帝陵庙申报全国重点文物保护单位，有利于传承中华民族的传统信念，有利于促进中华民族的团结和统一，有利于提高民族素质和增强民族凝聚力。

中国文物研究所所长、研究员吴家安认为：九疑山舜帝庙的发掘，其意义就在于增强中华民族的历史认同感。

湖南省人民政府原副省长、省人大常委会副主任唐之享，在其著作《虞舜与九疑》开篇指出：早在 2000 多年前，"舜葬九疑"的传说就已为人们普遍接受，并在九疑山修建了舜庙加以祭祀。《史记·五帝本纪》云："舜，南巡狩，崩于苍梧之野，葬于江南九疑，是为零陵。"太史公这一段话，为虞舜其人真实性和传奇性提供了最具权威的证据，舜帝遂成为永州的符号，零陵的名片。自此，南蛮之地的湖南永州千年文化，万古流芳；历朝历代文臣武将、才子佳人趋之若鹜，朝圣者、祈福者比肩接踵；自先秦直至当代，吊赞碑铭、诗文佳作竞相问世……一代伟人毛泽东七律《答友人》："九嶷山上白云飞，帝子乘风下翠微，斑竹一枝千滴泪，红霞万朵百重衣……"则用现实主义与浪漫主义高度结合的创作方法，更人性化地塑造了这位"人文先祖"神奇的艺术形象，并使之走向世界。

湖南省文物局副局长、研究员何强在《人民日报·海外版》2005 年 8 月 20 日第八版和《光明日报》2005 年 8 月 17 日第十一版载文《印证"舜葬九疑"的考古发掘》明确指出，九疑山在湖南宁远，是舜帝的藏精之所。

湖南省博物馆原馆长、名誉馆长、湖南省考古学会理事长、中国考古学会理事、楚文化研究会副理事长、研究馆员、国家文物鉴定委员会委员高至喜发文称：九疑山舜帝陵是舜归葬地也是舜祖陵所在地。

上述 9 位全国顶级文史考古权威专家们在《人民日报》《光明日报》等中国核心报刊上发的声，肯定了"舜帝葬于宁远九疑山"，这是结合史书和考古发现所得出的权威性定论。

三、真假"九疑"辨：地位与影响比较

还可以进一步比较一下，看看宁远九疑山与全州"九疑山"的历

史地位及其影响，其真假便会一目了然：

（一）《九疑山志》：宁远有多部，全州无一部

凡名山大川，经过几千年的历史积淀，一定有其厚重的文化，志书就是其中的载体。九疑山是舜帝藏精之地，《九疑山志》是必备工具书。但全州与宁远的情况大相径庭。

全州：全州自有历史以来，至今无一本《九疑山志》。

宁远：据《湖广通志》《湖南通志》《永州府志》《宁远县志》载，宁远《九疑山志》的编修始于明代，至1989年止共有七次官修《九疑山志》：第一次，明嘉靖二十年（1541），永州府同知鲁承恩刊印；第二次，明万历四十八年（1620）长洲人蒋璜任宁远知县时修，全志八卷，至今有全志；第三次，明崇祯五年（1632），湖南人喻向葵任宁远知县时增修；第四次，康熙二年（1663），严陵人詹惟圣知江华县事摄宁远时修，全志四卷，至今有全志；第五次，康熙四十八年（1709）钱塘人徐旭旦任宁远知县时修；第六次：嘉庆元年（1796）滇南人吴绳祖任宁远知县时修，全志四卷，至今有全志；另清代钱邦芑、唐祖价修过宁远九疑山志，均语焉不详；第七次，2003年6月，宁远县委书记蒋善生任编纂委员会名誉主任，县长李光富任主任的《九疑山志》编辑班子成立，何中安任总纂，时间下限由2001年延至2003年。2004年2月完成近50万字的送评稿，2005年6月经审定成书，付梓印刷。

（二）《县志》记载的九疑山：《宁远县志》有，《全州县志》无

舜帝归葬地属名山大川，在一个地方的县志里一定有记载。下面比较两地最新出版的县志：

全州2005年最新出版的《全州县志》，翻遍全书624页，没有一页提到一句全州有"九疑山"；在该志第47页至48页"山脉、山峰"

条目中查找全州"九疑山",通篇查找不到一座带"九"字开头的山;在该志"建置"篇中(29页)"大西江镇"条目里,通篇没有"九疑山"三个字,蒋咸喜说大西江镇的"九脊山"就是"九疑山",可是在这一章里连"九脊山"三个字也没有看见。

反观宁远,在2003年最新出版的《宁远县志》里,"九疑山"作为志书中的"篇"专门记载(第二十七篇),全篇22000字,分七章:名胜古迹、山峰岩洞、珍稀动植物、祭祀、旅游、艺文、舜文化研究。开篇无题小序是这样介绍"九疑山"的:

九疑山又名苍梧山。《山海经·海内经》载:"南方苍梧之丘,苍梧之渊,其中有九疑山,舜之所葬,在长沙零陵界中。"《史记》载:舜"践帝位三十九年,南巡狩,崩于苍梧之野,葬于江南九疑,是为零陵"。九疑山因舜之所葬而名垂千古。当代领袖毛泽东一曲《七律·答友人》,更使其驰名中外。九疑山属南岭山脉萌渚岭山系,雄踞于湖南省南端宁远县境内,南接罗浮,北望衡岳,联两广而控湖南,纵横二百里。南北长约26.5公里,东西宽约20公里,精华景区面积200平方公里。舜源、娥皇、女英、石城、石楼、箫韶、朱明、桂林、杞林,九峰突兀,形态相似,舜源居中,八峰拱护;紫霞、玉琯、凤凰、飞龙、白马、碧虚、无为、读书、桃花九大名岩,鬼斧神工;泪竹、石枞、香杉,九疑三宝独领潇湘。九疑山国家森林公园面积8226.7公顷,有原始次生林3000多公顷,园内珍稀动植物众多,仅乔木树种就有596种,竹类22种,珍禽异兽104种。据史书记载与考古发掘证实,自秦汉以来,舜帝陵庙建筑于此,屡经修缮,留存至今,规模宏大。自夏始,历朝历代,祭祀舜陵,从未间断,遂成定制。历代名人骚客,或亲临九疑,拜谒舜陵,题词勒石,或吟诗作赋,舒其慨叹,承传和弘扬舜帝文化。20世纪80年代,九疑山被公布为湖南省六大风景名胜区和十大旅游区之一，对外开放。如今，九疑山已成为海内外炎黄子孙，特别是舜帝后裔宗亲寻根祭祖和旅游的圣地。

（三）"舜葬九疑"的文献记载：有"营道"（宁远）无全州

"舜葬九疑"是中华民族的大事件，历朝历代史籍文献都有记载。下面看看古籍文献是如何记载的：

全州人蒋咸喜（@楚南舜文化）说《山海经》有四篇讲到"舜帝葬于全州九疑山"：《海内南经》说"苍梧之山，帝舜葬于阳，帝丹朱葬于阴"；《海内东经》说"湘水出，舜葬东南陬，西环之，入洞庭下"；《大荒南经》说"赤水之东，有苍梧之野，舜与叔均之所葬也"；《海内经》说"南方苍梧之丘，苍梧之渊，其中有九疑山，舜之所葬，在长沙零陵界中"。但这四段话里，却怎么也找不到"舜帝葬于全州九疑山"的影子。

查阅史料，"舜葬宁远九疑山"却已为《尚书》《国语》《山海经》《礼记》《淮南子》《吕氏春秋》《史记》《帝王世纪》等50多部权威典籍所肯定。历代诸多著名历史地理学家注释过《山海经》，其中主要有晋代郭璞，清代郝懿行、吴任臣等。他们不仅没有说"舜帝葬于全州九疑山"，而且均认定"舜帝葬于营道（营道就是今宁远）九疑山"。郭璞在注《海内南经》时说："（苍梧之山）即九疑山也。"在注《大荒南经》时说："叔均，商均也。舜巡狩，死于苍梧而葬之，商均因留，死亦葬焉。基（墓）在今九疑之中。"在注《海内经》时说："（九疑）山今在零陵营道县南，其山九溪皆相似，故云九疑。古者总名其地为苍梧也。"营道县设立于西汉元鼎六年（前111），县治在今宁远县天堂镇大阳洞村，位于九疑山北麓、大阳溪（今九疑河）畔。汉代以来，除注释《山海经》者外，还有诸多历史地理学家认定九疑山在营道（今宁远）县。

其如《前汉书·地理志》:"零陵郡……营道,九疑山在南。"东汉许慎《说文解字》释"疑":"嶷……九疑山也,舜所葬,在零陵营道。"晋皇甫谧《帝王世纪》:"(舜)葬于苍梧九疑山之阳,是为零陵,谓之纪市,在今营道。"晋罗含《湘中记》载:"九疑山在营道县,九山相似,行者疑惑,因名九疑。"北魏郦道元《水经注·湘水》:"营水(今潇水)出营阳郡泠道县(今宁远县)南山,西流经九疑山下,蟠基苍梧之野,峰秀数郡之间,罗岩九举,各导一溪,岫壑负阻,异岭同势,游者疑焉,故曰九疑山。大舜窆其阳,商均窆其阴。山南有舜庙,前有石碑。"唐《元和郡县志》卷三十《江南道五》载:"永州……《史记》舜葬九疑,即此地也。"宋元明清时期,文献典籍对于舜帝葬地九疑地望的记载更多更明确,不再赘述。

(四)舜帝陵庙:宁远有现存陵庙和考古发现,全州无

九疑山作为舜帝归葬地,陵庙的存在更能说明问题。

先看看全州,全州人蒋咸喜(@楚南舜文化)发文说:"皇帝大殿遗址宽不足一亩,零星卧着石阶、石柱、石窠、石门槛、瓦片等,台阶数级,殿坐北朝南。沿石阶往下有一口条石围砌的长流水井。1969年,全州县政府组织县水电局等单位人员,首次进入大西江高山地区进行考查,发现了该山区高水头水力资源。1977年,全州县在大西江源头处名为'皇帝大殿'的河谷盆地上建成天湖水库。从此,皇帝大殿遗址被淹没于碧波荡漾的湖底。"在这里,"皇帝大殿遗址"是否就是"舜帝庙"本就存疑,没有发掘报告做依据,只能算是猜测,缺乏科学性。

反观宁远,九疑山舜帝陵庙,是我国有史记载的始祖陵庙中最古老的陵庙。《山海经》《尚书》《国语》《吕氏春秋》《淮南子》《帝王世纪》等50多部权威史书,都肯定了"舜葬九疑"这一历史陈述。1972年,

长沙马王堆出土的西汉(公元前168年)帛书地图绘记了九疑山舜帝陵,有九根柱子和五间房子,意为九五之尊。九疑山舜帝陵具有最古的史实,距今有4000多年。现在的陵庙位于舜源峰下,山势雄伟挺拔,丰庞俊秀,虎跃龙盘,外山拱护周密,呈覆斗状,山上古木葱茂。舜源峰北麓现存有明洪武四年(1371)修建的舜帝陵庙。庙后楹寝殿有陵碑,高2米,宽1.5米,碑题为"帝舜有虞氏之陵",字形为隶书阳刻,四周刻有神龙护卫。此陵庙经1993—2000年全面修复,规模宏大。据《中国历史文献和方志》记载:舜陵庙始建于夏代,最早的舜陵庙在九疑山大阳溪白鹤观前,三代时祭祀于此,土人呼为大庙。秦汉时期,舜陵庙由大阳溪移至九疑山玉琯岩前,在今九疑山瑶族乡九疑洞村玉琯岩西南约50米处。《水经注》记载:陵庙碑为"零陵太守徐俭立"。唐永泰元年(765),道州刺史元结,因舜庙荒废,祭祀不便,请旨立庙于州治之西。至唐僖宗乾符年间(874—879),延唐(宁远县唐代县名)令胡曾,请旨将舜陵庙复立于玉琯岩前。宋乾德六年(968),宋太祖敕置九疑山舜庙,道州刺史王继勋奉诏重修,知制诰张澹奉敕撰碑记。明洪武四年(1371),遣编修雷燧致祭,迁庙于舜源峰下。正德十六年(1521),永州府推官王瑞之重修正殿,增设香亭三间,仪门三间,左右斋廊各三间。从明万历至清雍正,多次修葺。清乾隆元年,大修舜庙。庙制规模宏大,结构完整。有正殿三楹,后殿一楹,花亭一座,拜亭一座,东西朝房各三间,大门一楹,两旁碑亭各一座,围墙60丈。古楮、香杉、枫柏,相互掩映,气势恢宏,十分肃穆。此后,年久失修,逐年荒废。民国二十四年(1935)舜陵庙后殿被人纵火焚毁。民国三十一年(1942)湖南省国民政府拨款修复。新中国成立后,1956年舜陵庙被公布为湖南省重点文物保护单位。1989年至1990年修复陵碑亭(原寝殿),并对《抚瑶颂碑》采取保护措施。1992年6月，中共宁远县委、宁远县人民政府决定修缮舜陵庙，1997年正殿修缮竣工。午门、拜殿、厢房、神道、碑廊、玉带桥、山门诸建筑修缮完工。建筑面积10840平方米。2005年初开始舜帝陵扩建工程，单体建筑21个，占地面积29.1公顷，总建筑面积1.5万余平方米，其拜殿、正殿均由整体石柱支撑，红墙黄瓦、飞檐斗拱，气势恢宏，与依山为陵的舜源峰浑然一体。此次修缮历时12年、投入资金6000余万元。宁远九疑山玉琯岩舜庙遗址和九疑山舜帝陵分别于2006年、2019年获得"全国重点文物保护单位"牌子。

（五）舜帝陵庙的祭祀：宁远数千年连绵不绝，全州全无

九疑山既然是舜葬之地，历朝历代必有皇帝或朝廷文武大臣前来祭祀等。下面看看两地的情况：

先看全州"九疑山"，历朝历代，没有一部史籍文献记载当朝皇帝或派官员到过全州祭祀舜帝的情况，一句话都没有。

再看宁远：自夏代始，历朝历代的祭祀经久不辍，遂成定制。据史书载，大禹、秦始皇、汉武帝等都曾遥祭舜帝陵。秦汉以来，经南北朝、隋、唐、宋、元、明、清，祭舜香火从未断绝。明皇帝朱元璋亲制御祭文，遣翰林院编修雷燧到九疑山祭舜。明代共御祭舜陵15次，清代御祭45次。民国时，湖南省政府祭舜4次。90年代后，湖南省、永州市每隔4年祭舜一次，宁远县人民政府每逢清明必祭舜。自秦始皇起，九疑山成为历代王朝朝圣之地，仅明至民国，留存祭文62篇、祭碑34块。还有历代名人墨客仰慕九疑山，谒拜舜帝陵。汉有司马迁、刘熊渠、奚景、蔡邕，南朝有颜延之、李道辨等，唐有宋之问、张九龄、李白、元结、戴叔伦、张谓、柳宗元、李商隐、李郃（状元），宋有寇准、苏轼、马大同、方信孺、乐雷发（特科状元），明有雷燧、杨溥、曾鹤龄、

凌信、蒋向荣、徐宏祖（徐霞客），清有王绅、张格、杨汝谷、雅尔呼达、吴金、何绍基等，留下的诗文上千篇，仅唐宋时期的石刻就有120余处，堪称中华民族文化瑰宝。

（六）自然山势："峻极于天"与"低矮平常"天差地别

古代帝王的王陵是比较讲究风水的，九疑山作为舜帝归葬之地，应该是群山环抱，紫光祥云，藏龙卧虎。这里可直观地比较一下两地"九疑山"的真容：

先看全州"九疑山"，从蒋咸喜发出来的几张全州"九疑山"近、中、远三个角度拍摄的图片看，山势低矮平常，毫无"风水"可言，连《全州县志》都没有记载这个"九脊山"，可见原本就是一个名不见经传的小山。这样的小山被当成九五之尊的"九疑山"，确实有点滑天下之大稽！

反观宁远九疑山："岩岩九疑，峻极于天。"奇峰怪石，千姿百态。舜源峰虎踞龙盘，娥皇、女英左右相依，石城、石楼、箫韶、朱明、桂林、杞林拔地而起，形态相似，簇拥舜源峰。九疑山群峰莽莽，如千帆竞发，奔腾而来，无一不朝向舜源峰（舜帝陵），因此，自古便有"万山朝九疑"之说。九疑山属碳酸盐类岩石，是典型的岩溶地貌，有大小溶洞300多处，具有观赏价值的达20余处。紫霞岩、玉琯岩、凤凰岩、桃花岩、读书岩、飞龙岩、碧虚岩、白马岩、无为岩九大名洞，景观奇特。洞中石笋、石漫、石柱、石钟乳，千姿百态，栩栩如生，堪称鬼斧神工。九疑山森林繁茂，溪流纵横，瀑布众多。母、子两江的数十条支流，横贯九疑山，尤以"灌溪风光""潇水涵青""高峡平湖""白米下锅"等景观最为绚丽。1995年，国家文物局专家罗哲文先生和国家建设部历史文化名城专家郑孝燮先生考察九疑山时，称赞陵山舜源峰"有帝王陵之气势,像一座帝王陵"。

　　总之,九疑山不是一座普通的山,她是炎黄子孙寻根问祖的圣山,是中华民族怀祖敬德的精神家园。将这样的"圣山"随便指认,甚至作为猎奇搞怪的筹码,这是对先祖舜帝的亵渎,是对炎黄子孙的大不敬!

宁远九疑：千古舜陵朝圣地

附录

楚南全州：舜帝葬地九疑山新考

⊙ 蒋咸喜[①]

舜帝是上古部落联盟首领，为上古五帝之一，姓妫氏姚，传说目有双瞳而取名重华，号有虞氏，谥曰"舜"，因国名"虞"，故称虞舜。舜帝晚年南巡怀柔德服"三苗"，"勤民事而野死"的悲壮结局给后人留下一个千古之谜，即舜帝魂归何处。据《山海经》载："南方苍梧之丘，苍梧之渊，其中有九疑山，舜之所葬，在长沙零陵界中。"《史记·五帝本纪》载："帝舜三十九年，南巡狩，崩于苍梧之野。葬于江南九疑，是为零陵。"其结论是舜帝驾崩于苍梧之野，葬于九疑山，自此舜帝的葬地九疑山就叫零陵。由于先秦时期的墓葬礼制是"不封不树""古不墓祭"，当时的人对死者下葬的坟冢不留标识，也不到死者的墓地去祭祀先人，且帝王的陵和庙不在一起，所以上古时期的舜陵已无法找到。

那舜帝葬地九疑山到底在哪里呢？带着这一疑问，笔者查阅先秦古籍、考诸方志，并追随舜帝在古零陵的南巡踪迹进行了多年实地考证，其结论是舜帝葬于广西全州的九疑山。

一、全州因舜帝葬于九疑山而有以舜陵命名的最古老地名"零陵"

零陵是我国最古老的地名，北京大学《中国古代史教学参考地图集》

[①] 蒋咸喜系广西桂学会桂林联络处特聘研究员。

◎全州湘源文化公园的舜帝像

中说：我国共有夏代以前的古地名 34 个，而夏代以前出现的上古零陵就是其中之一。

零陵地名最早出现在今广西全州。零陵得名于舜葬九疑山。《史记·五帝本纪》载，舜帝"践帝位三十九年，南巡狩，崩于苍梧之野，葬于江南九疑，是为零陵"。司马迁在这里所说的舜葬九疑是为零陵，实际上就是说舜陵在九疑山。

秦始皇在统一中国后实行郡县制，为了纪念舜帝，于公元前 221 年在舜帝南巡驾崩之地的"苍梧之野"即今广西全州县地设立了零陵县，"治所在今县城西南 39 公里处"（《全州县志》），作为我国最早的古地名之一的建置地名"零陵"就出现在全州。零陵县的历史地位相当重要，县治处古代湘桂走廊之上，沿湘江河岸，秦有驰道，汉有峤道，是大军南征的主要通道。《汉书·艺文志》有"纵横家《秦零陵令信》一篇，难秦相李斯"，说的是公元前 213 年丞相李斯上书劝秦始皇焚书，秦始皇采纳了李斯的建议，而零陵令信却持反对意见，并为难秦相李斯，与李斯进行了辩论。从"秦零陵令信难秦相李斯"这件事可以看出，由于秦始皇设于全州的这个零陵县政治地位重要，这个令信的话语也有相当的政治分量。秦始皇还于公元前210年第四次东巡时，携少子胡亥、左丞相李斯、中车府令赵高等随行，在云梦（今湖北长江南北一带）南望九疑山遥祭舜帝（《史记·秦始皇本纪》载："三十七年癸丑，始皇出游……十一月，行至云梦，望祭虞舜于九疑山"）。

西汉时，汉武帝为纪念舜帝，在舜帝葬地全州以"零陵"之名设置了"郡"的行政管理机构。《汉书·地理志》载："零陵郡，汉武帝元鼎六年置。"清代嘉庆《全州志》卷之一"舆地·沿革"载：《禹贡》：全（州）为荆州之域，舜十二牧之所治也，春秋楚南境，秦属长沙郡，汉武帝元鼎六年置零陵郡。"《全州县志》之"大事记"载：汉武帝于西汉元鼎六年（公元前111年）在全州设立了零陵郡。《全州县志》"建置沿革"对秦始皇和汉武帝分别在全州县地置零陵县和零陵郡的历史记载如是："秦始皇帝二十六年（公元前221年）于今县地置零陵县，治所在今县城西南39公里处。属长沙郡。""西汉元鼎六年（公元前111年），在县境东北部又置洮阳县，治所在今永岁乡梅潭村后坡上。当时，县境南北并存零陵、洮阳二县。同年，又置零陵郡，……洮阳、零陵两县地属零陵郡。"

新朝王莽时，零陵郡改名九疑郡。至东汉光武帝建武年间（25年—55年），由九疑郡复名零陵郡，郡守龙述（注：东汉光武帝25年敕封为零陵太守，"在郡四年，甚有治效"）始从全州迁郡治于泉陵（今湖南永州芝山），但零陵县治所却仍然在全州（《全州县志》大事记）。此时零陵郡治在永州的芝山，零陵县却与洮阳县（全州永岁梅潭）同在今全州县境内。直到隋开皇十年（590年）废郡改州制度实行，才废洮阳和零陵，并置湘源县。零陵县在全州存在810年之久。

可见，"零陵"是因为舜帝"崩于苍梧之野，葬于江南九疑，是为零陵"

而有全州"零陵"地名的。但今零陵地名在湖南永州，有人误将广西全州零陵和永州零陵混为一谈，其实此二者前后有行政地名隶属的变化，古零陵在广西全州，而今湖南永州芝山的零陵地名是在舜葬九疑山2000多年之后因郡治迁移而由泉陵改名的，不是舜帝南巡崩葬九疑的零陵。

二、《全州县志》记载在全州西北山岭的大西江境内有九疑山

全州九疑山的方位，在湘水（江）源西北的越城岭之中资水上源夫夷水（古称赤水）东面的大西江镇境内。这座九疑山是由九条山脊共一山顶的一座大山，山势因东有"九龙归位"地相而名。其方位坐标，东为西美村、大石江村、文家村地界，北为古木洞峡谷，西为桂北大峡谷，南为歌渡源峡谷，九疑山居其间。相传，此山因是舜帝葬地，又叫天子岭。

全州的这座九疑山在全州旧志中有记载。《全州志·舆地》古迹：案"《书》：（舜帝）五月南巡至于南岳。《家》语：舜嗣帝五十载，陟方死于苍梧之野，而葬焉。《山海经》《礼记》皆云。然（后）太史公谓：（舜帝）

◎全州九疑山

崩于苍梧之野，葬于江南九疑是为零陵。全州地故零陵地"。《全州县志》"地理"记载九疑山在全州的西北山岭之中：全州"西北山地：在县属西北，南接兴安，北界湖南，西至寨圩、咸水圩一带，崇峦叠嶂，面积广阔，为越城岭之支脉。……其主要高峰如礼山、覆釜山、谢花峰、灵家山、祝融山、九疑山等，普通海拔七百余公尺"。其中就讲到了全州有这座九疑山。

清代嘉庆《全州志》卷之一"舆地"记载了在全州的一都文桥谏山一带登上谢花峰山顶，眺望大西江方向九疑山的景况："谢花峰在一都层峦奇矗，高出众山，登其绝顶则祝融、九疑、覆釜诸峰隐然在目。"《全州志》卷之一"舆地"记载了全州西华山脉的八步岭祝融山、九疑山、覆釜山诸峰从夷狄大西江青瑶峒向前延伸，是苗瑶夷狄地区与内地的分界线的情况："覆釜（山），郡第一大山，远近诸峰视若嵋嵝，脉连九疑、祝融，拱界夷夏。"全州大西江镇内的九疑山西面就是资水上源夫夷水（古称赤水），在清代嘉庆年间《全州志》的西延地图中就保留着先秦时期的舜之所葬在"赤水之东，有苍梧之野"的"赤水"这个原始河名。

◎《全州志》西延地图保留着舜之所葬在"赤水之东，有苍梧之野"的"赤水"这个原始河名

◎《全州志》中记载的全州九疑山、赤水、舜皇山、舜庙

全州九疑山有许多与舜帝有关的地名和故事传说。九疑山因是天子舜帝葬地，又名天子岭。九疑山下有二妃祭舜的望夫岭，有为舜帝招魂的零陵屋，有舜帝居住过的天子屋场地，有祭祀舜帝的祀山，有舜帝祭天的祭坛大屋坛，有三苗首领崇尚舜帝之德而归顺舜帝的归崇坪，有象征舜帝凤凰化身的凤凰山，有与帝丹朱冢同名的丹阳山，有舜帝栖息枕山而眠的枕山，有祭祀舜帝的枕山庙，有祭祀舜帝时击鼓奏乐的打鼓坪，有舜帝降符瑞的符山，有双鹿悲鸣为舜帝报丧的鹿鸣，有舜帝歇息沐浴的天子潭，有象征德圣孝祖舜文化的皇极山，有以忠孝"大极"命名的大极山等，相传这些地名都与舜帝葬于此及祭祀舜帝有关。与舜帝葬地全州九疑山相邻的舜皇山，也有与舜帝有关的遗址，如金凤山舜帝庙村的舜庙及庙头大庙脚舜庙遗址。与舜帝葬地全州九疑山相近的，有罗水河畔的虞帝庙，有三江口的娥皇、女英二妃殉夫处和二妃庙，有才湾脚山铺的虞帝岭、舜帝行宫故址等舜帝留下的遗迹。旧时，民间还曾有到九疑山举行迎请虞神唤雨活动的历史，流传着虞神唤雨的故事。

三、我国最早的地理志《山海经》定论舜帝葬于全州大西江境内的九疑山

《山海经》是最早记载舜帝崩葬于九疑山的先秦史籍。它成书于上古时期，西汉侍中奉车都尉光禄大夫刘秀《上山海经表》称："《山海经》者，出于唐虞

◎全州九疑山、舜皇山、舜庙

之际。"它保存远古的史地文献最多，是所有记载舜帝的经、史书中离舜帝生活年代最近的。《山海经》中有四卷都讲到舜帝葬于全州九疑山。卷一○《海内南经》载："苍梧之山，帝舜葬于阳，帝丹朱葬于阴。"卷一三《海内东经》载："湘水出舜葬东南陬，西环之。入洞庭下。"卷一五《大荒南经》载："赤水之东，有苍梧之野，舜与叔均之所葬也。"卷一八《海内经》载："南方苍梧之丘，苍梧之渊，其中有九疑山，舜之所葬，在长沙零陵界中。"

《海内东经》所载"湘水出舜葬东南陬，西环之。入洞庭下"，其意是湘水发源于舜帝葬地东南方的一个地方，即舜帝葬地在湘江（水）源的西北山岭，而舜帝葬地所在的山岭又在湘江以西，湘江在此弯曲，环绕着舜帝葬地所在的山岭。湘江最后流入洞庭湖。今全州境内的九疑山就位于湘江源西北的越城岭，湘江在流经全州县城时，在枧塘镇的大溪洲、全州三江口的合江、全州镇的车田里这一江段形成了一个西环之的大河湾，全州九疑山就在湘江以西的万乡洞大西江镇的境域内。清代嘉庆《全

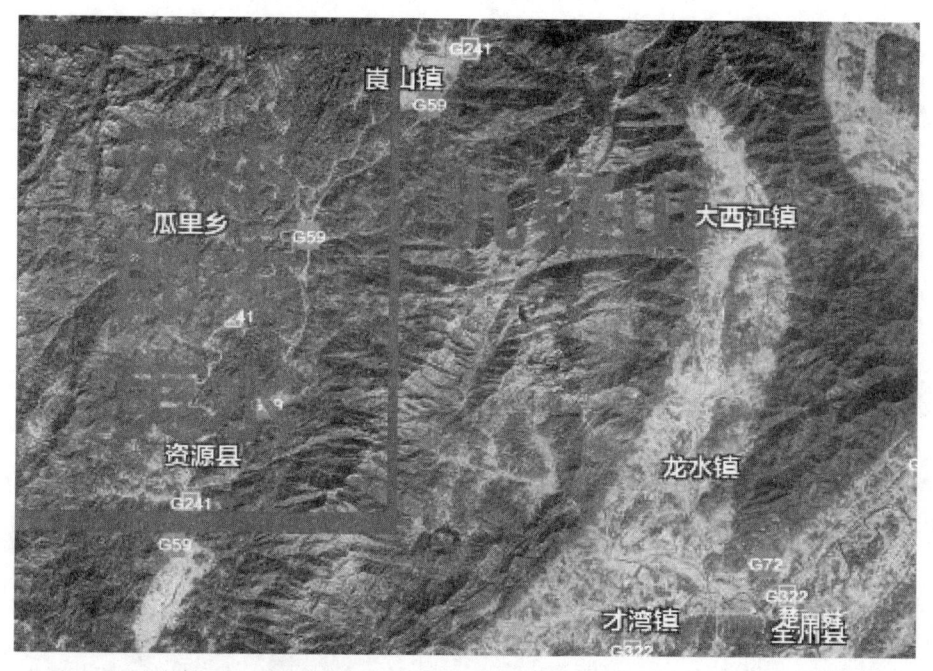

◎《山海经》记载舜帝葬地在赤水东面的全州九疑山

州志》卷之一"舆地·湘水"也引用"《海内东经》曰：湘水出舜葬东南陬，西环之。入洞庭下"，认为这是记载舜帝葬于全州的依据。今广西全州因处湘江的源头，在历史上又称湘源县，红军长征时的湘江战役就发生在湘江源头地域的全州。

《大荒南经》记载："赤水之东，有苍梧之野，舜与叔均之所葬也。"全句表述了舜帝葬地在赤水东面的苍梧之野。我们从《海内东经》所载的"湘水出舜葬东南陬"，知道湘水发源于舜帝葬地东南方的一个地方，即舜帝葬地在湘江（水）源西北的全州山岭即越城岭。可见赤水东面的苍梧之野，这个舜帝葬地和湘江（水）源西北的全州山岭的舜帝葬地是同一个地方。如此说来，舜帝葬地所在的全州西北山岭中应有一条叫赤水的河流。

据史料记载，在今云、贵、川三省接壤地区有条赤水河。此赤水古称赤虺河，唐天宝十年（751年）鲜于仲通征南诏，在为南征造势的檄文中第一次出现"赤虺河"。明洪武十五年（1382年），在今四川叙永置赤水卫，改"赤虺"为"赤水"。这是赤水河之名的出现伊始。但此赤水距离"舜葬东南陬"的湘水源西北的全州山岭太远了。显然，此明代时始名的赤水河不是先秦时期《山海经》中的"赤水"。

◎《山海经》记载的舜帝葬地全州九疑山方位图

那《山海经》中的"赤水"又何指呢？查全州舆地水文，在全州西北山岭中的西延地区（今资源县地）有河流名夫夷水，它是资水的主源头。有关史料记载了此夫夷水在历史上就叫赤水，这条赤水的东面就是苍梧之野的全州九疑山，与《山海经·大荒南经》记载的"赤水之东，有苍梧之野，舜与叔均之所葬也"的方位完全吻合。这再次证明先秦古籍《山海经》记载"舜之所葬，在长沙零陵界中"的九疑山，就是今广西全州县的西北山岭中大西江境内的九疑山。

再说《海内经》所载"南方苍梧之丘，苍梧之渊，其中有九疑山，舜之所葬，在长沙零陵界中"一句。记载"舜之所葬"九疑山"在长沙零陵界中"的《山海经》，成书比汉武帝在全州设立零陵郡的时间要早得多，该书记载的"零陵"是西汉零陵郡设立之前的"零陵"，即古零陵县之内的全州零陵。也就是说，"舜之所葬"的九疑山是在全州境内。全州境内的九疑山在大西江镇境内，大西江镇境内有界牌的地名，这个界牌是古零陵县全州与秦汉时期武冈县（今新宁县）的分界线，恰巧这座九疑山又在全州的界牌之内，也与"九疑山，舜之所葬，在长沙零陵界中"的描述完全吻合。

四、从秦置五岭之戍"九疑之塞"，可证舜帝葬地九疑山在广西全州

除《山海经》之外，《淮南子》中也有关于九疑山的记载：一是《淮南子·人间训》记载秦始皇派兵南下平百越对岭南用兵的情况："使尉屠睢发卒五十万，为五军，一军塞镡城之岭，一军守九疑之塞，一军处番禺之都，一军守南野之界，一军结余干之水。三年不解甲弛弩，使监禄无以转饷。又以卒凿渠而通粮道,以与越人战……"二是《淮南子·原道训》对九疑山之南的地理特征和风土人情的记载："九疑之南，陆事寡而水事众，于是民人被发文身以像鳞虫，短绻不绔以便涉游，短袂攘卷以便刺舟。因之也。"

从上述记载的秦始皇"一军守九疑之塞"和"九疑之南，陆事寡而水事众"史料中，可以得到有关九疑山的如下历史信息：

一是"九疑之塞"能够驻军十万，说明这个九疑山所在的要塞是有交通要道通过的，可谓是通衢大道。二是"三年不解甲弛弩，使监禄无以转饷。又以卒凿渠而通粮道,以与越人战"，说的是秦始皇在征服岭南时，见秦军运输线太长，接济不上，于是下令由监御史史禄开凿灵渠。史禄

开凿灵渠，沟通湘江和漓江，大军顺漓江、桂江而下。三是"九疑之南，陆事寡而水事众"，说明了九疑山以南的民众，从事陆地的活动少而从事水中的活动多，所以这里的民众"被发文身"，模仿鱼龙形象；只围短裙不着长裤，以便于涉水游渡；着短袖衫或卷起袖子，以方便撑船。这些都是由水上生活的特点所决定的。

秦军为向前方转运粮饷，征集大量军民在湘漓走廊上的湘江与漓江之间开凿灵渠。而作为粮道使用，肯定需要重军把守，也就是说，"一军守九疑之塞"的"九疑之塞"就是位于越城岭下的湘漓走廊之上。这条湘漓走廊要塞从全州的北部黄沙河、庙头到南部兴安灵渠，长达90公里，足可驻扎十万秦军。秦始皇令史禄开凿沟通湘江和漓江的灵渠后，秦军就可从湘江经灵渠进入到漓江、桂江，即到达九疑山之南。这一带天气炎热，民众从事陆地的活动少而从事水中的活动多，他们的穿戴"短绻不绔""短袂攘卷"，便于船上生活。这与《淮南子·原道训》所描述"九疑之南"的地理特征和风土人情完全一样，也与广西全州本地的风土人情一样。由此也可证，秦置五岭之戍的九疑山，就在湘江以西的今广西全州的西北山岭。

综上，舜帝的真身葬地在广西全州西北山岭的九疑山无疑。

（原刊于《文史春秋》2021年第1期）

广西历史并未见有秦县零陵

⊙若　谷[①]

于今广西境初设的零陵县，是汉县还是秦县？新中国成立前的史志及辞书，均依《汉书·地理志》定为汉武帝时置的县。可是近年出版的《广西通志》及《全州县志》，却一反此说，判定为秦取百越前设的秦县。孰是孰非，不能不辨。

一、新方志记述的科学性质疑

1998年11月出版的《广西通志·大事记》第1页头一句云："（秦）始皇二十六年（前221年）是年，秦始皇统一中国后，全国置36郡。其中长沙郡的零陵县，县治在今广西全州县西南，辖及今广西东北部的全州县、资源县以及灌阳县、兴安县的一部分。"

1998年10月出版的《广西通志·政府志》第1页云："广西地方政权，始建于秦始皇二十六年（前221年），是年，秦王朝在全国置36郡，其中长沙郡的零陵县县治位于今广西全州县西南。"

1998年5月出版的《全州县志》，其大事记及建置篇均云："（秦）始皇二十六年（前221），在县境置零陵县，属长沙郡，县治在今县城西南

---

① 若谷系广西通志馆文史专家。

39 公里处。"

这些新志似乎解决了千年未决的难题，弄清今广西境秦平百越前的零陵县，乃史学研究的一个突破，只可惜找遍全志竟找不出所引资料的来源，更无否定或补充旧志的辨考，也不列附上他说观点。作为"一方信史"的存世著述，其科学性未免有感不足，也颇令人失望。

考我国郡县之名起自周代，但春秋时县大于郡，战国时郡大于县，秦朝统一后始形成郡统县的地方政权组织。但《史记》无地理志，只于《秦始皇本纪》中载："（二十六年，秦初并天下）分天下以为三十六郡。"连其后新建郡于史有征者共46，均无全部郡名郡治记载下来。南朝刘宋裴骃《史记集解》，注原36郡郡名时其中有长沙郡。至于各郡的属县更无记载，东汉班固虽得见秦代地图，而所撰的《汉书·地理志》记下的秦县也只有十多个，有的还是汉初县名。秦长沙郡的属县，有载的只临湘一县，《史记·高祖本纪》云："（汉高祖五年）＜按：秦灭后第五年，即公元前202年＞徙衡山王吴芮为长沙王，都临湘（今长沙）。"史学界讨论千多年，对秦郡县都没有得出完全的结论。目前所见的秦郡秦县名，都是后人根据古籍猜测的。作为学术研究虽有参考价值，但若引作定论编史入志，能不起误导作用吗？

清末民初学者杨守敬，据《汉书·地理志》估算，"汉县、道、国、邑1587，除武帝后开者外，亦千三四百，则秦县当八九百矣"（《秦会要·附录杨守敬《秦置郡县图序》》）。20世纪30年代，著名历史地理学家顾颉刚、谭其骧创办的"禹贡学会"，于上海出版《禹贡半刊》，涉及秦郡秦县的讨论不少，其中史念海的《秦县考》（刊于民国二十六年六月7卷6、7期合卷），多方搜罗出的秦县约300左右，不少还属二三手资料，只可供做参考。故民国时修的《湖南省志稿》《广西通志稿》及《全县志》，均无秦县零陵的记载。《湖南省地理志》（谢华主编，1961年出版，1982年再版）的前言云："至考于秦郡的属县，《汉书·地理志》记载不详，其他古籍战国中亦无从查考。因此本志所载郡制从秦制，但记述县制则自汉始。"《（民国）全县志》（唐载生、廖藻总纂，台湾成文出版社据民国24年本影印）沿革篇云："全县，春秋时楚地，秦属长沙郡，西汉为洮阳县、零陵县。"今新志一反前说，未知有否详加考证过。

二、释零陵为秦县诸说的考辨

新志书咬实零陵是秦县，是广西地区地方政权之始，虽没注明出处，想亦不是随口胡诌。据笔者平素接触的资料，清代以来就有个别学者推论，先有秦置的零陵县，后有汉立的零陵郡，但到新中国成立后修订出版的《辞海》，编绘出版的历史地图集，始见定零陵为秦县。新志想亦以此为据，不假思索秉笔而书。然而历史研究旨在求实存真，绝不能牵强附会，以讹传讹。对将零陵释为秦县诸说，试做如下考辨。

（一）《辞海》对零陵县的释文

近代编修的辞书，较早的《中国古今地名大辞典》（臧励禾等编）、《辞源》（商务印书馆出版），以至台湾出的《中文大辞典》，释"零陵县"均云："汉置，西汉为零陵郡治。"唯独上海出版的《辞海》（1979年版、1999新版），其释文则谓："秦置，治所在今广西全州西南。"

据《辞海》各版前言介绍，该书最早是中华书局1936年于上海初版，新中国成立后断断续续修订，1972年起先分科出分册，至1979年始由上海辞书出版社出版三卷本。原地理分册历史地理部分由复旦大学历史地理研究所负责修订，主编谭其骧。书中关于秦郡秦县的释文，基本来自30年代上海《禹贡半月刊》学者的观点，秦郡主要参看谭其骧的《秦郡新考》，秦县主要参看史念海的《秦县考》。史念海的文章定零陵为秦县，理由是："《汉书·艺文志》录秦零陵令信一篇，盖秦已置县也。"这里只有孤证别无佐证，很难服人。况《汉书·艺文志》所录纵横家零陵令信《难秦相李斯》一文，是真是伪，亦有疑点。此在后文再说。释文中谓"秦零陵县治所在今广西全州西南"当出自《旧唐书·地理志》，原文为："湘源，汉零陵县地，故城在今县南78里，隋平陈，并零陵入湘源县。"讲的是汉零陵县的故城，这只是其中一说而已，还有他说谓在明清全州县城北面，如《读史方舆纪要》《大清一统志》等。据多年考古调查，汉零陵县城故址至今无法定，至说秦代古城，目前广西更未发现也无出土。

（二）《中国历史地图集》绘的秦零陵县

《中国历史地图集》（第二册）（中国地图学社1974年出版），其中7—8图绘秦代淮汉以南诸郡，零陵县作为长沙郡的属县，绘于今灵渠之北全州之南。该书的前言云："秦王朝郡县，按公元前221年至207年的设置编绘。""秦灭六国至西汉统一前的地名，西汉时又为县的，都作为秦县处理。""作为秦县"就不一定"实为秦县"，编者说得很清楚，怎能以此为据定作行政区划入志呢？

考零陵之名先秦就有，最初都作为地名与苍梧及九疑连在一起。《史记·五帝本纪》云："（舜）崩于苍梧之野，葬于江南九疑，是为零陵。"《山海经·海内经》云："南方苍梧之丘，苍梧之渊，其中有九疑山，舜之所葬。"东晋郭璞注曰：山今在零陵营道县南，其山九溪相似，故云九疑，古者总名其地为苍梧也。"那时讲的零陵，乃泛指衡山西南之地。随着历史的变迁，知名度较高的传统地名渐同郡县政区命名结合起来，到了汉初零陵之名向西移，苍梧之名向南移。汉武帝平南越前，"元鼎五年秋……故归义侯二人为戈船下厉将军，出零陵，或下离水，或抵苍梧"（《史记·南越列传》)。这里所讲的零陵当在湘潇二水合流以后处,由此而上的两路军,一入湘江过离水,一入潇水下贺江。到元鼎六年立零陵郡县于湘江上游后,零陵始与湘水源头连在一起。《汉书·地理志》云:"零陵。阳海山,湘水所出。"《水经注·湘水》云:"出零陵始安县阳海山,即阳朔山也。应劭曰湘出零陵山,盖山之殊名也。"

由此看来,地名与政区名虽有联系,但不能混同。郭沫若主编的《中国史稿地图集》(地图出版社 1979 年 12 月出版),其中秦统一图,长沙郡属就只标出一个临湘县,那是史有明载的郡治县,编绘者的态度是比较严谨的。

(三)《汉书·艺文志》的载录

《汉书·艺文志》列载书目,纵横家共 12 家 107 篇,其中第六部为"秦零陵令信一篇《难秦相李斯》"。清乾嘉以后考证盛行,有学者提出可能有个秦县零陵,如陈劳绩的《历代地理沿革表》、吴卓信的《汉书地理志补注》(《二十五史补编》)。近代禹贡学会学者史念海、台湾学者王恢(全州人,《广西文献》1981 年第 43 期《清湘记忆》一文),更据此认为秦有剧县零陵。

《秦零陵令信一篇》,近人梁启超的《汉书艺文诸子略考释》及《存佚真伪表》(见中华书局本《饮冰室合集》第 10 集),说志中所列纵横家 12 家,有遗篇遗说可考辑者只 8 家,《秦零陵令信一篇》等 4 家因全佚无考。令信的"令"是官衔还是人姓,难以稽考。依秦县制,过万户为令不足万户为长,若是官衔则零陵当为过万户的剧县了。近人陈国庆编的《汉书艺文志注释彙编》(中华书局 1983 年版)对亡佚的《秦零陵令信一篇》,提到清末王先谦的《汉书补注》。该注云:"陶绍曾(陈国庆作陶宪曾)曰:'信,令名。'《文选·吴都赋》刘渊林注引秦零陵令上书云:荆轲挟匕首,卒刺陛下,陛下以神武挟揄长剑以自救。'疑即此篇文也。"陶绍曾也好陶宪曾也好，解说令信为县令叫信的，王先谦注只是清代湖南安化县的县学生员。可信程度如何得细加分析。

考我国现存最早诗文总集《昭明文选》，收载晋左思的"三都赋"（《魏都赋》《蜀都赋》《吴都赋》），是脍炙人口的千古名篇。其中《吴都赋》，赋成后由时人刘逵（渊林）为之注。注中引书颇广，不少已经亡佚。原文讲到春秋末吴国内部斗争，有"抉揄属镂"一句，意译是"拔出闪亮的刻花利剑"，"属镂"一词注释引《左传》："吴赐子胥属镂以死。""抉揄"一词注释则引秦零陵令上书中述荆轲刺秦王的一段，说秦王"抉揄长剑以自救"。这里只言"秦零陵令"，无"信"字。估计晋以后此文已亡，原真伪如何，无由稽考。但从历史分析，一名边远县令，敢于犯颜诘难权倾一时的丞相李斯，在严惩以古非今动辄焚书坑儒的当时，不但没受到任何查究，反而容其书简四处抄传，若非后人伪作，是很难理解的。

再从史籍考之，秦长沙郡汉初改长沙国，长沙国于汉文帝时不过二万五千户，其中首府临湘县，从出土的汉初玺印得知已为万户以上的县令，剩下还有后来分出的桂阳、零陵、武陵等郡县，岂能再有个超万户的零陵县？就是汉武帝元鼎六年置的零陵郡，其属县十，总共也只二万一千多户，其中最早的洮阳县，出土的西汉初玺印证明，汉景帝时就已为洮阳令，邻县零陵即使有也不会再出个零陵令。《汉书艺文志》所录的《秦零陵令信一篇》，真伪与否不值得怀疑吗？

三、近年考古对地方史的实证

在文献资料奇缺的情况下，考古资料当是重要的实证补充和修正。新中国成立后，湖南、广西相继出土秦汉时期的遗址、墓葬及文物，居然无一件能证实秦县零陵的存在，反而否定其存在的资料越来越多。

（一）楚鄂君启金节的出土，说明今湘桂走廊于战国末以后，最繁荣的城市是洮阳，而不是零陵

1957年于安徽省寿县出土楚怀王六年（前323年）颁发给鄂君启经商的通行金制符节，共四件，包括水陆主要线路，其中舟节的铭文中云："辻江，内湘，庚赎，庚䣴阳。""辻"是逆流而上，"内湘"指进入湘江，"庚"意为经过的路，"䣴"据考为今湖南铜官镇。"䣴阳"即洮阳城，在今全州北湘江边。可见洮阳在秦灭楚以前就是通往岭南的重要商业城市，汉高祖十一年（前196年），刘邦追击淮南王黥布，派别将于洮水南北大败布军，胡三省注《通鉴》云，洮水南北即洮阳附近（见《史记·高祖本纪》）。元朔五年（前124年），汉封长沙王发之子狩燕为洮阳侯，洮阳一度成为侯国。（见《史记建元已来王子侯者年表》）洮阳为县一直延续到隋开皇十年（590年），才废入湘源县。若秦于洮阳南湘江边立有个超万户的零陵剧县，为何鄂君启节的入湘路线只点到洮阳而止？按《汉书·地理志》载，洮阳南的零陵郡（郡治今零陵县），于汉元鼎六年（前111年）才置，东汉末郡治即移到了泉陵（今湖南零陵），原零陵县称小零陵，怎比得上洮阳的名气？

（二）长沙马王堆出土西汉初长沙国地形图，于今湘桂走廊处绘画的县城，只有洮阳和观阳两座而无零陵

1973年长沙马王堆三号汉墓出土长沙国汉文帝时地形图，绘画长沙国南境边郡桂阳郡的八个县，除桂阳南平二县外，其余六县于汉武帝平南越后属零陵郡，在今广西境内的为洮阳及观阳。该墓下葬时间为汉文帝十二年（前168年），地图绘制时间会更前。据《水经注·耒水》，桂阳郡是高帝二年（前206年）分长沙置，五年（前202年）属长沙国，是楚汉相争时诸侯王国立的南边郡。考长沙国与南越赵佗之间相互边防攻守，主要在高后时期，地形图反映的当属那时实况。地形图表明，直到汉文帝十二年，

尚无零陵县，更别说是超万户的剧县了。洮阳县于元鼎六年（前111年）立零陵郡时属零陵郡，观阳县《汉书·地理志》及《后汉书·郡国志》无载，到《晋书·地理志》才有，《宋书·州郡县》说吴立。估计观阳县已于元鼎六年立零陵郡时废入零陵县，到孙吴时再从零陵县析出。汉初的观阳县有无可能先于零陵郡改为零陵县？南宋王象之《舆地记胜》于永州目中引应劭注《汉书·长沙王发传》云："景帝后二年先于武帝元鼎六年32年，已有零陵之号，恐未为郡之时已有零陵县之名耳，当考。"按汉末应劭《汉书集解音义》曰："景帝后二年诸王来朝，有诏更前称寿歌舞。定王但张袖小举手，左右笑其拙。上怪问之，对曰：'臣国小地狭，不足回旋。'帝乃以武陵、零陵、桂阳益焉。"景帝后二年即公元前142年，即使这时观阳县已改成零陵县，并被划归长沙国，但与是否秦县无涉。1995年新华出版社出版的《灌阳县志》，把建置沿革只推至汉初，编者态度是严谨的。

（三）近年出土的秦代封坭及西汉玺印，尚未发现有零陵县的名号，只有汉景帝时的"洮阳令印"

90年代西安大规模出土秦代封泥，是继秦兵马俑秦简木牍后的一大发现。封泥是古代缄封简牍钤印章以防私拆的信验物，其中有关秦县的共40方、有9方于《中国历史地图集》中并未绘出，封泥中尚未发现有今广西境的县。（见《西北大学学报哲社版》1997年1月秦代封泥文）近年又出土不少西汉时期的古玺印，据《湖南省博物馆藏古玺印集》（上海书店1991年版）载录，出土的西汉玺印中涉及今广西境的县官印有"洮阳长印""洮阳令印""广信令印""镡成令印"。"洮阳长印"及"洮阳令印"均为滑石印，笔画纤细瘦劲、全用单刀刻成，1960年于长沙杨家山6号汉墓出土。同墓出土还有四鼎及玉印"苏郢""苏将军印"，属汉景帝时（前156—141年）墓葬。说明汉景帝时洮阳县已发展为万户以上的大县，由县长升为县令的苏郢将军,是个地位较高的边防重臣,陪葬品共用四鼎(四套鼎),比当时临湘县令(长沙国都所在县)多一鼎。若此,湘桂走廊即使于景帝时多了个由观阳县改名的零陵县,也不可能再超万户了。

(四)新中国成立后经实地考古调查,今全州灌阳兴安三县地尚未发现秦县城址,能确定为西汉初县城遗址的两处,即古洮阳城及古观阳城,均列为自治区文物保护单位

洮阳县古城址,在今全州北15公里永岁乡梅潭村后山岗(旧名改州滩),东为湘江,西南小河即洮水入湘处。分内外城,尚存板筑土坯城墙一段。观阳县古城址在今灌阳县新街乡湘溪村雀儿山前,位湘水支流灌江岸,坐北朝南,城墙夯筑,范围尚存,遗物较多。除此,今全州县境还有隋唐至五代的湘源县古城址,在城郊乡柘桥村,城墙尚残存,为县文物保护单位。今全州县城则是五代后周显德三年(956年)起才建的州城。唯独汉代零陵县城的故址,至今还弄不清楚。1998年5月广西人民出版社出版的《全州县志》,载今凤凰乡和平村湘江南面,发现有古城遗址,残存城墙2—5米、城墙基脚19米,编者说:"疑为古零陵郡城,待考。"按史籍载:零陵县城(西汉为郡城)从汉元鼎六年(前111年)至隋开皇十年(590年),共存在达700年之久,其位置也续有记载。《水经注湘水》云:"东北过零陵县东。"而和平村古城遗址却湘水过零陵县西北。"《旧唐书·地理志》云:"故城在今(湘源)县南78里。"《后汉书·度尚传·陈球传》载,汉延熹八年(165年),荆州兵朱盖等反,合桂阳贼胡兰数万人攻零陵。"零陵下湿,编木为城,不可守备,郡中惶恐。""贼复激流灌城,球(零陵太守陈球)辄于内因地势反决水淹贼。"如此地形与今和平村遗址较有出入。台湾学者王恢是全州人,他认为湘江作二县分水,东为零陵县城,西为洮阳县城(见《广西文献》1981年11月号王文)。这同史籍所载亦有出入。

汉零陵县城今尚难确定，所谓"秦县零陵城"那就更渺茫了。其实，真正的秦城及墓葬，在广西至今还未有发现。传说的兴安县溶江戍兵的秦城，唐以前史籍仅称越城，南宋范成大《桂海虞衡志》起始称秦城。此城遗址共有四处，经多次调查均未发现秦代遗物，保存最好的七里圩王城遗址300多平方米，近年进行科学测绘、勘探和发掘，从其建筑形式及出土器物显示，年代属两汉时期，约建于西汉中期，东汉加筑一次，到魏晋时废弃（见1998年第11期《考古》）。要弄清广西的秦汉城，尚待考古工作的深入开展。

四、学术问题还是多些讨论好

广西地区有无秦县？七八年前笔者曾撰《谈秦汉时广西地区的建置》一文（载1993年第5期《广西地方志》）谈及这一问题，认为说零陵为秦置县证据尚不足。但没有展开论述，况且人微言轻，很难引起注意。如今再详述这一论点，并不想下什么历史定论，只不过想作为学术上的一说，提给有兴趣的史志者研讨时参考而已。历史问题本身很复杂，而记述者因观点不同出入又很大，往往真假掺杂，良莠互混，需要多方面的专家学者共同研讨，反复讨论，始能渐渐求出接近于历史实际的结论。学术问题的结论争论，总是产生于各方意见特别是正反双方意见充分暴露之后。经过充分讨论，意见不统一也不怕，可作客观介绍以存疑待考。笔者虽然认为就目前资料说秦无零陵县，但对零陵为秦县一说，也不赞成草率抹掉。历史之谜是要逐步解开的，多做些设想与思考总有好处。譬如说，秦虽无零陵县的政区建置，但会否有不治民的官"零陵令"存在？目前古陶文明博物馆就收藏有一些秦及西汉初出土的不治民的官印。史载苍梧郡是汉武帝时新开郡，但近年出土汉武帝前的官印封泥中就有"苍梧侯丞"，印面为田字方格，按官衔应为苍梧郡尉属下侯的佐官，郡还没有何来治官？这就是个迷。又譬如汉初可确定的洮阳县观阳县，有无可能是汉以前的古县改名的？《史记·楚世家》载，楚悼王（前401—前381）以吴起为相，南平百越，北并陈蔡，"已破陈，即县之"。又《史记·王翦列传》载，秦始皇二十六年前，王翦大破楚军，"竟平荆地为郡县，因南征百越之君"。洮阳观阳在战国时都是楚地，于吴起或王翦南攻时建县不是无可能的，但是要找到实证，得靠今后对古城址的科学发掘。

总的说，这次修新的方志，用的是新观点新方法新资料，修出的志书远胜任何一代旧志，可谓硕果累累。但作为权威性的一方信史，稍感不足的是抄辑资料多，学术讨论少，重规迭矩多，发潜阐幽少。要在质量上有所突破，在掌握史实的基础上，选准课题开展学术讨论，充分发挥专家的作用，是有好处的。拿有否零陵秦县来说，先不要引某书以为重而急忙论定，最好让专家们自由地讨论。若此，既能对长期争议的史实进行考异，又能益人神智、资鉴当前。零陵，地名甚古，这里是广西地区与中原地区交往的孔道，有我国至今出土最早的原始稻作遗存。弄清零陵的历史，有助于对广西历史的深层反思，有助于对广西积淀下的地情深层理解。广西由于自然条件优越，于我国最早出现新石器时代早期文化，也是最早从野生稻发展到人工栽培稻的稻作农业起源地，但在漫长的年代里社会发展格外迟缓，稻作文化大大滞后于长江流域，青铜文化只有在中原文化的强烈影响下才能出现，国家文明社会的确立比中原地区落后1000多年，到秦末汉初原始酋邦始向能控制一方的郡县及王国社会发展。为什么如此？不值得史志人员深思和讨论吗？

（原刊《广西地方志》2001年第1期）

广西地区最早的县——洮阳县

◎蒋廷瑜[1]

历史上广西最早的县在哪里？这是研究广西郡县沿革的学者尚未解决的问题。按一般常识，谈论广西郡县沿革之始，都以《史记》和《汉书》为依据。《史记·秦始皇本纪》记载，秦始皇统一岭南时，于三十三年（公元前214年）在岭南地区设立了桂林、南海、象郡。今广西的大部分属桂林郡，小部分属于象郡。但是这些文献略而不详，郡下辖哪些县，无从推考。《汉书·地理志》较之《史记》显然详细得多，郡下都注出了所辖县名和郡县设置的年代。

据史料统计，今广西属当时的苍梧、郁林、合浦等郡，桂北部分县属零陵郡，桂西边区属群舸郡。但《汉书·地理志》所反映的只是西汉晚期平帝元始二年的郡县情况，在广西各郡下虽都注明"武帝元鼎六年开"，如果可信，也只能上推到汉武帝元鼎六年（公元前111年）平南越后，仍无法与秦时郡县比较。经对贵县罗泊湾西汉初期墓出土的漆器铭文"布山"的考证，可以推断西汉初年在桂林郡下已有布山县，甚至可以说，在秦代设桂林郡时就有布山县了。(《"布山"考》，见《广西日报》1980年3月10日第三版）可见，在今广西境内设县的年代相当早。但是，

---

[1] 蒋廷瑜系原广西历史博物馆馆长、广西壮族自治区考古队队长。

从考古发现的材料来看，我认为布山还不能说是广西区内最早的县，在桂东北走廊北端的洮阳县比布山县更早出现。

洮阳县在《汉书·地理志》上记载明确，属零陵郡，西汉晚期已存在是不成问题的。如果按照零陵郡是"元鼎六年置"的说法，则公元前111年就有了。

但根据同书的《王子侯表》，记载汉武帝元朔五年（公元前124年）封长沙定王发之子狩燕为洮阳靖侯，则说明元朔之前洮阳就已建县，比元鼎六年又早13年。那么，洮阳究竟是什么时候设县的呢？

1973年长沙马王堆三号汉墓出土三幅绘在帛上的地图，其中一幅是西汉初期长沙国南部的地形图，在图的西北角标有"桃阳"二字，外加方框。（《长沙马王堆三号汉墓出土地图的整理》，见《文物》1975年第2期）按这幅地图的图例，方框是县级单位的符号，说明"桃阳"是县名。其地理位置相当于今全州县西北，湘江西岸，恰好在《汉书·地理志》所载零陵郡范围之内。清人顾祖禹在《读史方舆纪要》中说"洮阳废县，（全）州北三十五里，汉置县，以洮水经其南而名。"《广西通志》也说：洮阳县古城址"在全州北三十五里，地名改州滩"。经实地调查，今全州县永岁公社大塘大队梅潭村背后，俗称"城墙上"，旧名"改州滩"，确有一处古城址，城墙基址尚存，城内地面可以看到许多绳纹板瓦和筒瓦，蓝纹、席纹、米字纹、方格纹等印纹陶片，都是汉代及其以前的遗物，城墙之外附近的山上有汉代墓葬群。这个城址应该就是顾祖禹说的洮阳县故城。核之马王堆帛书地图，也即是"桃阳"县城，"桃"无疑是"洮"字的别体。马王堆三号汉墓出土一件纪事木牍书写有"十二年二月乙巳戊辰"等文，表明该墓下葬的时间是汉文帝初元十二年（公元前168年）（《马王堆二、三号汉墓发掘的主要收获》，见《考古》1975年第一期）。这幅地图绘制的时间肯定比它埋葬的年代要早，可见在西汉初年就已有了洮阳县，比《汉书·王子侯表》记载又早44年。然而这已不是孤证。1960年在长沙的一座属于文景时期（公元前179—前141年）的汉墓中，出土过两枚滑石印章，一枚印文是"洮阳长印"，一枚印文是"逃阳令印"（《长沙出土西汉印章及其有关问题研究》，见《考古》1978年第4期）。两印相校，"逃"应当也是"洮"字的别体。同墓还有两枚私印："苏将军印"铜印和"苏郢"玉印，"苏郢"应是墓主的姓名。令、长都是汉代一县的行政长官，"洮阳长印""逃阳令印"就是苏郢任洮阳县长、县令时的官印明器。按《汉书·百官公卿表》说"万户以上为令，秩千石至六百石；减万户为长，秩五百石至三百石"看来，苏郢在文景时期，先做了洮阳长，后又做洮阳令，在他的任期内这个县的人口有所增长。这就完全可以说明，洮阳县不但在汉初确已存在，而且已由不足万户的小县递升为万户以上的大县了。

但问题还不仅在此。根据一些考古迹象，洮阳始设县的年代还可以追溯到战国时代。1957年安徽寿县发现一件"鄂君启金节"，记载了楚怀王时代楚国境内的水陆交通干线，其中由郢都（今湖北江陵）往南行的水路，有一段是"上江，内湘，庚赚，庚郴阳"（《寿县出土的"鄂君启金节"》，见《文物参考资料》1958年第4期）。"内湘"就是从长江进入湘江，"庚"表示经过某地的意思，"赚""郴阳"都是地名，皆为当时的城邑关戍的所在地。由此可见，楚国的鄂君启的船只可以溯湘江而上经过郴阳南行，郴阳肯定是在楚国的管辖范围之内，并且一定设有城邑关戍。"郴"与"洮"字也相通假，郴阳既在湘江上游，无疑也就是后来的洮阳。

在战国时代前期，楚悼王用吴起为令尹，变法富强，曾一度"南平百越"。（《史记·吴起列传》）而"百越"在当时是泛指岭南而言的。吴起"南平百越"应当是指楚军越过五岭进入岭南地区的军事行动。洮阳一带最近楚地，这时，归入楚国版图是可信的。近年来在洮阳以南的兴安界首和灌阳新街、黄关等地不断发现战国时代墓葬和零星遗物，其风格与湖南楚墓相近似，也可作为楚国势力到达的旁证。楚国平了"百越"以后如何处置呢？很可能是采取"已破陈，即县之"的办法（《史记·楚世家》），在这些地方设县管理。因为县的最初设置主要是一种边防机构。春秋时代初期，秦、晋、楚等大国往往把新兼并的土地建设为县，这种县多设在边地，带有国防性质。到战国时代，县的设置已很普遍，大凡有城邑的地方都已建立为县，故史书上往往县、城互称。

吴起南平百越，把楚国的版图向南推进，在新占领的地区要进行管理，就不可能不设县。洮阳处在湘江上游，已进入越城岭的东南侧，应是当时楚国南境的军事要地，设县的可能性就更大。因此，到楚怀王时这里是鄂君启的船只航行到楚国极南的大站，应该还是楚国城邑关之所在，也就是当时的县邑。所以，洮阳立县应在秦以前，说它存在于楚怀王时代（公元前328—前298年）是不为过的。如果按吴起平百越一事推断，还可能早到楚悼王晚年（公元前391—前381年）。当然，这后一种说法仅是根据"鄂君启金节"作出的推断，还需要有更多的资料加以证实。

总之，洮阳设县不限于汉武帝元鼎六年，至迟应在西汉初年，说它始置于战国时代也不无根据。因此，它应比布山设县的年代更早，是目前所知现今广西境内年代最早的一个县。

（原刊于《学术论坛》1981年第6期）

汉代零陵县治考

◎李 珍[1]

汉武帝平定南越后，为加强对岭南地区的统治，分长沙国南部桂阳郡的一部分和原南越国西北的部分地区在岭南北交界处新置零陵郡，实行跨岭而治。零陵郡领零陵、营道、始安、夫夷、营浦、都梁、冷道、泉陵、洮阳、钟武等十县，郡治在零陵县。从汉武帝元鼎六年（公元前111年）置零陵县始，零陵作为县名一直沿用至现代。湖南省南部与广西交界处的永州市以前就是零陵县治所在地。但从文献资料记录来看，此零陵非彼零陵。《隋书》："零陵，旧曰泉陵……"《旧唐书·地理志》载："零陵，汉泉陵县地，属零陵郡。汉郡治泉陵县，故城在今州北二里。隋平陈，改泉陵为零陵县，仍移于今理。"唐李吉甫《元和郡县图志》："零陵县，本汉泉陵县地，隋平陈改为零陵县。"宋欧阳忞《舆地广记》："零陵县，本汉泉陵县，属零陵郡，东汉为郡治，宋、齐、梁、陈因之。隋置永州，改泉陵为零陵县。"上述史籍记载清楚地告诉我们，零陵县在汉时为泉陵县，隋平陈后，废洮阳、灌阳、零陵三县置湘源县，改泉陵为零陵县，也就是现代仍存的零陵县，这显然不是汉零陵县，今湖南永州市也就不是汉零陵县治所在地。那么，汉零陵县治又在何处呢？由于历

---

[1] 李珍为广西壮族自治区文物工作队副研究员。

史文献中有关汉零陵县的记载较少，且多较简略，语焉不详，因此对汉零陵县治所在的具体位置，历来众说纷纭，莫衷一是。本文试图运用考古发现的材料并结合历史文献，对汉零陵县治的位置做一粗略考察。

一

隋平陈后，将汉至南朝所置的零陵县废弃，与洮阳、灌阳合置湘源县，其县治所在地也随即衰落，故城逐渐被人淡忘。这给我们确定汉零陵县治的具体位置带来了困难，因此，后人对县治的方位也就产生了不同的看法，综合起来主要有今全州县南和县北两种说法。主张县南说的有《旧唐书·地理志》："湘源（今全州县），汉零陵县地，属故城在今县南七十八里。"《影宋本太平寰宇记补阙》："零陵郡古理在今县（清湘县今全州）南七十八里，有古城存。"《广西通志·胜迹略》："零陵故城在湘源县南七十八里。"《辞海》："零陵，古县名……治所在今广西全州西南。"县北说的有《读史方舆纪要》："零陵旧城在今全州北三十里。"《广西通志·胜迹略》："零陵故城，在州（全州）北三十里，曰梅潭，有旧城址，壕堑尚存，俗称改州。"《中国古今地名大辞典》："零陵县……故治在今广西全县（今全州）北三十里。"两者所说一南一北，相差甚远，孰是孰非，下面我们来进行分析。

在今全州（编者按，原文作"在全今州"，径改）县北永岁乡大塘村梅潭屯背后的土石山上，有一座依山势用泥土夯筑而成的古城，城东、南、西三面临湘江，高出湘江水面约20米；城址平面呈多角形，中间有六边形台地，东西两翼略低类似城郭。城东西长约300米，南北宽约200米，墙高2—3米，厚5—10米。东、西各有城门，凡转角处均高出周围城墙体，似为角楼建筑。城内地面散布大量板、筒瓦片，席纹、篮纹、方格纹和米字纹组合的陶罐等陶器残片。考古调查表明，这是一座汉代城址。

《舆地广记》："洮阳故城在今县（清湘县今全州）西北。"《读史方舆纪要》说："洮阳废县，州（全州）北三十五里，汉置县，以洮水经其南而名。"《汉书·地理志补注》记载："洮阳故城在今全州北三十五里。"《广西通志》也说："洮阳故城，在州北三十五里，地名改州滩。"北魏郦道元《水经注》湘水条中载："湘水（今湘江）又东北经观阳县与观水合，……又东北过洮阳县东。"说明洮阳县治是在湘水与其支流观水汇合处之下，今全州县城之北。1973年在湖南长沙马王堆三号汉墓出土的一幅西汉初期长沙国南部地形图上标有"桃阳"县名[1]，这个方位正好在今全州县北、湘江的西岸，与《水经注》《读史方舆纪要》等史籍所载汉洮阳县的位置相吻合。因此，全州县北的古城址应是汉洮阳县城而不是汉零陵县治。而且《读史方舆纪要》和《广西通志》所说的汉洮阳县故城在州北35里，零陵故城又在州北30里，二者均为同时存在的汉县，相距仅5里，《广西通志》则同在改州一地，这让人非常难以理解，也是不可能的。《水经注》中十分明确地记载了汉洮阳县与零陵县的地理方位，"湘水出零陵始安县阳海山，……东北过零陵县东，……又东北经观阳县与观水合。……又东北过洮阳县东。"湘水从南往北流，观水与湘水汇合之处即今全州县城，因而洮阳故城在全州县北，零陵故城在其南面的看法应是正确的。其实宋欧阳忞在他的《舆地广记》中已经非常清楚地说明了汉洮阳与零陵故治的详细位置："零陵故城在今县（清湘县，今全州）南，洮阳故城在县西北。"

二

在辨明了汉零陵县治的方位之后，就要确定故城之所在。我们先来

---

[1] 何介钧，张维明.马王堆汉墓.文物出版社，1982.

看看汉零陵县的地望。《汉书·地理志》载："零陵,阳海山,湘水所出,北至……入江……又有漓水,东南至广信入郁林……"从这段记载看,零陵县境内有湘、漓二水,现今能兼有二水的只有兴安县。另据《水经注》所载,湘水流经的首县就是零陵县。谭其骧先生主编的《中国历史地图集》中所标示的汉零陵县治的位置在全州县与兴安县之间,约在今全州南部的咸水乡和兴安县界首镇附近。因此,零陵县治在兴安县的可能性最大。兴安县地处岭南北交界处、古代岭南地区与中原往来的交通要道——湘桂走廊之上,是历代兵家必争之地,地理位置十分重要。从考古发现所知,兴安县境内现有秦汉城址多处。在县城西南约20公里有著名的秦城城址,但在漓水边,显然不可能是汉零陵县城。另在兴安与全州交界处一带发现两座古城址:建安城址和城子山古城址。

建安城址位于全州县凤凰乡和平村西南约300米、湘江的东岸。城址平面呈方形,边长120米,面积14400平方米。四周城墙用泥土夯筑而成,现保存较好;残高2—4、厚5—10米。城四角有较明显的角楼建筑遗迹,南、北面各开城门。城外四周有宽约1米的护城壕。城内地势平坦,地表和城墙断面处可采集到绳纹筒瓦片,细方格纹陶片及云雷纹残瓦当等汉代遗物。

城子山古城位于兴安县界首镇城东村城子山屯北侧。城址东临湘江,距湘江最近约30米,南面紧靠城子山屯,西南被一条称为沙江的小溪所环绕,北为平坦的田地。城址平面呈为长方形、南北向,南北长约300米,东西宽约240米。城墙为黄土夯筑而成,今四周尚可见其痕迹,其中西、南城垣最为清晰,保存较好;东城垣只存南段长约100余米;北城垣被毁严重,仅存西端和中部一小段。城墙现存高1—3米,厚5—10米。城址四角较高、墙体宽厚,可能原建有防御性的楼橹建筑。城西、北墙有缺口,可能为城门。城内地势较为平坦,不见明显的夯土台基,现已全部辟为稻田。西垣外可见一道宽约12米的护城壕，东垣外也可见到城濠痕迹，南、北护城不见。在城址内采集到大量的绳纹瓦片。

从考古发现看，建安城址和城子山城址在筑城形式和方法上都具有汉代城址的特点，所采集到的遗物也为汉晋时期，其建筑年代在汉代是没有问题的，应是两座汉代城址。但建安古城的规模较小，作为县治的可能性不大，更不可能为郡治所在地，其性质可能是一处军事城堡；而且湘江流经城址的西面，这与《水经注》所载的湘江从零陵县东流过不符，因此建安古城址不是汉零陵县治。

城子山古城从所处的方位可以看出与史书记载基本相符。《水经注》："湘水出零陵始安县阳海山，……又东北过零陵县东。越城峤水南出越城之峤，峤即五岭之西岭也，秦置五岭之戍是其一焉，北至零陵县下注湘水。"湘水即今湘江，正好往东北流经城子山城址的东面。另据唐兆民先生考证，越城峤水注入湘水之处距离零陵县治是很近的[①]。越城峤水在今兴安县城附近，而城子山城址离县城也只有20余里。再与《旧唐书·地理志》中记载的相对照，"属故城在今县（今全州）南七十八里"。城子山古城距全州县城直线距离80余里，与《旧唐书》所说的略有出入，但唐代的计量标准与现在的也略有差别，唐代一里合1800尺，每尺以30厘米计算，每里合540厘米，大于今市里，因此，《旧唐书》中所记的距离与现在的实际距离是基本吻合的。

汉代，在零陵县的邻近地区还设立有洮阳、始安、观阳、营道、营浦、冷道、泉陵、封阳、临贺等县，大部分县治经考古调查已确证了城址之所在。从考古资料可知，城子山古城址在形状、规模、建筑方法上与其他汉代城址基本相同。如城墙均用纯净的黄土夯筑，墙体宽厚，城的四角都建有高

---

① 唐兆民.灵集文献粹编.桂林图书馆馆藏手稿资料，2021.

大的防御性楼橹建筑等；城址平面多为长方形或方形，长、宽多在200米左右，如观阳城长约200米，宽195米；封阳城长200米，宽180米；临贺城长180米，宽150米。与这些县城相比，城子山古城的规模略大，长300米，宽240米，这正好说明它是汉代零陵县城。因为，零陵在西汉时是郡县同治，既是零陵县治又是零陵郡城所在地，它比一般县城略大是可以理解的。

墓葬区是城址的一个重要组成部分。秦汉时期全国各地普遍盛行厚葬之风，因此古城址周围往往有数量众多的墓葬。零陵长时间作为郡、县治所在地，其周围也应存在大量的古代墓葬。经过考古工作者多年的调查，在城子山古城址附近发现多处墓葬群。墓群分布范围北到全州县绍水镇的沿河村，南至兴安县湘漓乡的洲上村，西到全州咸水乡双藻田，东至全州凤凰乡石子桥村。在此范围内有界首、毛屋拉、渔江、双河、洲上、双藻田、龙尾巴岭、沿河、凤凰嘴、大梅子地、十份山等墓群。1957年在兴安界首镇百里村附近清理了一座东晋墓，墓为凸字形砖室墓，分甬道和墓室两部分，通长5.55米；墓砖上印有几何形图案花纹，部分还有"永和十一年太岁乙卯文""升平四年七月三日文"等铭文。出土有陶壶、碗、银手镯等随葬品。[①]1966年在全州凤凰嘴古墓群清理东汉墓1座，出土有铜镜、银戒指、银镯、铁剪刀、铁环首刀、玛瑙珠、琉璃珠、陶罐、陶釜、陶钵等器物。1983年广西文物工作队对界首古墓群进行了正式发掘，共发掘墓葬6座，其中土坑墓1座，砖室墓5座。出土了陶灶、陶釜、陶罐、陶甑、陶虎子、青瓷碗、铜釜、铁锯、铁屑等随葬品，时代为东汉至东晋。[②]另

---

① 蒋廷瑜.桂北文化研究·湘桂走廊考古发现琐记.广西人民出版社，1999.

② 蒋廷瑜.兴安县石马坪、界首汉晋墓.中国考古学年鉴，1984.

外还在墓群内零星发现过东晋"隆安三年"、南朝"普通七年"的纪年铭文砖，曾采集到有"零陵"铭文的砖一块[1]及出土大量汉至南朝时期的遗物。从墓葬的形制和出土的遗物看，墓群的年代为汉至南朝，这从另一方面印证了城子山城址存在的时间。因为历史上记载的汉武帝元鼎六年所设的零陵县一直到隋平陈后才撤销，其间经历了两汉、三国、两晋南北朝等朝代。

城市是一个地区政治、经济、文化的中心，城市的周围也成为人口聚居最密集的地区。因此，古城址附近常保存有人类生产、生活所留下的遗迹和遗物。在城子山古城址西南约1.5公里的城东村狮子山屯西渠口山，我们发现一处汉代窑址，东临湘江约30米，窑区范围长宽约300米，面积90000平方米，现可见马蹄形窑室四处，直径约4米，堆积厚约1米。从地面和窑炉中可以见到绳纹板、筒瓦片、陶罐、碗、壶、碾轮等残陶器具及少量几何纹砖等，这些器物与城址和墓葬中所出的相同，应与城址有着密切的关系，这也是证明城子山古城是汉零陵城的一个很好的佐证。

综上所述，笔者认为城子山古城址就是汉零陵县治所在地。从文献资料看，较早的史书中所记载的汉零陵县治的方位是正确的，只是明清以后有的史书中才将方位搞错，与洮阳县治混为一谈。零陵县从汉武帝置县始，在几百年的历史长河中曾为国家的统一和岭南社会的安定起了一定的作用。随着中央王朝对岭南地区的统治不断得到巩固和加强，政治重心的南移，零陵县也逐渐走向了衰落而撤销其县级建制，故城也渐渐被人们遗忘了。

（原刊于《广西民族研究》2004年第2期）

---

[1] 资料现存全州县文物管理所。